总第82集

U1074519

行政执法与行政审判

中华人民共和国最高人民法院
行政审判庭 编

中国法制出版社
CHINA LEGAL PUBLISHING HOUSE

编辑说明

按照《最高人民法院关于在全国法院开展优秀业务成果评选活动暂行办法》的要求，最高人民法院自2013年部署开展全国法院行政审判优秀成果评选活动（以下称“双选活动”）。截至2020年，已经成功开展了八届“双选活动”，评选出大量的优秀成果，并取得良好的效果。

“双选活动”的奖项设为优秀裁判文书和优秀调研成果，其中，优秀调研成果分为案例类成果和报告类成果，并分别设置一、二、三等奖次。评选范围为全国基层、中级、高级三级法院当年度的裁判文书、典型案例以及课题报告、调研报告和学术论文等。为了确保评选结果公信力强、获奖成果价值性高，双选活动设置了较为严格的评选条件和程序。优秀裁判文书评选条件要求裁判文书认定事实清楚，适用法律准确，分析说理透彻，行文严谨规范，语言简洁流畅，裁判的法律效果和社会效果好。优秀案例类成果评选条件要求法律评析紧扣争议焦点，逻辑清楚，分析严密，说理透彻，具有普遍指导意义和司法应用价值。优秀报告类成果评选条件要求选择题材对行政审判实践具有重要价值，语言流畅，资料详实，数据准确，论理深刻，具有一定的创新性和指导性。优秀论文类成果要求具有较强的问题意识，论证严密，逻辑性强，有较强的指导意义，符合学术规范。评选程序分为各高院初评报送、十家评委高院交叉互评、最高人民法院终评等阶段，严格、有序、逐级、分步骤进行。

为了充分发挥榜样的示范效应，提升全国法院行政审判裁判文书制作水平和调研能力，提高行政审判人员解决疑难复杂问题的能力，我们决定在《行政执法与行政审判》（第八届全国行政审判优秀业务成果专辑）上刊发获得一等奖的优秀成果。希望通过该优秀成果的展示，使读者能够从中获得有益的经验，并提出宝贵的意见和建议。相信该专辑的出版，一定能为我国的司法改革大业添砖加瓦，助推法治中国建设。

目　录

【优秀调研成果－报告类】一等奖

【优秀调研成果－案例类】一等奖

【优秀裁判文书】一等奖

【优秀调研成果－报告类】一等奖

政府信息公开类案审理指南*

侯丹华　陈振宇　葛　翔

【内容摘要】本课题研究从一线审判人员的需要出发，从立案、审理、裁判三个维度对审理政府信息公开案件中可能涉及的问题、法条、典型案例进行全面的梳理，方便行政审判法官按图索骥审理政府信息公开案件，促进辖区内法院审理政府信息公开案件的法律适用统一。

本课题包括六个部分的内容，第一部分是对上海法院从2004年开始审理政府信息公开案件的情况进行梳理，并提出了审理政府信息公开案件的基本理念和法律难点；第二部分是对如何立案审查进行指引，涉及原、被告资格的认定、诉讼请求、起诉期限、管辖等立案条件，同时突出介绍了九种政府信息公开不予立案的特殊情形；第三部分涉及如何对十一项可能的政府信息答复行为进行审查，明确了每一项答复的审查要点；第四部分系对答复以外的六种被诉政府信息公开行为的审查内容进行逐一梳理，明确相应的审查要点和标准；第五部分是对政府信息公开案件审理中可能出现的情形进行梳理，对不同情形下的审判方式进行指引，同时也对原、被告的举证进行指引以方便当事人应诉；第六部分注重对审判实践中经常出现的七类疑难问题进行解释和指引。

【关键词】政府信息公开　政府信息答复审查　类案审理

---

* 课题组主持人：上海市高级人民法院行政庭庭长侯丹华；课题组执笔人：上海市高级人民法院行政庭审判员陈振宇、上海市静安区人民法院行政庭审判员葛翔。

第一部分　政府信息公开类案总体情况概述

政府信息公开行政诉讼是新类型的行政诉讼案件。上海是全国最早出台政府信息公开地方规章的省级政府，2004 年 1 月 20 日，上海市人民政府发布了《上海市政府信息公开规定》，于同年 5 月 1 日开始施行。该规定第三十二条明确不服政府机关所作的政府信息公开行为，公民、法人或者其他组织可以提起行政诉讼。2004 年 6 月 18 日，上海市徐汇区人民法院受理了董某诉徐汇区住房保障和房屋管理局政府信息公开答复一案［案号（2004）徐行初字第 76 号］，上海乃至全国的政府信息公开行政诉讼由此起步。2008 年 5 月 1 日，国务院制定的《中华人民共和国政府信息公开条例》（以下简称《08 条例》）开始实行，我国政府信息公开制度从地方探索走向全国范围内推行。2019 年 4 月 15 日，国务院发布了修订后的《中华人民共和国政府信息公开条例》（以下简称《19 条例》），对《08 条例》的部分内容作了修订，并于 2019 年 5 月 15 日开始施行。由此，我国的政府信息公开法律制度进入了一个新的历史阶段。本办案要件指南以《19 条例》为制度基础，并对《08 条例》制度规范中依然有效部分的审判经验予以总结（注：若相关制度规定同时出现在修订前后的版本中，则不区分版本用《条例》予以表述；若相关制度规定不同时出现在修订前后的版本中，则用《08 条例》或《19 条例》的表述予以区分）。

一、政府信息公开类案的基本情况

从 2004 年至 2008 年 5 月 1 日《08 条例》施行前的 4 年间，上海法院受理政府信息公开案件的数量有所增加，总共受理了 216 件。《08 条例》施行以后，政府信息公开案件的数量快速增加，2008 年当年即达到 259 件。2010 年、2011 年、2012 年、2014 年以及 2015 年五个年度的政府信息公开案件受案数较前一年度均保持 40% 以上的增长幅度，其中 2015 年较 2014 年的受案数的增长幅度高达 63.4%。2016 年政府信息公开案件收案数达到历史最高的 1824 件。近三年来，随着上海行政一审案件总量的下降，政府信息公开案件数量亦有所回落，2018 年为 1120 件，2019 年与前一年基本持平为 1190 件。很长一段时间以来，政府信息公开案件占行政一审案件的比例稳步提升，

2011 年政府信息公开案件占比达到 22.4%，此后政府信息公开案件占比始终维持在 20% 以上。政府信息公开案件成为上海法院受理行政案件的重要类型。

二、政府信息公开类案的基本特点

相较于其他行政案件，政府信息公开案件的当事人有着鲜明的特点：

（一）被告分布广泛

与普通行政案件相比，在政府信息公开案件中，涉诉行政机关具有分布广泛且重点突出的特点。在上海法院受理的信息公开案件中，涉及多个领域、不同层级的行政机关。作为行政诉讼被告的有：（1）各级人民政府（派出机关），包括市政府、区政府、镇政府以及街道办事处；（2）政府职能部门，包括财政局、房地局、规划局、市交警总队、工商局、税务局、人事局、区经济委员会、环保局、公安局、市政工程管理局、区发展和改革委员会、市教委、建设和交通管理委员会、知识产权局、国有资产管理办公室等。几乎涵盖了上海各个领域的行政职能部门。在市、区两级政府为被告的案件中，政府信息公开案件的比重较大。

从申请信息的内容看，几乎涉及政府行政管理的各个方面。从全市范围内看，以住房保障和房屋管理局、规划和土地资源管理局（机构改革后称为“规划和自然资源管理局”）为被告起诉至法院的案件较多，其中因房屋、土地征收补偿引发的申请事项较多。

（二）原告起诉目的多样

传统行政案件中，原告提起行政诉讼的目的是要求维护受到行政行为影响的合法权益，其诉求与行政行为之间具有直接的联系，如行政处罚案件的原告，其目的便在于撤销行政处罚。但在政府信息公开案件的司法实践中，原告提起信息公开诉讼的目的具有多样性，依起诉目的的不同，主要有以下情况：

1. 公益型诉讼。部分律师、法学研究者希望通过信息公开诉讼的方式，推进信息公开的实践，如“练某诉上海市交警总队信息公开案”［裁判法院：上海市第二中级人法院；案号：（2005）沪二中行终字第 165 号］，原告提起诉讼的目的不在于获取政府信息，而是测试 2004 年的《上海市政府信息公开规定》的落实程度。

2. 工具型诉讼。部分原告提起信息公开诉讼的目的是为其他诉讼活动收集证据，这一类诉讼比较突出的是在拆迁、规划等领域。

3. 压力型诉讼。原告借助信息公开诉讼向政府施加压力，以获得自身的其他利益，如王某曾经向上海法院提起 160 多起政府信息公开案件，其目的在于通过信息公开案件，对政府部门施加压力，从而实现其在拆迁补偿安置方面的各种利益。

针对不同类型的原告，法院的审理重点和难点也有所不同。

（三）被诉政府信息公开行为种类多样

上海法院受理的信息公开案件，被诉政府信息公开行为种类多样，包括：（1）不服行政机关作出不予公开答复的；（2）申请政府机关公开信息，对行政机关“未予答复”行为不服的；（3）认为行政机关的收费错误的；（4）认为行政机关未按照申请人要求更正政府信息的。其中第一种类型较为普遍，至少包含以下四种情形：一是申请人申请公开的信息系非政府信息，二是申请人申请公开的信息不存在，三是申请人申请公开的信息不属于该机关掌握的范围，四是申请公开的信息属于国家秘密、商业秘密、个人隐私等不予公开的情形。在依申请公开的范围内，涉案行政行为基本上是拒绝性答复或不予答复的情形。

行政机关拒绝性行为除了不予公开以外，还有一种行为是不按照原告要求的方式予以公开，原告以政府机关政府信息公开的方式不合理提起诉讼。近年也出现了原告以行政机关提供的信息并非其所需的信息或者以政府提供的信息不真实为由而提起的诉讼。

不同政府信息公开行为诉讼的审理思路亦有所不同，本要件指南在概括总结不同种类政府信息公开行为案件的基本审理思路的前提下，对实践中的疑难问题作相应探讨和解答。

三、审理政府信息公开类案的基本理念和法律难点

（一）基本理念

政府信息公开案件作为一种新类型的案件，与一般行政案件的司法审查理念有所不同。法院审理政府信息公开案件，除了坚持合法性审查原则以外，还应当坚持以下理念：

1. 以“不予公开行为”为审查对象

法院审理政府信息公开案件，主要是审查行政机关不予公开政府信息的

行为是否正确，说理是否充分。若行政机关按照政府信息公开条例的规定，公开了不属于《条例》所指政府信息范畴的信息，或者行政机关便民提供了本应当由其他行政机关公开的信息，除非有人提出“反政府信息公开”诉讼，否则法院不宜对上述行为进行否定性评价。

2. 鼓励公开和便民

便民是政府信息公开制度的基本原则之一。审理政府信息公开案件，法院的判决在导向上应是有利于行政机关更好地履行公开义务和便民服务。按照《条例》的规定，对不属于本行政机关公开但能够确定该政府信息的公开机关的，应当告知申请人该行政机关的名称、联系方式。如行政机关告知的联系方式有误的，一般不判决行政机关败诉。主要理由是，如果因联系方式告知错误而判决行政机关败诉，可能使行政机关在答复时为规避败诉，选择以不能确定正确的答复机关为由而不作进一步告知，从而不利于公民获取信息的权利实现。

3. 规范答复程序

政府信息公开法律制度对于行政机关的公开程序有着严格要求，无论是《08 条例》要求行政机关在 15 个工作日内作出答复，还是《19 条例》要求行政机关在 20 个工作日内作出答复，都是对行政机关的答复程序作了严格的规定。为了确保申请者能够及时获得政府信息，法院需要对行政机关的答复程序进行严格审查。

（二）法律难点

政府信息公开行政诉讼是一种新类型诉讼，在制度建立之初存在很多法律适用难题，如《条例》所指政府信息的范围如何确定，商业秘密和个人隐私如何界定，对于涉及国家秘密的政府信息公开案件该如何组织审理等，都是需要解决的实践难题，考验着行政审判的智慧和能力。最高法院通过制定《最高人民法院关于审理政府信息公开行政案件若干问题的规定》（以下简称《信息公开司法解释》），发布《2013 年度政府信息公开十大案例》（2014 年 9 月 12 日）等方式对审理政府信息公开案件的难点问题加以解释和指导，解决了很多实务中的难题。但随着社会发展，新情况新问题仍时有出现。《19 条例》修订以后，对于免于公开事项、政府信息公开的主体等内容作了新规定，需要予以重点研究。十多年来，政府信息公开案件的审理难题包括以下一些内容：

1. 政府信息公开案件立案与否的问题。十多年来，政府信息公开案件从无到有，快速发展。通过政府信息公开行政诉讼，规范了行政机关的政府信息公开行为，保护了大量申请者的合法权益。但也有申请者过量使用法律赋予的政府信息公开权利，提起了很多没有必要的诉讼，需要予以规制。

【典型案例】

陆某诉南通市发改委政府信息公开案，《最高人民法院公报》2015 年第 1 期［裁判法院：江苏省南通市中级人民法院；案号：（2015）通中行终字第 00131 号］

裁判要旨：知情权是公民的一项法定权利。公民必须在现行法律框架内申请获得政府信息，并符合法律规定的条件、程序和方式，符合立法宗旨，能够实现立法目的。如果公民提起政府信息公开申请违背了《政府信息公开条例》的立法本意且不具有善意，就会构成知情权的滥用。当事人反复多次提起琐碎的、轻率的、相同或者类似的诉讼请求，或者明知无正当理由而反复提起诉讼，人民法院应对其起诉严格依法审查，对于缺乏诉的利益、目的不当、有悖诚信的起诉行为，因违背了诉权行使的必要性，丧失了权利行使的正当性，应认定构成滥用诉权行为。

2. 关于申请内容的明确性，补正告知的可诉性问题。对于申请人申请公开政府信息不明确的，行政机关应作出补正告知，《19 条例》进一步规定在作出补正告知时要给予指导和释明，如何判断行政机关是否尽到了释明义务？补正告知是否可诉？这些问题常常会引发争议。

3. 政府信息公开答复程序的合法性问题。（1）《08 条例》规定行政机关应当在 15 个工作日作出政府信息公开答复，作出有效答复的标准该如何确定？（2）当申请公开的信息涉及商业秘密、个人隐私时，需要向权利人征询意见，意见征询程序的合法有效性该如何判断？（3）寄送给行政机关负责人的申请，该如何起算期限？这些问题也都是实践难题。

4. 免于公开事项的判断问题。“三安全、一稳定”、内部事务信息、过程性信息的界定一直是政府信息公开案件审理的难题。《19 条例》规定的“行政执法案卷”不予公开，对于行政执法案卷的界定将是一个新的难题。

其他诸如政府信息不存在的界定和举证问题，行政机关在诉讼中改变说理该如何裁判的问题，也都是需要予以重视的法律问题。

第二部分　立案审查

一、原告资格审查

（一）原告范围

【审查要点】

行政行为相对人以及其他与行政行为有利害关系的公民、法人或者其他组织，有权提起诉讼。政府信息公开案件中原告可以分为两类：

1. 启动政府信息公开程序的当事人，既包括要求获得政府信息的申请人，也包括要求更正政府信息记载的申请人。

2. 与系争政府信息公开行为有利害关系的当事人，如政府信息公开涉及个人隐私、商业秘密的，这些权利所指向的当事人认为行政机关的政府信息公开行为侵犯其利益的，可以对行政机关实施的政府信息公开行为提起诉讼。

【注意事项】

针对政府信息公开答复提起诉讼的，应当是答复的相对人；对行政机关不予答复行为提起诉讼的，原告应当证明其提出过政府信息公开申请。

【规范指引】

《中华人民共和国行政诉讼法》第二十五条

（二）原告在起诉中的证明义务

【审查要点】

当事人提起政府信息公开诉讼时，一般应当提交以下材料证明其诉权：

1. 不服行政机关的答复或者公开行为的，提交行政机关所作的答复或者已经公开的政府信息。

2. 认为行政机关未予答复的，应当向法院证明其提出过政府信息公开申请，提交原申请、邮寄凭证，或者行政机关的受理凭证等材料。原告没有向行政机关提出申请，直接向法院起诉的，人民法院应当裁定不予立案。

3. 认为已经公开的政府信息涉及侵害个人隐私、商业秘密等权益的，可以提交证据进行说明。

4. 经过复议的，应当提交行政复议决定。

【规范指引】

《中华人民共和国行政诉讼法》第四十九条第（三）项

（三）当事人人数众多的处理

【审查要点】

多个当事人共同申请公开政府信息，行政机关合并进行答复的，原则上所有申请人都应当参加诉讼。

多个当事人就同一政府信息分别申请，行政机关分别答复的，可以合并审理，分别裁判。

二、被告适格审查

（一）未经复议案件的被告确定

【审查要点】

1. 对答复行为提起诉讼的。当事人对行政机关的答复行为提起诉讼的，一般以在答复上落款的行政机关为被告。

2. 对“不予答复”行为提起诉讼的。当事人对行政机关不予答复行为不服的，应当以被申请的行政机关为被告。

【注意事项】

1. 按照《19 条例》第十条第二款的规定，行政机关设立的派出机构、内设机构依照法律、法规对外以自己名义履行行政管理职能的，可以由该派出机构、内设机构负责与所履行行政管理职能有关的政府信息公开工作。据此规定，派出机构和内设机构基于授权履职时可以作为被告。需要指出的是，如果要求公开内容所涉事项没有法律、法规授权的，应当以组建该机构的行政机关作为适格被告。

2. 由派出机构、内设机构负责与所履行行政管理职能有关的政府信息公开工作，《19 条例》第十条第二款规定的是“可以”而非“必须”。故行政机关对其派出机构、内设机构的政府信息公开工作有专门规定，并经政府信息公开主管部门同意后纳入政府信息公开指南的，法院对于行政机关的所作安排可予以支持。

3. 非常设机构作出政府信息公开答复时，被告的确定问题。申请人向政府设立的议事协调机构、临时性机构等非常设机构提出政府信息公开申请的，非常设机构在没有法律、法规授权的情况下，一般不是政府信息公开答复的义务主体，非常设机构也不能成为政府信息公开诉讼的被告。在实践中，申请人对非常设机构作出的政府信息公开答复提起诉讼的，应当以设立非常设机构的行政机关为被告。

【规范指引】

《中华人民共和国行政诉讼法》第二十六条

《最高人民法院关于适用〈中华人民共和国行政诉讼法〉的解释》第二十条

（二）经过复议案件的被告确定

【审查要点】

经过复议案件，根据不同情况决定是否以复议机关为共同被告：

1. 复议机关作出维持决定的，以答复机关与复议机关为共同被告。

2. 复议机关对政府信息公开答复作出撤销决定、确认违法决定、变更决定、履行决定的，仅以复议机关为被告。

3. 复议决定仅确认政府信息公开答复程序违法的，以答复机关与复议机关为共同被告。

【注意事项】

1. 复议机关依照《中华人民共和国行政复议法实施条例》第四十八条第（一）项，驳回复议申请的，应将复议机关列为共同被告。复议机关依照《中华人民共和国行政复议法实施条例》第四十八条第（二）项驳回复议申请的，可以复议机关为被告，诉请复议机关受理复议申请，也可以原行为作出机关为被告，诉请撤销政府信息公开答复或要求履行公开职责，但是两者只能择一起诉。

2. 复议机关应当作为共同被告的，当事人拒绝列复议机关作为被告的，法院可以依职权予以追加。

【规范指引】

《中华人民共和国行政诉讼法》第二十六条

《最高人民法院关于适用〈中华人民共和国行政诉讼法〉的解释》第一百三十四条

三、诉讼请求审查

【审查要点】

提起行政诉讼要有具体的诉讼请求，对于政府信息公开诉讼，起诉人提起如下诉讼请求，可予以立案：

1. 认为行政机关未在法定期限内作出答复，诉请要求行政机关履行政府公开职责的；

2. 认为行政机关依申请作出的不予公开答复违法，诉请撤销答复并要求公开的；

3. 认为行政机关提供的政府信息不符合申请中所描述的要求获取的内容，要求行政机关提供与申请内容相一致的政府信息；

4. 认为行政机关没有按照起诉人（信息公开申请人）要求的形式提供政府信息的，要求行政机关按照其要求的形式提供政府信息；

5. 认为行政机关主动公开或者依他人申请公开政府信息侵犯商业秘密、个人隐私等权益的，要求行政机关撤回已经公开的政府信息；

6. 认为行政机关未按照起诉人（申请人）的申请更正与其自身相关的政府信息，要求行政机关对相关信息予以更正或者转送有权机关处理；

7. 认为政府信息公开行政行为侵犯起诉人（申请人）合法权益造成损害的，可以一并或单独提起行政赔偿诉讼；

8. 认为行政机关在政府信息公开工作中的其他行政行为侵犯起诉人（申请人）合法权益的。

对于提起过行政复议，复议机关维持答复机关的政府信息公开行为的，当事人针对原政府信息公开行为提起行政诉讼时，需就原行为和行政复议决定一并提起行政诉讼。

【规范指引】

《中华人民共和国行政诉讼法》第四十九条第（三）项

《最高人民法院关于适用〈中华人民共和国行政诉讼法〉的解释》第六十八条

【注意事项】

1. 撤销答复与要求公开诉请的处理。政府信息公开诉讼一般属于履行职责之诉，本质上都是要求获得所申请的信息。因此，提起的诉请一般表述为：要求撤销被诉政府信息公开答复并相应公开所申请的信息，也可以只诉请撤销政府信息的公开答复。如果当事人只诉请要求公开相应政府信息的，法院可以释明并要求当事人增加撤销答复行为的诉讼请求；当事人拒绝增加的，法院可以在判决中对政府信息公开答复进行判决。

2. 反信息公开之诉的处理。《信息公开司法解释》第十一条第一款规定：被告公开政府信息涉及原告商业秘密、个人隐私且不存在公共利益等法定事由的，人民法院应当判决确认公开政府信息的行为违法，并可以责令被告采取相应的补救措施；造成损害的，根据原告请求依法判决被告承担赔偿责任。政府信息尚未公开的，应当判决行政机关不得公开。具体包括两种情形：第一，要求撤回已经公开的信息。如行政机关主动公开或依申请公开的信息中涉及个人隐私、商业秘密的，权利人可以提起诉讼，要求行政机关停止公开或者从申请人处撤回已公开的信息。第二，要求禁止行政机关公开信息，行政机关已经作出公开决定，但尚未向申请人交付政府信息，或拟主动公开政府信息，该信息所涉个人隐私、商业秘密之权利人也可以提起预防之诉，要求法院禁止行政机关公开尚未公开的政府信息。

四、管辖审查

【审查要点】

根据《行政诉讼法》第十八条的规定，未经复议的政府信息公开案件由答复机关所在地的法院管辖。经过复议的案件，可以由答复机关或者复议机关所在地的法院管辖。

从2018年7月1日起，在上海市审理的行政案件需要按照《上海市高级人民法院关于调整基层法院知识产权案件、行政案件和未成年人刑事案件集中管辖的公告》确定具体的基层管辖法院，具体而言：上海铁路运输法院管辖原由徐汇区、长宁区、虹口区、普陀区人民法院管辖的第一审行政案件；浦东新区人民法院管辖原由闵行区、黄浦区、崇明区、宝山区人民法院管辖的第一审行政案件；闵行区人民法院管辖原由静安区、松江区、奉贤区、金山区、青浦区人民法院管辖的第一审行政案件；静安区人民法院管辖原由浦东新区、杨浦区、嘉定区人民法院管辖的第一审行政案件。

涉及海事行政管理的政府信息公开一审案件由上海海事法院管辖。案件当事人为港澳台或者涉外的政府信息公开一审案件由集中管辖前相对应的中院管辖。市政府为被告的政府信息公开一审案件由上海市第三中级人民院管辖。2018年8月1日起，原由上海市中院管辖的区政府为被告的政府信息公开案件，指定由上海铁路运输法院管辖。

涉及环境保护的政府信息公开一审案件，自2020年1月1日起，按照

《上海市高级人民法院关于环境资源案件范围的规定》《上海市高级人民法院关于加强环境资源司法保护推进审判专业化建设的若干意见》的要求，由相对应的审理环境资源案件的法院管辖，其中崇明区、青浦区以及金山区人民法院审理各自辖区的环境政府信息公开案件，上海铁路运输法院审理全市除上述三家法院外其他应由基层法院审理的环境政府信息公开案件。

五、起诉期限审查

【审查要点】

政府信息公开答复告知当事人起诉期限的，当事人应当自收到答复之日起 6 个月内提起诉讼；未告知当事人起诉期限的，从当事人知道或者应当知道起诉期限之日起计算，但从知道或者应当知道行政行为内容之日起最长不得超过 1 年。行政机关未作出答复，当事人起诉要求履行公开职责的，应当在法定答复期限届满起 6 个月内提起诉讼。

经过复议的案件，应当在收到复议决定书之日起 15 日内向法院提起诉讼。

超过法定起诉期限且无正当理由的，人民法院应当裁定不予立案。

【规范指引】

《中华人民共和国行政诉讼法》第四十五条、第四十六条、第四十七条

《最高人民法院关于适用〈中华人民共和国行政诉讼法〉的解释》第六十四条

六、政府信息公开案件不予立案的情形

（一）一般规定

【审查要点】

政府信息公开案件的受理应当符合法定条件，政府信息公开案件不予受理的一般情形有这样几类：

1. 被告不适格且拒绝变更的；
2. 超过起诉期限且无正当理由的；
3. 缺乏原告资格的；
4. 不属于接收诉状法院管辖的。

【规范指引】

《中华人民共和国行政诉讼法》第四十九条

（二）政府信息公开案件不予立案的具体情形

【审查要点】

1. 对申请人权利义务不产生实际影响的补正告知，法院不予立案。根据《信息公开司法解释》第二条第（一）项的规定，因申请内容不明确，行政机关要求申请人作出更改、补充且对申请人权利义务不产生实际影响的告知行为，法院不予受理。据此，判断行政告知是否可诉的关键是查看告知行为是否对申请人的权利义务产生实际影响，可区分以下情况予以处理：（1）行政机关作出补正告知，申请人补正以后又对补正告知行为提起诉讼的，法院不予立案；（2）行政机关作出补正告知，申请人拒绝补正或者逾期未补正，行政机关又针对原来的申请作出政府信息公开答复，申请人对告知行为提起诉讼的，法院不予立案；（3）行政机关作出补正告知，申请人未补正，行政机关对同一政府信息公开申请不再予以答复，申请人在补正期满后对该补正告知行为提起诉讼的，法院可以引导申请人对不予答复信息公开申请行为起诉，申请人坚持对补正告知提起诉讼的，法院应当依法立案；（4）行政机关作出补正告知，申请人在补正期限尚未届满前拒绝补正，并对告知行为提起诉讼的，法院不予立案。

2. 申请人要求行政机关提供公开出版物，行政机关予以拒绝的，法院不予立案。根据《信息公开司法解释》第二条第（二）项的规定，申请人要求行政机关提供政府公报、报纸、杂志、书籍等公开出版物，行政机关予以拒绝的，法院不予立案。

3. 当事人要求行政机关对信息进行加工、汇总的，法院不予立案。根据《信息公开司法解释》第二条第（三）项的规定，申请人要求行政机关为其制作、搜集政府信息，或者要求行政机关对若干政府信息进行汇总、分析、加工，行政机关予以拒绝的，法院不予立案。在上述情形下，行政机关以其他理由作出实体答复的，申请人不服而提起诉讼的，法院应当立案受理。经审查，如果有充分证据和依据证明申请人的申请确属要求行政机关为其制作、搜集政府信息，或者对政府信息进行汇总、分析、加工的，可在理由部分加以说明，裁定驳回起诉。

4. 申请人以信息公开名义申请查阅案卷材料的，行政机关明确告知按照特定法律规范查阅卷宗的，当事人不服起诉的，法院不予立案。根据《信息公开司法解释》第二条第（四）项的规定，行政程序中的当事人、利害关系人以政府信息公开名义申请查阅案卷材料，行政机关告知其应当按照相关法律、法规的规定办理的，人民法院不予立案。

5. 申请人要求获取信访信息，或者通过政府信息公开途径进行信访咨询的，对于行政机关的答复或者不予答复行为不服，提起行政诉讼的，法院不予立案。行政机关对信访事项所作的处理对当事人的权利义务不产生实际影响，一般不属于行政诉讼的受案范围。申请人以信息公开的方式要求获取信访信息或进行信访活动的，在本质上属于信访活动的组成部分，行政机关作出相应的答复和处理亦可视为处理信访事项的工作，不属于行政诉讼的范围。法院可以适用《最高人民法院关于适用〈中华人民共和国行政诉讼法〉的解释》（以下简称《行诉解释》）第六十九条第（八）项作出裁定。值得注意的是，此处的信访信息应当是在形式上就能够识别的信访信息。

6. 申请人要求获取行政复议信息的，相对人对于行政机关的答复或者不予答复行为不服，提起行政诉讼的，法院不予立案。《中华人民共和国行政复议法》及其实施条例已经对行政复议过程中形成的案卷材料的查询作出了规定，申请者可以按照专门的规定申请查阅。申请者以信息公开的方式申请查阅复议材料，不属于政府信息公开条例调整的范围，所提相关行政诉讼，人民法院不予立案。

7. 申请公开涉诉信息，相对人对于行政机关的答复或者不予答复行为不服，提起行政诉讼的，法院不予立案。行政机关参加诉讼活动所作的行为本身不属于行政诉讼的受案范围，行政机关对要求获取涉诉信息的政府信息公开申请进行处理，不等同于一般履行行政管理职责的活动，可视为诉讼活动的延续，依然不属于法院的受案范围。值得注意的是，此处所指的涉诉信息是行政机关为了参加诉讼活动专门制作的材料，如答辩状、行政强制执行申请书等。行政机关在诉讼中提交的其他在诉讼活动进行之前在行政管理中已经形成的政府信息，不属于此处的“涉诉信息”。同时，行政机关依法履行法院准予执行行政裁定的行为可以视为诉讼活动的延续，与之相关的信息属于此处“涉诉信息”。如果行政机关在组织实施强制执行过程中，超越行政裁定的范围、侵害被执行人利益的，相关执行行为因构成行政侵权而不能被视为诉讼活动的延续，与之相关的信息不属于此处的“涉诉信息”。

8. 以信息公开申请形式进行信访、投诉举报等活动，相对人对于行政机关的答复或者不予答复行为不服，提起行政诉讼的，法院不予立案。此类信息公开申请的本质是信访或者投诉举报，申请人的目的不是获得信息而是要求行政机关实施某些行政管理活动。由于申请人不具有《政府信息公开条例》所保护的获取信息的利益，人民法院可以不予立案。

9. 申请人以信息公开名义进行咨询，申请人对行政机关的答复或者不予答复行为不服，提出诉讼的，法院不予立案。所谓咨询申请一般是指申请中包括了要求行政机关回答“合法性依据”“事实根据”“办理进度”“是否合法”“做出某一行为的理由”，或者要求行政机关进行指导、解释或者作指引。行政机关针对咨询申请作出的答复以及不予答复行为，不属于政府信息公开行为，起诉人就咨询申请提起诉讼的，缺乏诉的利益，无原告资格，人民法院可以不予立案。

【典型案例】

孙某诉吉林省人民政府行政复议不予受理决定案，《最高人民法院公报》2016 年第 12 期［裁判法院：最高人民法院；案号：(2015) 行提字第 19 号］

裁判要旨：行政机关针对咨询申请作出的答复以及不予答复行为，不属于政府信息公开行为，不会对咨询人的权利义务产生实际影响，故不属于行政复议的受理范围，起诉人缺乏诉的利益，则无原告资格，人民法院可以不予受理或裁定驳回起诉。

第三部分　对政府信息公开答复行为的审查

政府信息公开诉讼在本质上应当属于要求履行法定职责的案件，申请人提起诉讼的目的是要求获得其申请的政府信息，撤销答复并非其根本目的。对于行政机关作出的政府信息答复不服提起行政诉讼的，多以撤销答复为主要的诉讼请求。目前对于政府信息公开答复审查仍多按照撤销之诉思路进行，需要对行政职权、行政程序、事实认定、答复理由和法律适用的合法性进行审查。具体审查内容如下：

一、答复职权审查

【审查要点】

政府信息公开答复机关是否具有职权很少发生争议，但需注意的是，是否具备诉讼中的职权要件和是否具备公开涉案信息的权限是有区别的，诉讼中的职权要件主要审查被告是否是行政相对人向之提出信息公开申请的主体，是否具有行政权。

除行政机关外，对职权要件需进行进一步审查的主要有两类案件：一类是行政机关内设机构、派出机构，这类主体只有经法律、法规、规章授权才能对外以自己名义行使行政职权，作为适格被告，并独立行使政府信息公开的职权。另一类是高校、行业协会等社会组织，也需要法律、法规、规章的授权才能行使行政职权，承担政府信息公开的职责。

【注意事项】

行政机关内设机构、派出机构天然是行政机关的一部分，只要相应规范明确其可以自己名义对外，就具有职权，即判断“名”。而社会组织是否具有职权，需要判断相应规范是否授予其行使行政职权，即判断“实”。对于社会组织是否属于授权主体，主要可以从这三个方面来予以判断：一是授权所为的事项是否属于行政事务；二是授权所为事项是否关涉相对人的公法权利；三是授权行政过程中社会组织是否具有自己的意思。

二、答复程序审查

（一）是否在法定期限内作出答复

【审查要点】

根据《19条例》第三十一条至第三十四条的规定，政府信息公开程序遵循如下期限要件：

1. 收到申请后，7个工作日内作出一次性补正告知，答复期限自收到补正申请之日起开始计算；

2. 征询第三方或其他行政机关的意见的，第三方或其他行政机关在收到之日起15个工作日内回复，逾期未回复的视为不同意公开；

3. 行政机关应当在收到申请后20个工作日内作出答复；

4. 延长答复期的应当经政府信息公开工作机构负责人同意并告知申请人，延长的期限最长不得超过20个工作日。

（二）是否在确定的答复期限内答复

【审查要点】

根据《19条例》第三十五条的规定，申请人申请公开政府信息的数量、频次明显超过合理范围，行政机关可以要求申请人说明理由。行政机关认为申请理由合理，但是无法在本条例第三十三条规定的期限内答复申请人的，可以确定延迟答复的合理期限并告知申请人。行政机关确定延迟答复期有正当理由的，法院可予以支持。同时审查行政机关是否在该答复期内作出答复。

三、事实认定审查

【审查要点】

1. 政府信息公开答复中，行政机关对于当事人申请内容的固定是否正确；

2. 行政机关对于当事人提出申请，补正、延长答复等环节的记载是否准确。

【注意事项】

被诉答复能够准确还原政府信息公开申请过程的，可以视为事实认定清楚。

四、答复理由和法律适用审查

（一）以已经主动公开为由不予提供答复的审查

【审查要点】

根据《19 条例》第三十六条第（一）项的规定，所申请公开信息已经主动公开的，行政机关告知申请人获取该政府信息的方式、途径。对于行政机关答复称相关信息已经主动公开的案件，法院需要从几个方面进行审查：一是同一性审查，要审查原告申请获取的信息与被告主张已经主动公开的内容是否同一；二是可得性审查，审查被告在答复中告知的查询方式是否正确，能否根据该查询方式找到被告所述已经公开的信息；三是公开时间的审查，审查被告在作出答复前是否已主动向社会公布。需要强调的是，此处判断主动公开与否的时间点为“答复前”而不是“申请前”，因为只要在“答复前”公开不仅能满足申请者的知情权，也能让其他更多人了解该政府信息。

【裁判指引】

经审查，有下列情形之一的，对行政机关答复已主动公开的主张不予支持：第一，主动公开的信息与原告申请的信息不是同一信息；第二，查询方式告知错误；第三，申请的信息是在答复之后才予以主动公开。

【注意事项】

对于要素公开合法性的判断问题。在实践中，有时行政机关主动公开的信息与原告的申请并非完全一致，谓之“要素公开”。在“要素公开”的情况下，如果相关信息的主要内容已经公开，并且原告也不能说明未公开的部分对其利益造成损害的，可以认为“要素公开”符合上述申请内容与公开内容的“同一性”要求。反之，如果“要素公开”遗漏申请信息的关键内容，或者原告能够说明该遗漏的内容对其有重要影响的，则应认定主动公开的信息与原告申请的信息“不同一”，对相关答复不予支持。

【典型案例】

如果爱婚姻服务有限公司诉中华人民共和国民政部案，2013年度政府信息公开十大案例之十［裁判法院：北京市高级人民法院；案号：（2014）高行终字第915号］

案例典型意义：本案涉及主动公开和依申请公开的关系以及行政机关应当充分履行告知义务问题。政府信息公开的方式包括主动公开和依申请公开，两者相辅相成，互为补充。对于已经主动公开的政府信息，行政机关可以不重复公开，但应当告知申请人获取该政府信息的方式和途径。本案中，被告虽然在复议期间告知申请人可以查询信息的网址，但登录该网址仅能查询到部分信息，二审判决认定其遗漏了申请中未主动公开的相关信息，构成未完全尽到公开义务，是对《政府信息公开条例》的正确理解，从而对行政机关是否充分履行告知义务进而完全尽到公开义务确立了比较明确的司法审查标准。

（二）以涉及国家秘密为由不予公开答复的审查

法院对于国家秘密的审查是程序审查和形式审查，即仅对定密职权，定密标识、定密程序和保密期限进行审查，定密的实体内容的正当与否不属于法院审查范围。对于当事人之间有关政府信息是否应该定密的争议，法院在政府信息公开案件审理中不予处理。

【审查要点】

具体的审查内容如下：

1. 关于定密职权。按照《中华人民共和国保守国家秘密法》第十三条的规定，确定国家秘密的密级，应当遵守定密权限。中央国家机关、省级机关及其授权的机关、单位可以确定绝密级、机密级和秘密级国家秘密；设区的市、自治州一级的机关及其授权的机关、单位可以确定机密级和秘密级国家秘密。具体的定密权限、授权范围由国家保密行政管理部门规定。定密机关应当符合该项要求。

2. 关于定密程序和定密的形式。《19 条例》第十七条第二款规定："行政机关应当依照《中华人民共和国保守国家秘密法》以及其他法律、法规和国家有关规定对拟公开的政府信息进行审查。"国家保密局制定的《中华人民共和国保守国家秘密法实施办法》（已失效）第八条规定："各机关、单位对所产生的国家秘密事项，应当依照保密范围的规定及时确定密级，最迟不得超过十日。"上述"最迟不得超过十日"规定系对有关部门开展保密工作的程序性要求，目的在于提升保密工作的效率，该规定并非对超期定密权力的否定。《19 条例》明确规定行政机关在公开政府信息前应当进行保密审查，被告在原告提出政府信息公开申请以后，启动定密程序也是可以的。而相关法律规范没有明确保密审查方式和定密形式，在符合法律基本原则的前提下，行政机关的定密方式只要能够反映出定密的意思即可，对其形式不作具体界定。

3. 关于保密期限的审查。保密期限是审理涉及国家秘密政府信息公开案件的重要内容，保密期限的计算应当从定密之日开始。按照《中华人民共和国保守国家秘密法》第十九条的规定，在保密期限内的国家秘密可以提前解密。对需要延长保密期限的，应当在原保密期限届满前重新确定保密期限。国家秘密的保密期限已满的，自行解密。据此，对于超过保密期限未予延长保密期限的，按照《中华人民共和国保守国家秘密法》的规定，已经解密，不能再以涉及国家秘密为由不予公开。行政机关将超过保密期限的信息作为国家秘密答复的，法院不予支持。鉴于在实践中，不能排除未延长保密期限的秘密依然有保密的需要，在裁判方式上，不直接判决公开原告申请的信息，而是应当撤销原来的答复，责令行政机关重新答复。行政机关可按照《19 条例》第十七条的规定，对原告申请的信息进行保密审查后作出相应答复。

【注意事项】

1. 质证方式。对于已经提交的涉及国家秘密的政府信息，在庭审质证时，仅就保密标识、定密目录、定密决定等相关内容的真实性进行质证。法院在组织庭审中避免就政府信息的实体内容组织质证，以防止在庭审过程中泄露国家秘密。

2. 被告可以在诉讼中不予提交涉及国家秘密的政府信息。《信息公开司法解释》第五条第四款规定："被告能够证明政府信息涉及国家秘密，请求在诉讼中不予提交的，人民法院应当准许。"对此，被告提供定密清单等材料足以证明原告所申请的政府信息属于国家秘密的，可准许被告在诉讼中不予提交，在庭审中应当组织当事人就上述证明材料进行质证。

（三）以涉及"三安全一稳定"为由不予公开答复的审查

《19 条例》规定公开后可能危及国家安全、公共安全、经济安全、社会稳定的政府信息，不予公开。"三安全一稳定"是不确定法律概念，解释难度大。若解释过宽，则会降低司法审查标准，行政机关可能通过引用该条限缩信息公开范围；若解释过严，则可能引起其他社会负面效应，具有法律专业知识的法官难以凭个案有限的背景信息预见所有负面的社会效果。就"三安全一稳定"的审查需要从理由和程序两个角度进行。

【审查要点】

1. 理由审查。可以从行政机关认定公开政府信息可能涉及"三安全一稳定"的理由着手。如果行政机关说理充分的话，法院应当予以支持，反之，则不能支持。

【典型案例】

周某诉上海市人力资源和社会保障局政府信息公开决定案，中国行政审判案例第 76 号案例［裁判法院：上海市第二中级人民法院；案号：（2011）沪二中行终字第 189 号］

裁判要旨：行政机关以危及社会稳定为由作出不予公开政府信息决定，其理由应当具有充分的说服力。人民法院应当对行政机关所持理由是否合理、充分进行审查，防止行政裁量权的滥用。

2. 程序审查。在上海的政府信息公开实践中，除了理由审查以外，还有程序审查。根据 2008 年的《上海市政府信息公开规定》第六条的规定，行政机关以"三安全一稳定"为由决定不予公开政府信息的，应当书面报告市或者区（县）政府信息公开工作主管部门。《条例》施行以后，上海市政府开始对原有的政府信息公开规定进行修订，据了解，截至目前（2020 年 3 月 25 日），在整个修订过程，虽然相关内容的表述有所调整，但是对于行政机关以"三安全一稳定"为由决定不予公开政府信息的，需要向有关部门予以书面报告的程序性要求一直予以保留。据此，在上海，行政机关以"三安全一稳定”为由不予公开政府信息是要经过一定报告或者批准程序的。对于未按照《上海市政府信息公开规定》履行报告或者批准程序的，法院对行政机关所作以“三安全一稳定”为由不予公开政府信息的答复不予支持。

（四）以涉及对第三方合法权益造成损害为由不予公开答复的审查

《19条例》第十五条规定，涉及商业秘密、个人隐私等公开会对第三方合法权益造成损害的政府信息，行政机关不得公开。但是，第三方同意公开或者行政机关认为不公开会对公共利益造成重大影响的，予以公开。与《08条例》相比在涉及个人隐私、商业秘密而不予公开政府信息的情形后增加了“等”字，拓宽了第三方权益保护的范围。

【审查要点】

1. 关于商业秘密的判断

信息公开中的商业秘密应当依据《中华人民共和国反不正当竞争法》的规定予以判断。根据2019年修订后的《中华人民共和国反不正当竞争法》第九条第四款规定，商业秘密是指不为公众所知悉、具有商业价值并经权利人采取相应保密措施的技术信息、经营信息等商业信息。2017年反不正当竞争法的修订，在商业秘密的构成要件中删除了“实用性”的要求。2019年的修订，将商业秘密从技术信息、商业信息扩展到满足商业秘密界定标准的其他商业信息。政府信息公开对于商业秘密的界定，也应做同步调整。

【典型案例】

王某诉天津市和平区房地产管理局案，2013年度政府信息公开十大案例之三［裁判法院：天津市和平区人民法院；案号：（2012）和行初字38号］

案例典型意义：……商业秘密的概念具有严格内涵，依据反不正当竞争法的规定，商业秘密是指不为公众知悉、能为权利人带来经济利益、具有实用性并经权利人采取保密措施的技术信息和经营信息。行政机关应当依此标准进行审查，而不应单纯以第三方是否同意公开作出决定。人民法院在合法性审查中，应当根据行政机关的举证作出是否构成商业秘密的判断……

2. 关于个人隐私的判断

任何可能引起特定人陷入尴尬境地或者被非法骚扰的信息，均可视为个人隐私。虽然我国目前对个人隐私涉及的范围尚没有具体的规定，但《中华人民共和国民法典（草案）》（2019年12月16日稿）中对隐私权和个人信息的保护作了专章的规定。根据草案第一千零三十二条的规定，隐私是自然人的私人生活安宁和不愿为他人知晓的私密空间、私密活动、私密信息。草案第一千零三十四条将“能够单独或者与其他信息结合识别特定自然人的各种信息，包括自然人的姓名、出生日期、身份证件号码、生物识别信息、住址、电话号码、电子邮箱地址、行踪信息等”界定为个人信息，并明确个人信息中的私密信息，同时适用隐私权保护的有关规定。

根据民法典草案的精神以及以往政府信息公开的实践，政府信息公开案件审理中对于个人隐私的认定可以从教育状况，财务状况、现在或过去的身体状况或精神状况、就业史、家庭或个人关系、家庭住址或者联系方式等方面进行判断。需要指出的是，由于我国对于信息的保护制度尚不完善，对于个人信息中私密信息的判定可以从宽，如身份证号码，电话号码等，行政机关将其纳入个人隐私予以保护的，法院可予以支持。

3. 其他对第三方合法权益造成损害的政府信息

此次的条例修订，就第三方权益保护方面，在个人隐私和商业秘密之外增加规定，用一个“等”字，明确其他对第三方合法权益造成损害的政府信息也应当予以保护。此处“第三方合法权益”的内涵应当比商业秘密和个人隐私的范围广，如公开后可能损害第三方商业活动能力、商业竞争优势、商誉等权益的，都可以认定为其他可能对第三方合法权益造成损害的信息。

4. 权利人同意公开的判定程序和司法审查内容

根据《19 条例》规定，行政机关在两种情形下可以公开对第三方权益造成损害的信息：第一种情形为第三方同意公开；第二种情形是行政机关认为不公开会对公共利益造成重大影响的。《19 条例》第三十二条规定，依申请公开的政府信息公开会损害第三方合法权益的，行政机关应当书面征求第三方的意见。当行政机关以申请信息损害第三方合法权益为由不予公开的，必须对意见征询程序是否合法进行审查后，作出处理。对第三方意见征询程序的审查应当从以下几个方面进行：

（1）行政机关是否发出了意见征询单。按照《19 条例》的要求，向第三方的意见征询必须通过书面的方式进行，法院应当对行政机关是否采用了书面的方式进行审查。审查意见单上记载的信息内容是否与申请人申请的内容相一致，如果不一致的，视为没有征询过第三方意见。

（2）第三方是否收到了意见征询单。根据《19 条例》第三方应当自收到征求意见书之日起15个工作日内提出意见。此处时间的起算点系收到意见征询单，在第三方未表达意见时，法院需要对意见征询单的送达情况进行审查。

（3）第三方是否答复及答复内容。如果意见征询单的送达没有问题，在经过一段合理的等待期后，行政机关依然没有收到第三方答复的，行政机关可以自行判断是否予以公开。如果第三方向行政机关寄送了答复书的话，答复同意公开的，则予以公开。

5. 利益平衡后决定公开

《19条例》规定，行政机关认为不公开可能对公共利益造成重大影响的，可以决定予以公开，这种利益衡量虽不是必经程序。但是，出于对公共利益的保护，行政机关应当对此进行衡量。在司法实践中就此利益衡量，需要解决两个问题：第一个问题是在行政机关没有进行这种利益衡量的时候，法院能否主动进行利益衡量？第二个问题是如何判断不公开将会对公共利益产生重大影响？

（1）法院能否主动进行该利益衡量

针对行政机关怠于进行公共利益衡量的情况，时任最高法院行政庭副庭长李广宇在其专著《政府信息公开司法解释读本》（法律出版社2011年版，第257页）中指出："这种裁量的懈怠虽然是对个人隐私的尊重，但也可能损及更为重要的公共利益。在这种情况下，即使行政机关没有作出这种利益衡量，法院也可以责令行政机关作出，或者由法院直接作出。"据此，法院可以从程序上审查行政机关是否进行了这种衡量，当申请人要求公开可能损害第三方权益的政府信息，第三方不同意公开，行政机关没有进行利益衡量的，法院应当责令行政机关进行衡量，或者法院自己衡量；如果行政机关已经作出衡量的，法院应当在给予适当尊重的前提下作出判断。

（2）不公开会对公共利益产生重大影响的判断标准

公共利益是不确定的法律概念。对公共利益的确定，是一种主观性判断。在司法审查中，法院对行政机关作出的公共利益的判断，应当在给予适当尊重的基础上作出判断。对此条的理解需要坚持利益衡量理论，从"公共利益"与"重大影响"两个方面着手，"公共利益"的理解可从利益主体的相对不确定性、利益性质的影响面、利益保护的特别需要性等方面加以判断，如公共健康、国家安全或者环境保护利益等。对"重大影响"的理解，目前可在尊重行政裁量的基础上，要求行政机关提供其认定构成"重大影响"的基本事实根据，特别是与第三方私人利益进行比较权衡时所选用因素的科学性、完整性、现实性。

【典型案例】

杨某诉山东省肥城市房产管理局案，2013 年度政府信息公开十大案例之四［裁判法院：泰安市中级人民法院；案号：(2013) 泰行终字第 42 号］

案例典型意义：本案的焦点问题是享受保障性住房人的申请材料信息是否属于个人隐私而依法免于公开。该问题实质上涉及保障公众知情权与保护公民隐私权两者发生冲突时的处理规则。保障性住房制度是政府为解决低收入家庭的住房问题而运用公共资源实施的一项社会福利制度，直接涉及公共资源和公共利益。在房屋供需存有较大缺口的现状下，某个申请人获得保障性住房，会直接减少可供应房屋的数量，对在其后欲获得保障性住房的轮候申请人而言，意味着机会利益的减损。为发挥制度效用、依法保障公平，利害关系方的知情权与监督权应该受到充分尊重，其公开相关政府信息的请求应当得到支持。因此，在保障性住房的分配过程中，当享受保障性住房人的隐私权直接与竞争权人的知情权、监督权发生冲突时，应根据比例原则，以享受保障性住房人让渡部分个人信息的方式优先保护较大利益的知情权、监督权，相关政府信息的公开不应也不必以权利人的同意为前提。本案二审判决确立的个人隐私与涉及公共利益的知情权相冲突时的处理原则，符合法律规定，具有标杆意义。

（五）以涉及内部事务信息、过程性信息、行政案卷信息为由不予公开答复的审查

《19 条例》第十六条规定，行政机关在履行行政管理职能过程中形成的讨论记录、过程稿、磋商信函、请示报告等过程性信息以及行政执法案卷信息，可以不予公开。法律、法规、规章规定上述信息应当公开的，从其规定。对于内部事务信息、过程性信息、行政案卷信息的公开，行政机关有一定的裁量空间确定公开与否。

【审查要点】

1. 内部事务信息判断问题

按照《19 条例》第十六条第一款的规定，行政机关的内部事务信息，包括人事管理、后勤管理、内部工作流程等方面的信息，可以不予公开。在司

法实践中，对于内部事务信息的判断可以从这一制度的目的出发，内部事务信息与公共利益无关，不予公开是为了避免给行政机关增加不必要的负担。可以从两个方面对内部事务信息进行判定：一是效力范围标准，内部事务信息的效力应当仅限于机关内部，如果内部事务信息所涉行政行为的效力及于机关以外，就不再是内部信息；二是信息的属性，内部管理信息主要涉及内部人事、财务管理等与公共利益关联不大的事项。

2. 过程性信息的判断问题

行政机关在履行行政管理职能过程中形成的讨论记录、过程稿、磋商信函、请示报告等过程性信息，可不予公开。对于过程性的信息的理解，可从设立该项制度目的出发加以理解。过程性信息，也称为决策信息，保护的目的在于保护行政机关内部的充分交流，从而使行政机关工作人员在决策制定过程中敢于畅所欲言，确保决策过程的科学性和民主性。在审理政府信息公开行政案件中，法院应当从上述目的出发，判断原告要求公开的信息是否属于不应公开的过程性信息。例如，对于法律规范未作出刚性规定的上下级机关之间的请示和批复、非公众参与的行政决策过程性信息，如果与上述目的相符合的，可以认定为过程性信息而不予公开。

3. 行政执法案卷信息的判断问题

就此问题，市政府办公厅在 2019 年 5 月 10 日向上海市的各级行政机关作出明确要求："经查，本市目前持有执法证的市级部门有 43 家，均可以形成行政执法案卷，如果这些部门的行政执法案卷都被认定属于条例规定可以不予公开的行政执法案卷，则违背了信息公开条例的立法本意，损害了公民、法人和其他组织的知情权。为保障申请人的知情权，在国务院未出台明确规定、最高人民法院未出台司法解释之前，申请人（主要是特定当事人和利害关系人）要求公开行政执法案卷信息的，若法律、法规、规章对行政执法案卷查阅有专门规定的，可以答复不予公开，并说明理由。若法律、法规、规章未对行政执法案卷查阅作出规定，则不得引用《19 条例》第十六条第二款规定排除行政机关的信息公开义务。"

市政府办公厅的要求符合制度设定的目的，在案件审理中应当予以采纳。行政机关对当事人和利害关系人的申请，引用《19 条例》第十六条第二款规定，以"行政执法案卷"为由不予公开的，法院不予支持；对当事人和利害关系人以外的人员申请的，行政机关以行政执法案卷为由不予公开有证据支撑的，法院可予支持。

（六）以政府信息不存在为由不予提供答复的审查

【审查要点】

行政机关以政府信息不存在为由拒绝公开政府信息时，一般应当由被告提供其已经尽到了合理搜索义务的证据材料。对于合理搜索的判断应当综合以下因素予以考虑：第一，用以检索的数据库（含档案室等资料存放专门部门）包含的信息资料是否全面，数据库收纳的数据越多，其检索结果越具有合理性；第二，检索方法是否妥当，选用不同的检索关键词、采用不同的检索方法会产生不同的检索结果，被告选取的检索方法更有利于找寻到相关政府信息的，其检索结果更具有合理性；第三，检索人员的工作态度是否认真，若有证据证明检索工作人员的工作态度是为了尽其可能帮助申请人获取信息的话，其检索结果更具有合理性。

【注意事项】

需要注意的是，政府信息不存在的答复，首要前提是属于被告行政管理范围而有制作或获取的可能，如果系争信息虽属于其行政管理范围，但明显不存在制作或获取的可能，行政机关可以直接予以答复。

【典型案例】

张某诉上海市规划和国土资源管理局案，2013 年度政府信息公开十大案例之九［裁判法院：上海市黄浦区人民法院；案号：(2013) 黄浦行初字第 132 号］

案例典型意义：本案涉及政府信息公开的两项重要制度，一是申请人在提交信息公开申请时应该尽可能详细地对政府信息的内容进行描述，以有利于行政机关进行检索。二是政府信息不存在的行政机关不予提供。本案在处理这两个问题时所采取的审查标准值得借鉴。也就是，行政机关以信息不存在为由拒绝提供政府信息的，应当证明其已经尽到了合理检索义务。申请人对于信息内容的描述，也不能苛刻其必须说出政府信息的规范名称甚至具体文号。如果行政机关仅以原告的描述为关键词进行检索，进而简单答复政府信息不存在，亦属未能尽到检索义务。

（七）以非本机关负责公开不予提供答复的审查

【审查要点】

判断申请事项是否属于被申请机关的公开职责权限，分为两个步骤：

第一，判断所申请公开的政府信息是否属于被告的行政管理范围而有制作或获取的可能。如果所申请的信息完全不属于被告的行政管理范围，被告可以直接作出相应的判断。比如，向教育局申请公开卫生许可。

第二，判断被告客观上没有制作或获取过该信息。如果系争信息虽然不属于被告行政管理范围，但其客观制作或获取过，不能答复不属于其负责公开。比如，教育局违法制作了某卫生许可证，当然就不能答复不属于其负责公开。

【注意事项】

1. 牵头机关的判断问题。共同制作的政府信息由牵头制作机关负责公开。所谓牵头机关可以从以下两个角度把握：第一，文号机关，所谓“文号机关”是指当多个机关共同制作一个文件时，使用的文号是唯一的，那么该文号就是“牵头机关”具有公开职责；第二，如果申请公开的信息没有文号的，共同制作机关以其不属于牵头机关为由，不予提供政府信息的，则该机关应当对其不属于牵头机关进行举证，如果不能举证的，对该机关以不属于牵头机关为由不提供政府信息的答复，不予支持。

2. 没有正确告知不属于公开职责政府信息公开义务机关名称、联系方式的处理。修订前后的《条例》都有规定，对不属于本行政机关公开但能够确定该政府信息的公开机关的，应当告知申请人该行政机关的名称、联系方式。对于没有正确告知申请政府信息的公开义务机关的答复，法院可以将其作为行政瑕疵予以指出，不宜直接判决撤销答复或确认违法，可判决驳回诉讼请求。理由如下：首先，通过法院庭审查明被告在原告申请时已经知道或者已经能够确定公开义务主体，有时相对困难，除非被告自己在庭审中承认。其次，如果被告因在庭审中自认能够确定该政府信息的公开机关而被判决败诉，则会导致被告在今后的庭审中或者在答复时一概不承认能够确定相关公开义务主体的事实前提，以确保自己立于不败之地，这就有违《条例》该项规定的立法宗旨了。法院的判决在导向上应当是有利于行政机关更好地履行公开义务和便民服务。

（八）以申请人重复申请不予处理答复的审查

【审查要点】

首先，要审查申请人前后两次的申请是否相同，“相同”的标准不是申请内容在文字表述上的一致性，而是从实质上判断两次申请指向的是同一内容。如果后一次的申请内容，属于前一次申请内容的一部分且已经答复过的，行政机关认定后一次申请与前一次申请相同，法院可予以支持。

其次，要注意前后两次申请时，相应的制度环境或者事实变化是否发生了导致不同答复的变化。第一种制度环境发生变化，如第一次申请时系以法律、行政法规的规定，不予公开，但是第二次申请时相关的法律制度发生改变的，对行政机关所做不再重复处理的告知，不予支持。第二种事实情况发生变化，如子女申请其父母的收入信息，第一次以涉及其父母个人隐私不予公开。但是第二次申请时，若其父母已经死亡的，对行政机关所做不再重复处理的告知，不予支持，理由是父母死亡后，父母的财产收入对于其继承人而言不再是个人隐私，应当予以公开。

（九）以申请不动产登记、工商登记等资料为由所作另行查询告知的审查

【审查要点】

我国对于不动产登记资料、工商登记等资料有着专门的查询制度规定，这些资料虽然属于政府信息的范畴，但对于其公开的程序、条件和申请人资格等有专门规定，不适用《条例》，而是由其他特别法予以规定。对于行政机关答复当事人依照特定规定进行查询，法院应当予以支持。

（十）以申请“非条例所指政府信息”不予提供答复的审查

【审查要点】

根据《19 条例》第二条规定，政府信息，是指行政机关在履行行政管理职能过程中制作或者获取的，以一定形式记录、保存的信息。政府信息是行政机关在履行“行政管理职能”过程中形成的信息，这是此次《条例》修订中予以明确的。行政机关非履行行政管理职能信息，如作为民事主体形成的信息、公安机关在履行刑事侦查职能过程中产生的信息，都不属于条例所指政府信息的范畴。

【典型案例】

奚某诉中华人民共和国公安部案，2013 年度政府信息公开十大案例之二［裁判法院：北京市高级人民法院；案号：（2014）高行终字第 221 号］

案例典型意义：……同时，公安机关具有行政机关和刑事司法机关的双重职能，其在履行刑事司法职能时制作的信息不属于《政府信息公开条例》第二条所规定的政府信息……

第四部分　对除答复以外的政府信息公开行为的审查

政府信息公开诉讼中，原告除了对答复行为不服以外，还有可能针对其他政府信息公开行为提起诉讼。包括以下一些情形：

一、以“未予答复”为由提起诉讼的审查

（一）是否符合立案条件的审查

【审查要点】

1. 审查原告是否提出过申请

原告对行政机关的“未予答复”行为提起行政诉讼的，应当向法院证明其提出过政府信息公开申请。原告没有向行政机关提出申请，直接向法院起诉的，人民法院裁定不予立案。

原告提供的可以证明其提出过申请的材料包括以下一些内容：邮寄回执、行政机关的受理回执，或者其他可以证明原告提出过申请的材料。起诉同时需向法院提交政府信息公开申请书。

2. 审查原告提起的诉讼是否在法定起诉期限内

原告对行政机关“未予答复”行为不服，提起行政诉讼的，应当在法定答复期限届满后六个月内提出。对于原告的起诉发生在行政机关的答复期限届满前，或者超过答复期限届满超过六个月的，人民法院裁定不予立案。

（二）是否履行了政府信息公开职责的审查

【审查要点】

主要审查被告在收到申请后按照《19条例》第三十三条规定的法定期限内是否已向原告作出答复，包括两种情形：一是行政机关是否在收到申请的20个工作日之内作出答复；二是有期限延长的，延长答复期限的决定是否经过政府信息公开工作机构负责人同意并告知申请人，且在不超过20个工作日的延长期限内作出了决定。

被告在法定期限内以合法方式寄送答复，但原告收到时超出上述期限规定的，人民法院不宜仅以被告超出期限答复为由，判决确认违法。

【注意事项】

人民法院审理“未予答复”类的案件，可以区分情况分别相应处理：

1. 被告未予答复欠缺正当理由的，确认被告未履行法定职责违法，判决被告于一定期限内履行政府信息公开职责；

2. 被告已经履行政府信息公开职责的，判决驳回原告的诉讼请求；

3. 原告起诉时尚在被告答复期限内的，裁定驳回起诉；

4. 被告在不履行政府信息公开法定职责案件的一审期间作出相关政府信息公开答复的，按照《行诉解释》第八十一条的规定处理，即原告不撤诉的，法院应当就不作为依法作出确认违法判决。

二、以提供信息内容与申请不一致为由提起诉讼的审查

【审查要点】

行政机关向申请者提供了政府信息，申请者认为行政机关提供的信息与其申请的内容不相符合，要求确认行政机关提供的信息违法，并重新提供信息进而提起诉讼的，属于法院审理的范围。

法院在审理此类案件时，主要是从形式上判断行政机关提供的信息与申请公开的信息是否具有一致性。行政机关能够对提供的信息与申请内容的一致性进行合理说明的，法院可予以支持。

需要说明的是，原告对行政机关提供信息的真实性产生异议的，不属于政府信息公开案件的审理范围，法院不予审查处理。

三、以提供信息形式与申请不一致为由提起诉讼的审查

【审查要点】

行政机关提供政府信息的方式，与申请者的权利也密切相关。申请人认为行政机关提供政府信息的方式不妥当的可以提起诉讼。《19 条例》第四十条规定，行政机关依申请公开政府信息，应当根据申请人的要求及行政机关保存政府信息的实际情况，确定提供政府信息的具体形式。按照申请人要求的形式提供政府信息，可能危及政府信息载体安全或者公开成本过高的，可以通过电子数据以及其他适当形式提供，或者安排申请人查阅、抄录相关政府信息。

据此规定，行政机关一般需要按照申请人的要求确定政府信息公开的具体方式，行政机关改变信息提供方式，需要满足一定条件。法院需要对行政机关不能按照申请人要求形式提供的合理性进行审查，如果行政机关改变信息提供方式符合《19 条例》第四十条规定的“可能危及政府信息载体安全或

者公开成本过高的”，可以认定被告提供信息的方式合法。

四、以错误收费行为为由提起诉讼的审查

【审查要点】

在政府信息公开制度的设定中，收费制度也是一项重要制度。申请人对于行政机关所做收费决定不服的，可以提起诉讼。按照《19 条例》第四十二条的规定，行政机关依申请提供政府信息的，原则上不收取费用。当申请人申请公开政府信息的数量、频次明显超过合理范围的，行政机关可以收取信息处理费。在审查行政机关收取信息处理费决定的合理性时，需要对申请人申请公开信息的数量、频次明显超过合理范围进行审查，行政机关需要对认定申请人申请的公开信息的数量、频次明显超过合理范围进行举证说明。

就具体收费标准的审查，应当按照国务院价格主管部门会同国务院财政部门、全国政府信息公开工作主管部门制定的具体收费办法进行。在具体收费办法尚未制定前，行政机关进行收费的，可以认定行政机关的收费决定没有具体依据。

五、以未按要求更正政府信息为由提起诉讼的审查

【审查要点】

《19 条例》第四十一条规定，公民、法人或者其他组织有证据证明行政机关提供的与其自身相关的政府信息记录不准确的，可以要求行政机关更正。《08 条例》也同样有可以要求行政机关更正政府信息记录的内容。当原告认为行政机关不予更正相关政府信息记录违法提起诉讼时，法院应当审查原告在向行政机关申请更正时是否提供了可以证明有关政府信息记录不准确的证据证明。此处行政机关的更正应当是基于相应证据证明所实施的行为，行政机关本身不需要进行实质意义上的调查。如果原告的申请在事实上系要求行政机关重新启动调查程序，撤销原有行政行为的，如要求更正房产证上权利人的名单，这就不属于更正申请范围，行政机关可予以拒绝，因要求更正事项已经超出了政府信息公开的范围，法院对于相关的诉讼，可裁定驳回起诉。如果原告提出的更正申请属于政府信息公开范围，但原告提供的证据材料不能证明相关政府信息记录不准确，行政机关不予更正的，法院对于行政机关的不予更正行为可予以支持。

六、以不当规制申请权为由提起诉讼的审查

为防止申请人过度使用申请政府信息公开的权利，《19条例》第三十五条规定，申请人申请公开政府信息的数量、频次明显超过合理范围的，行政机关可以要求申请人说明理由。行政机关认为申请理由不合理的，告知申请人不予处理。对申请者的申请不予处理，对申请者权利有重要影响，法院应当予以审查。“数量、频次明显超过合理范围”是典型的不确定法律概念，法院审查难度大。

【审查要点】

在审查时需要把握以下几点：第一，目的审查，即要注意数量、频次背后的申请目的问题，行政机关认定申请公开政府信息的数量、频次明显超过合理范围，同时要对申请者申请信息公开的目的已经超越知情权的范畴进行合理说明；第二，程序审查，按照上海市政府信息公开主管部门的意见，行政机关要适用申请公开政府信息的数量、频次明显超过合理范围，不予处理的，应当书面报上海政府信息公开主管部门，经其同意后方可以实施。法院对行政机关以申请公开政府信息的数量、频次明显超过合理范围告知不予处理的行为同时符合上述目的标准和程序标准的，可予以支持。

第五部分　一般裁判指引与举证指引

在上文论及审查标准时或多或少涉及裁判标准、原被告的举证责任，本部分系从总体上对相关的裁判方式和举证进行指引。

一、裁定指引

（一）不符合立案条件裁定

【适用情形】

已经立案的案件不符合收案条件的，应当裁定驳回起诉。

【规范指引】

《最高人民法院关于适用〈中华人民共和国行政诉讼法〉的解释》第六十九条

【裁判指引】

《最高人民法院关于适用〈中华人民共和国行政诉讼法〉的解释》第六

十九条列举了十种裁定驳回起诉的情形，可以根据具体的情况予以选择适用。

（二）准予撤诉的裁定

【适用情形】

诉讼中，原告申请撤诉，法院准许的，应当作出准予撤诉裁定。

【规范指引】

《中华人民共和国行政诉讼法》第六十二条

【裁判指引】

原告申请撤诉的，法院应当对其撤诉意愿的真实性进行审查，并且释明撤回起诉后，不得另行提起诉讼。原告坚持撤回起诉的，法院可予以准许。

二、判决指引

（一）未经复议案件的判决方式

法院经审查，可视情况作出如下判决：

1. 驳回诉讼请求

【适用情形】

政府信息公开答复职权合法、程序合法、事实认定清楚、说理和法律适用正确；在其他案件中，原告的理由不能成立的。若适用《信息公开司法解释》作为驳回诉讼请求依据的，注意不同情形适用的具体项不一样。

【规范指引】

《中华人民共和国行政诉讼法》第六十九条

《最高人民法院关于审理政府信息公开行政案件若干问题的规定》第十二条

2. 撤销答复

【适用情形】

事实认定不清，说理不适当，违反法定程序或者法律适用错误等。

【规范指引】

《中华人民共和国行政诉讼法》第七十条

《最高人民法院关于审理政府信息公开行政案件若干问题的规定》第九条第一款

【裁判指引】

行政机关对于是否公开的判断有裁量空间的，在撤销的同时责令重新答复；可以判定申请公开的政府信息应当予以公开的，在撤销的同时责令行政机关公开。

3. 确认违法判决

【适用情形】

程序轻微违法，被诉答复的其他内容都合法的。

【规范指引】

《中华人民共和国行政诉讼法》第七十四条第一款第（二）项

【裁判指引】

超期答复或者超过合理期限（一般认为答复作出后三个工作日）邮寄的，可以根据此规定判决确认违法。

4. 责令行政机关作出答复或者予以公开

【适用情形】

认定行政机关未履行答复职责。

【规范指引】

《中华人民共和国行政诉讼法》第七十二条

【裁判指引】

需要设定行政机关的答复期限，答复期限的设定不得比《条例》规定的20个工作日更长。

（二）经过复议案件的判决方式

1. 对复议决定的审查

政府信息公开案件中，复议机关作共同被告的，复议机关也需要提供相应证据，法院对复议决定也需要进行合法性审查。对复议决定的合法性审查除了从复议职权、复议程序方面展开以外，还需要注意复议改变信息公开答复事实认定、法律适用的情形下，法院的审查路径。复议机关改变原行为事实认定和法律适用的，法院主要审查这两个方面问题：第一，复议机关改变原答复的事实认定和法律适用，是否正确；第二，复议机关改变后的事实认定和法律适用，是否依然可以维持原答复的处理结果。除此之外，政府信息公开案件作为履行之诉，裁判基准时原则上以起诉时为基准，如果复议程序中复议机关、原答复机关将信息向原告进行了公开，法院也可以判决驳回原告的诉讼请求。

2. 驳回诉讼请求

【适用情形】

答复行为合法，复议机关所作维持决定合法。

【规范指引】

《中华人民共和国行政诉讼法》第六十九条、第七十九条

3. 撤销答复及复议决定

【适用情形】

答复行为违法，复议机关所作维持决定违法。

【规范指引】

《中华人民共和国行政诉讼法》第七十九条第（一）项

《最高人民法院关于审理政府信息公开行政案件若干问题的规定》第九条第一款

【裁判指引】

如果可以判定申请的信息应当公开的，在撤销的同时责令答复机关公开；行政机关对于是否公开的判断有裁量空间的，在撤销的同时责令重新答复。

4. 驳回要求撤销答复的诉讼请求，确认复议决定违法

【适用情形】

答复行为合法，复议程序轻微违法。

【规范指引】

《中华人民共和国行政诉讼法》第六十九条、第七十四条第一款第（二）项

【裁判指引】

复议程序轻微违法情形的判断，同对答复行为的审查标准。

5. 确认答复行为违法，撤销复议决定

【适用情形】

原行为程序轻微违法，复议机关作出维持决定。

【规范指引】

《中华人民共和国行政诉讼法》第七十四条第一款第（二）项、第七十九条

【裁判指引】

撤销复议决定以后，不需要责令行政机关重新作出。

6. 责令行政机关作出答复，撤销复议决定

【适用情形】

行政机关未履行答复职责，复议机关作出驳回行政复议申请决定。

【规范指引】

《中华人民共和国行政诉讼法》第七十二条、第七十九条

《最高人民法院关于适用〈中华人民共和国行政诉讼法〉的解释》第一百三十六条第一款、第四款

三、举证指引

（一）原告的举证指引

政府信息公开案件中，原告需要对其诉讼符合立案条件进行举证，并具有提供证据证明被诉政府信息公开行为违法的权利。需要提供以下材料：

1. 提出申请的内容，应当提交相应的申请材料。

2. 行政机关所作答复。

3. 答复信息不存在的，原告可以提出证据说明政府信息存在。

4. 答复不予公开的，原告可以提出证据证明不予公开理由不成立。

5. 行政机关未作答复的，原告提交可以邮件寄送凭证等可以证明其提出过政府信息公开申请的材料。

（二）答复机关的举证指引

一般材料要求：

1. 收到原告申请的时间和内容，证据形式：邮寄凭证，网络申请应当提交网络系统记载时间等证据。

2. 程序性证据材料，寄送答复的凭证。

3. 答复书。

几种特殊情形需要提交的证据材料如下：

1. 涉及主动公开的，需要提供能够证明申请的内容与主动公开材料统一性的证据。

2. 涉及国家秘密的，提供有保密标志的文件头、定密目录等材料，以证明申请的信息属于国家秘密。经法院允许的，可不予提供。

3. 涉及“三安全一稳定”的，提供向有关机关报批的材料，关于“三安全一稳定”的具体理由有证据支撑的，一并提供。

4. 涉及商业秘密、个人隐私等第三方合法权益的，需要提供向第三方征询意见的材料，包括征询函、邮寄凭证、第三方的回函等。

5. 涉及政府信息不存在的，提供信息检索记录（电脑截屏、查询记录、工作日志等），提供检索情况的说明，说明检索的关键词、数据库或数据保存单位等。

6. 非本机关职责的，提供本机关职责权限的材料。

7. 重复申请的，上一次申请的材料（包括申请书和答复书）。

8. 涉及“未答复”的，如果已经答复的，提供相应的材料。

（三）复议机关的举证指引

复议机关需要对复议决定的合法性进行举证。除了证明答复行为合法的材料以外，还需要提交证明复议程序合法的资料，包括：

1. 复议申请书。

2. 复议受理决定书。

3. 复议决定书等。

第六部分　政府信息公开类案疑难法律问题

一、申请内容明确与否的判断标准如何把握？

关于申请内容是否明确需要结合个案予以判断。《19 条例》第二十九条第二款第（二）项规定，政府信息公开的申请应当包括申请公开的政府信息的名称、文号或者便于行政机关查询的其他特征性描述。该项关于“特征描述”的明确性要求是指经过检索可将原告申请的信息予以特定化，可以是一项信息，也可以是明确的多项信息，数量多少不是特定与否的判断标准。在实践中，对于申请人在申请时使用“相关”“所有”“全部”“不限于”“包括”等概括性用语，如行政机关认定为申请内容不明确的，法院应审查上述用语是否导致申请内容不能指向特定政府信息。在目前实践中，考虑到兼顾申请人权利保护与行政机关工作负担，如果申请人要求公开的政府信息属于一类特定信息，且材料数量巨大，行政机关答复申请不明确要求申请人补正的，可以认定行政机关的答复合法。

二、申请人向政府机关设立的非常设机构提出政府信息公开申请的，如何看待不同主体所作政府信息公开答复的效力？如何确定被告？

申请人向政府机关设立的非常设机构提出政府信息公开申请的，设立该非常设机构的政府机关有权作出政府信息公开答复。如果上述非常设机构以自己名义作出答复，同时设立该机构的政府机关在诉讼中认可该答复内容的，法院可以认定非常设机构所作政府信息公开答复主体适当。

三、政府信息公开答复是否必须说明法律适用依据？对于理由正确，但是没有告知法律适用依据的政府信息公开答复，如何判决？

政府信息公开行为具有不同于一般行政行为的特殊性，行政机关不予提供政府信息有事实不能和法律不能的两种情况，所谓“事实不能”是指政府信息在客观上不存在，如未制作获取、遗失、销毁等情况，《条例》不可能穷尽所有事实上不能提供的情形。在客观上不能提供政府信息，又无对应法律条文的情形下，只要行政机关说理充分并有证据予以证明，法院不宜强求其列明具体的法律条款，亦不宜否定其适用法律的合法性。所谓“法律不能”是指政府信息客观存在且有条件提供，只是由于法律规定免予公开才不予提供，如涉及国家秘密、商业秘密和个人隐私的信息不予提供，在此情形下，应当写明法律依据及具体条款，如果未写明法律依据，则可以认定被诉行政行为法律适用错误。

四、行政机关在诉讼过程中改变理由应如何处理？

在审判过程中，经常发生行政机关认为其政府信息公开答复书上说理不明或者不全，在诉讼中补充说理或者重新说理的情况。经法院审查，如果被诉行政行为实体处理合法，可视具体情况，作如下处理：

第一，行政机关在答复中说明理由不全，在诉讼中作了适当补充，其补充理由符合法律规定的，可以判决驳回诉讼请求；第二，行政机关在答复时没有说明理由，或者在诉讼中完全改变了理由，如果改变后的理由成立的，判决确认违法；第三，行政机关在答复时未说理或说理不全，在诉讼中补充或者改变的理由不能成立的，判决撤销。

五、申请人申请公开的信息不属于《条例》所指的政府信息，行政机关在未判断该信息属性的情况下，直接答复不属于本机关公开是否可行？

行政机关处理政府信息公开申请时，一般应先对申请的政府信息是否属于《条例》所指的政府信息进行判定。但在申请人申请公开的信息并非政府信息，且被申请的行政机关未制作或者获取的情形下，被告直接答复不属于本机关公开，虽没有对申请信息是否属于《条例》所指政府信息进行判定，但也没有对原告的知情权造成实际上的侵害，可以判决驳回原告的诉讼请求。

六、行政机关在法定期限内作出政府信息公开决定，但是超期邮寄答复书，其答复程序是否合法？

根据《19条例》第三十三条规定，行政机关应当自收到申请之日起，在法定期限内对申请人的政府信息公开申请予以答复。在法定期限内答复申请人不仅要行政机关在该期限内作出政府信息公开决定，而且要在法定期限内让当事人知晓政府信息公开决定的内容。出于平衡申请人及时获取政府信息的权利和行政机关工作量的考虑，对于行政机关在法定期限届满前邮寄答复书的（以邮戳为准），可以认定为行政机关的答复未超法定期限。对于确因客观事由来不及寄送，行政机关在答复期限届满前告知申请人答复书内容，并在合理期限内（一般不超过三个工作日）及时邮寄答复书的，法院不宜以此为由认定行政程序违法。

七、撤销政府信息公开答复以后，如何设定行政机关公开或者重新答复的期限？

《信息公开司法解释》第九条规定，法院认定被告所作不予公开决定错误的，如果能够判定原告申请公开的信息应予以公开的，法院应当判决撤销并责令被告在一定期限内公开；尚需被告调查、裁量的，法院应当判决撤销并责令被告在一定期限内重新答复。目前司法实践中，在期限设置方面存在不同的做法。政府信息公开工作具有及时性的要求，法院责令行政机关公开或者重新答复的期限不应超过《19条例》规定的20个工作日的答复期限。如果法院经过审理，认为行政机关可以在更短时间内公开信息或者重新答复的，也可以设定少于20日的公开或者重新答复期限。原则上应以确保申请人能够及时获取信息或者收到答复所需要的时间作为合理期限。在重新答复过程中，行政机关依《条例》规定延期答复，或者扣除向第三方征询意见所需时间的，法院可予支持。

责任部门：上海市高级人民法院行政审判庭
上海市高级人民法院研究室

行政案件跨区划集中管辖的检视与规制

——基于8个试点法院管辖方式的实证分析

林国香　邓蔚长

【内容摘要】跨区划集中管辖行政案件实施以来，取得了明显成效，行政诉讼中“立案难”“审判难”得到了有效遏制，随之而来行政案件数量有了大幅增长，管辖法院“案多人少”的矛盾也越来越突出，为了管辖法院的良性发展，更为了跨区划集中管辖行政案件取得更大成效，我们有必要探索建立一套与之契合的管辖制度，明确管辖标准和范围，以促进管辖法院的良性健康发展，维护国家法律的统一实施，保障人民群众良好的司法获得感，提高司法公信力。本文除引言和结语外，共有四个部分。第一部分为现状考察，通过对8个试点铁路法院开展跨区划集中管辖行政案件的现状如管辖范围、管辖模式等各方面进行考察，辨析其模式的优劣。第二部分为成效探析，通过对跨区划集中管辖的优点和存在的问题进行分析，反思存在的问题，确定完善管辖制度的方向和思路。第三部分为总结反思，通过厘清管辖实践中理论和制度认识存在的误区，确定管辖的标准和范围。第四部分为机制完善，通过确定管辖范围的静态构成及动态调整机制，提出构建跨区划集中管辖行政案件范围和标准的具体建议。该建议不是对现有管辖模式和范围的生搬硬套，而是对其合理扬弃，在践行为民司法的宗旨下，充分发扬铁路法院管辖体制上的优势，为构建法治政府建设助力。

【关键词】跨区划管辖　管辖范围　改革试点　管辖标准

引言

行政诉讼管辖制度改革作为司法改革的重要内容，从管辖制度建立以来，为摆脱地方的非法干预，提高司法公信力，全国各级法院进行了大量改革和探索，其中改革的形式多样，既有通过提级管辖解决问题，又有通过异地交叉管辖解决问题，还有通过指定管辖的方式解决问题，每种方式都取得了一定效果，但同时也发现了不少问题。为解决上述管辖方式的不足，各地法院在中央和最高院的统一决策部署下，开展了跨区划集中管辖行政案件的改革试点工作，目的是为了建立一套与行政区划适当分离的管辖制度，打破地方对法院的干扰，实现法律统一公正实施。该举措取得了显著效果，但同时也产生了一些新问题，如跨区划管辖案件的广度和高度不够，管辖标准不统一等问题，这严重制约了跨区划集中管辖法院的进一步发展。为跨区划管辖工作取得更大成效，我们有必要探索建立一套与之契合的管辖制度，明确管辖标准和范围，以促进试点法院的良性健康发展，从而进一步提高司法公信力。

一、行政案件跨区划集中管辖的实践考察

根据党中央和最高院对铁路法院改革作出的顶层设计，各高院和铁路法院在进行深入分析、实地调研、充分论证的基础上，实施了符合地方实际的改革方案，笔者选取了其中 8 家法院进行分析考察，具体管辖情况如下（详见表一）：

（一）依托跨区划法院集中管辖

该模式就是通过成立跨区划法院集中管辖特殊行政案件，如北京四中院和上海三中院。以上海三中院为例，自 2015 年起集中管辖涉及市政府的一审行政案件和市级行政机关的二审行政案件（知识产权行政案件除外），于 2016 年 7 月增加管辖涉及上海四个区和上海轨道交通运营区域内发生的二审行政案件，于 2018 年 8 月增加管辖上海铁路运输法院审理的涉及区政府作出的信息公开类二审行政案件，从而在事实上形成了行政案件一审由铁路法院审理，二审由跨区划法院审理的管辖模式。该模式特点是：利用原有的铁路中院作为依托，直接成立跨区划法院，这样做的好处是既能充分节约审判资

源，又能继续发挥原有铁路法院的跨区划管辖优势。但这一模式也导致欠缺一个必要的过渡期，对于法院工作人员的稳定和业务素质的提高存在一定的影响。[①]

（二）依托铁路法院开展集中管辖

各地铁路法院实施行政案件跨区划集中管辖的方式主要有三种：

一是将试点地区的全部行政案件集中到铁路法院管辖。广州、西安、兰州等地方就采取该模式，特点是：没有对铁路法院进行名称更改，将地方法院行政审判资源移交给铁路法院，铁路法院审判资源在一定程度上增加，且保持了原有管辖框架，形成了一个独立完整的管辖体系，但由于全盘接收辖区内的行政案件，案件大量激增，案多人少矛盾较为突出，也没能体现跨区划特点。

二是将试点地区的部分行政案件交由铁路法院管辖。主要是郑州、南宁等地方采取的模式，试点法院只是将辖区内的部分行政案件集中到铁路法院进行管辖，特点是：没有对铁路法院进行名称更改，也未将地方法院行政审判资源移交给铁路法院，铁路法院自身审判资源并未增加，虽保持了原有管辖框架，形成了一个独立完整的管辖体系，但由于铁路法院自身审判资源较少，只能通过内部挖潜组建行政审判团队，绝大部分的员额法官都是从原有法官中产生，在人员编制不增加的前提下想要将行政案件管辖范围扩大至全省尚有困难。

三是将试点地区的部分类案交由铁路法院集中管辖。天津铁路法院属于此种模式的代表，天津铁路法院只管辖涉及当地环境保护的行政案件和环保部门申请的非诉执行案件。该模式特点在于：将铁路法院纳入区划法院进行管辖，管辖行政案件的范围过窄，数量过少，铁路法院跨区划审理行政案件的优势尚未显现，也未充分发挥铁路法院的体制优势。[②]

---

① 张德雄、熊寿伟：《京津冀地区跨区划法院集中管辖制度的探索与思考》，载贺荣主编：《深化司法改革与行政审判实践研究》，人民法院出版社 2017 年版，第 84 页。

② 最高人民法院行政审判庭：《行政诉讼跨区划管辖改革实践与探索》，人民法院出版社 2018 年版，第 486 页。

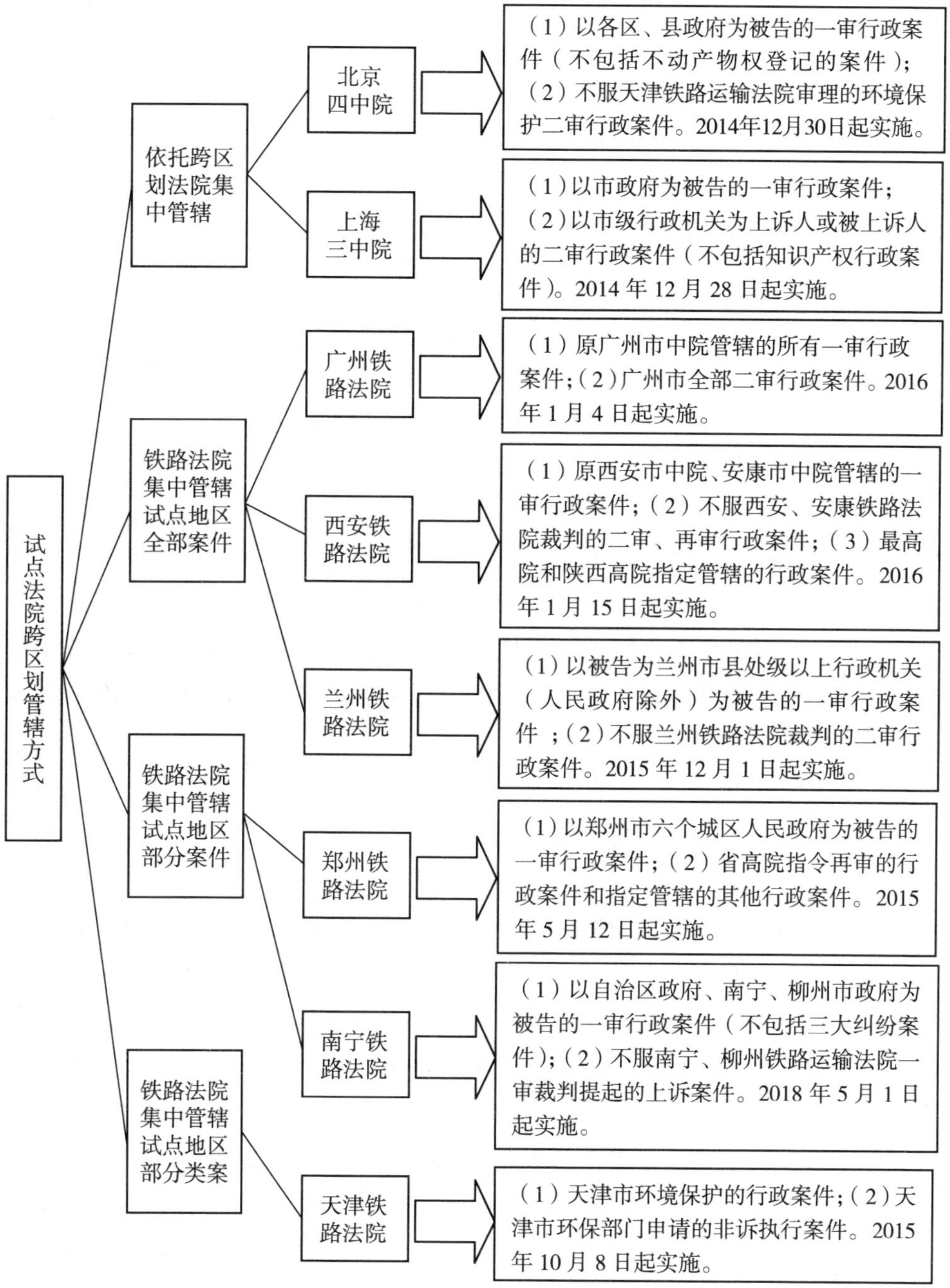

图 1　8 个试点法院跨区划集中管辖情况

二、跨区划集中管辖的优势及存在的问题

（一）跨区划集中管辖的优势

从两家跨区划法院和四家铁路法院审判实践来看（注：以下数据主要通过向各试点铁路法院发协助函和查阅相关文献及网络搜索获取，详见表1），通过研究发现行政案件的比例已经占到了试点法院大多数，试点法院在坚持公正司法、司法为民，监督行政机关依法履职和保障群众合法权益中发挥了重要职能作用，同时跨区划集中管辖行政案件改革试点既创新了行政审判机制，提升铁路法院行政审判能力，也充分发挥了跨区划集中管辖的优势，主要表现在：

1. 强化司法权统一行使，排除地方干扰

我国是单一制国家，司法权属于中央事权，我国除了专门法院之外，几乎大部分是行政区划法院，法院的人财物管理都严重依赖于地方政府，中央事权的属性无法体现，甚至在审判中出现地方保护、行政干预等影响司法公正的问题。跨区划集中管辖行政案件的设想及初衷不难猜到，即适度强化司法权属于中央事权的属性，统一法律的公正实施，从而从体制上排除地方因素对司法的干扰。[①]

2. 保障法院依法独立行使审判职权

全面深化改革是一项复杂的系统性工程，其实践必然依赖一系列的改革配套措施协同推进。当前司法改革推进的两个重要项目（跨区划集中管辖和法院的人财物省级统管），都是为了解决司法地方化和司法行政化问题，它们之间的关系是相辅相成、互不排斥的，有人提出地方法院省级统管后，跨区划集中管辖就失去了意义，此种观点有失偏颇，从实践中来看，由于受到我国地域因素和经济发展水平差异性影响，地方法院的省级统管也分为有限统管和全面统管两种。同时，地方法院省级统管是司法保障层面的改革，而跨区划集中管辖属于管辖权层面的改革，二者所承载的功能与解决问题的侧重点不同，但互为呼应、互为补充。而且就算地方法院实现了省级统管，也不会改变我国“一府一委两院”的国家体制，地方法院还是对同级人大负责、受其监督并由同级人大任命相关法律职务。所以，这两种改革非但不冲突，

---

① 参见季卫东：《中国的司法改革：制度变迁的路径依赖的顶层设计》，法律出版社2016年版。

还相得益彰、互为补充。①

3. 有利于完善现行司法管辖制度

便利当事人诉讼的原则是我们司法管辖制度一直以来的价值取向，但此种制度下，并不能有效排除地方干扰，为此，司法实践中为了排除地方干扰，尝试了异地管辖、提级管辖、交叉管辖和指定管辖的形式，各有特点，也都取得了一定的成效，但是无法从根本上扭转司法地方化的现象。为此，我们又尝试了跨区划集中管辖的模式，希望可以借此对我们现有的管辖制度进行完善，从而建立一套与行政区划适当分离的管辖制度。因为该管辖模式具有前几种管辖方式所不具有的优越性，能更好地解决当前我们面临的司法地方化难题。②

4. 提高司法公信力，增强群众的司法获得感

司改的初衷是提高群众的司法获得感，满足群众日益提升的司法需求。长久以来，司法不公、司法公信力不高的问题较为突出，很大原因是司法区划与行政区划高度重叠，将部分案件跨区划集中管辖，不仅能有效避免地方保护和干预，还可以提升司法公信力，让群众切实感受到公平正义，让群众得到更大的司法获得感。③

表 1：6 个试点法院 2016—2018 年跨区管辖案件审理情况

<table>
<tr><th>法院</th><th>时间</th><th>行政
案件数</th><th>行政案件
占比</th><th>服判
息诉率</th><th>行政机关
败诉率</th><th>行政机关
负责人出庭率</th></tr>
<tr><td rowspan="3">北京
四中院</td><td>2016</td><td>2893</td><td>76.3%</td><td rowspan="3">缺数据</td><td>14.3%</td><td rowspan="3">缺数据</td></tr>
<tr><td>2017</td><td>1721</td><td>49.9%</td><td>17.6%</td></tr>
<tr><td>2018</td><td>1539</td><td>缺</td><td>11.4%</td></tr>
<tr><td rowspan="3">上海
三中院</td><td>2016</td><td>909</td><td>79%</td><td>72.9%</td><td rowspan="3">缺数据</td><td rowspan="3">缺数据</td></tr>
<tr><td>2017</td><td>1217</td><td>82%</td><td>38%</td></tr>
<tr><td>2018</td><td>1217</td><td>76.6%</td><td>40%</td></tr>
<tr><td rowspan="2">广州
铁路中院</td><td>2016</td><td>12604</td><td>85.4%</td><td>41.6%</td><td>13.32%</td><td rowspan="2">缺数据</td></tr>
<tr><td>2017</td><td>18259</td><td>缺</td><td>缺</td><td>13.59%</td></tr>
</table>

① 曹也汝：《跨区划法院的性质与功能——以铁路运输法院改革试点为参照》，载《法治现代化研究》2018 年第 4 期。

② 吴在存、霍振宇：《跨行政区划法院设置与管辖制度研究》，载《法律适用》2017 年第 9 期。

③ 参见公丕祥：《区域治理与法治发展》，法律出版社 2017 年版。

续表

<table>
<tr><th>法院</th><th>时间</th><th>行政
案件数</th><th>行政案件
占比</th><th>服判
息诉率</th><th>行政机关
败诉率</th><th>行政机关
负责人出庭率</th></tr>
<tr><td rowspan="3">郑州
铁路中院</td><td>2016</td><td>2012</td><td>88.7%</td><td>49.96%</td><td>54%</td><td>21.8%</td></tr>
<tr><td>2017</td><td>1988</td><td>87.3%</td><td rowspan="2">缺数据</td><td rowspan="2">缺数据</td><td rowspan="2">缺数据</td></tr>
<tr><td>2018</td><td>2594</td><td>89.3%</td></tr>
<tr><td rowspan="3">兰州
铁路中院</td><td>2016</td><td>1068</td><td>56.5%</td><td>71.2%</td><td>36.04%</td><td>71.2%</td></tr>
<tr><td>2017</td><td>1302</td><td>59.9%</td><td>44.05%</td><td>40.29%</td><td>65.68%</td></tr>
<tr><td>2018</td><td>821</td><td>41.2%</td><td>39.9%</td><td>缺数据</td><td>缺数据</td></tr>
<tr><td rowspan="3">西安
铁路中院</td><td>2016</td><td>2093</td><td>56.4%</td><td rowspan="3">缺数据</td><td rowspan="2">缺数据</td><td rowspan="3">缺数据</td></tr>
<tr><td>2017</td><td>3373</td><td>56.6%</td></tr>
<tr><td>2018</td><td>4818</td><td>62.8%</td><td>21.94%</td></tr>
</table>

（二）跨区划集中管辖实践中存在的问题

虽然跨行政区划管辖案件实践取得了明显的成效，但也凸显了若干问题，值得关注并认真加以研究解决。

1. 跨区管辖的广度不够

从跨区划集中管辖的实践来看，除了北京、上海是涵盖了所在直辖市全域，太原铁路中院是以高院的名义审理全省的行政再审申诉案件之外，其他的试点法院均只限于一到两个城市，最多的兰州管辖了三个城市的行政案件。跨区划集中管辖的初衷和主要任务是排除地方干扰，破解司法地方化的难题，如果改革的受益地区只是少数几个城市，大部分地方享受不到司法改革的红利，这种现象恐与改革初衷相去甚远。也有人说这只是试点，推广后将覆盖全域。[①] 但从实践中来看，不少试点法院的审判资源已经用到极致，如广铁两级法院，行政法官 2016 年度人均办案 210 件，2017 年达 233 件，审判压力之大远超本院其他部门，也大大超过其他试点法院，此种情况下，除非大规模增编，否则不可能再有余力将幸福的毛毛雨洒向其他地方。行政案件跨区划集中管辖是带有根本性、普遍性的改革举措，只能影响少数地方的改革不叫改革，更与行政区划适当分离的管辖制度不符。

① 参见沈德咏：《严格司法与诉讼制度改革——推进以审判为中心的刑事诉讼制度改革策论》，法律出版社 2017 年版。

2. 跨区管辖的高度不够

在跨区改革实践中，有的地方将一些几乎不存在地方因素干扰可能的案件比如非诉执行案件纳入试点法院案件管辖范围，有的地方甚至将试点法院作为普通区划法院对待，与其他区划法院开展行政案件交叉管辖，还有的地方只是将试点法院作为区划法院的帮手，帮助地方法院分流堆积如山的案件，没有对那些行政案件应当进行跨区划集中管辖进行认真的研究，导致大量消耗了试点法院有限的审判资源，跨区划集中管辖行政案件的效果没有得到应有的发挥。①

3. 案多人少的矛盾开始凸显

行政案件的立案难、审理难问题，在跨区划集中管辖行政案件后，得到极大的遏制，但也导致了行政案件飞速增长，给集中管辖法院带来不小的审判压力。同时因为集中管辖法院（特指铁路法院）原先没有行政审判业务，更没有相应的行政审判法官，试点后需要从本院民事、刑事等法官中抽调到行政审判庭（部分试点法院因编制等原因尚未成立行政审判庭，只组建了行政审判团队），或者从其他法院抽调行政审判人员，这些人员需要重新磨合，在一定程度上出现了案件集中容易、人员集中难的问题，致使部分法院出现有案无人办的现象。例如，郑州铁路两级法院改革以来，行政案件数量2015年、2016年、2017年（1—9月）分别为504件、2011件、1538件，案件数量有了大幅度增加，但是人员因为编制或者职级等原因，该院法官人数并未相应有所增加，选调工作也难以开展。再如，广铁两级法院虽从其他地方法院调入一批法官，目前广铁中院和广铁第一法院行政审判法官也只有38名，但行政案件数量三年来每年都突破1万件，2018年行政审判法官人均办案更是达到325件，这样的办案压力在全国都是名列前茅的，案多人少的矛盾有待解决。②

4. 跨区划管辖法院与非跨区划法院协同配合机制有待明确

行政诉讼是三大诉讼中矛盾最为尖锐的，据最高院统计2018年全国民事案件、刑事案件、行政案件数量分别是1000多万件、200多万件、20多万件，行政案件数量最少，但行政案件的申诉量却超过了全部申诉案件总数的百分之十，远远高于刑事案件和执行案件申诉量的总和。由此可见，随着行

---

① 王耀海：《论跨区法院的司法效用与普及可能》，载《法律适用》2016年第5期。

② 侯宇、陈悦：《行政诉讼跨行政区划管辖制度的宪法学分析——以河南“推磨”模式为例》，载《上海政法学院（法治论丛）》2017年第5期。

政案件跨区划集中管辖的深入推进，势必导致涉诉信访维稳等问题集中到管辖法院。根据属地管理原则，承担行政申诉信访工作主体责任的往往是当地的法院，并在地方党委领导下开展信访维稳工作。行政案件跨区划集中管辖后，管辖法院应对此问题加以研究，厘清与非集中管辖法院之间的责任和分工，并建立协同配合机制来共同解决此问题。①

5. 诉讼成本和办案成本有所增加

跨区划集中管辖后，部分当事人需要到异地进行诉讼，因为距离的增加导致其诉讼成本和付出的时间相应增加，虽然我们通过各种司法便民的方式减轻当事人诉累，如网上立案、跨域立案、邮寄立案、巡回审判、网上开庭等形式，也取得了一定的成效，但还是无法从根本扭转诉讼成本增加的趋势，当然这也是为了最大限度保障审判的独立公正有所取舍。此外，案件管辖集中后，法院因为巡回审判、调查取证、异地送达等减轻当事人诉累的举措也相应地增加了管辖法院办案成本，导致经费紧张的现象。②

三、行政案件跨区划集中管辖实践的勘误与修正

中央和最高院关于跨区划集中管辖行政案件管辖范围的思路不可谓不明确，何以落实到各地却五花八门、千差万别呢？笔者以为，其原因是多方面的，有的是想以跨区划集中管辖之名行专门法院之实，有的是为了适应本地实际情况对中央决策有选择性地解读，有的是处于观望状态以致改革步子不够大，更多的是没有准确理解中央改革意图，导致在执行过程中出现偏差，这也是案件管辖标准难和范围统一的根本原因。跨区划集中管辖是新生事物，对其认识和研究还处在初级阶段，对其有不同认识也可以理解，但笔者认为，一些最基本的认识应当统一，这是统一案件管辖标准的前提。

（一）理论认识：应当厘清集中管辖与非集中管辖的关系

1. 厘清跨区划集中管辖和专属管辖之间的关系

跨区划集中管辖，就是指将以往分散由各区划法院管辖的某些案件通过上级法院统一指定的方式，集中交由特定法院管辖的制度。而专属管辖，则

---

① 彭何利：《中国法院的现代转型：模式选择与体系框架》，载《法学》2016 年第 10 期。

② 江必新：《从跨区划管辖到跨区划法院——兼论新型诉讼格局之构建》，载《人民司法》2017 年第 31 期。

是将某类型的案件通过法律明确规定交由特定法院管辖，从而保证审判的专业化，在域外集中体现在专门法院制度上，当前我国实行专属管辖的案件主要有海事案件、不动产纠纷案件、知识产权类案件等。上述两种管辖方式的不同点在于，专属管辖由法律明确规定，其他法院无管辖权，而跨区划集中管辖则是由上级法院指定（实践中通常是省级法院报最高法院批准实施），其对案件不具有专属管辖权，故无法排斥其他法院的管辖。也就是说，专属管辖类似于自上而下的纵向管辖结构，而跨区划集中管辖则类似于平行的横向管辖结构。有些地方将所有的行政案件全部集中由跨区法院或试点铁路法院管辖，有些地方将跨区划集中管辖向专属管辖靠拢，显然是没有厘清这两种管辖之间的关系，背离了跨区集中管辖设立的初衷。①

2. 厘清跨区划管辖和提级管辖、异地交叉管辖之间的关系

提级管辖，是指上级法院依照法律规定将原属于下级法院管辖的案件上提自己审理。而异地交叉管辖则是将某类型的案件通过制度设计，交由区划法院之外的法院管辖，如A法院管辖B地区，B法院管辖C地区，C法院管辖A地区的管辖形式。在实践中，为了破解司法地方化问题，这两种管辖方式得到了广泛运用，如将县级政府为被告的行政案件上提到中级法院管辖，就是为解决司法地方化问题而作出的实践尝试。跨区划集中管辖同样也是为了防止司法地方化而进行的实践尝试，但其与提级管辖、异地交叉管辖是使命相似而任务不同，异地交叉管辖解决的是普通行政案件的地方干扰问题，提级管辖解决的是特殊主体行政案件的地方干扰问题，跨区划集中管辖解决的应当是重大、特殊行政案件地方干扰问题，上述三种管辖模式之间应当是相互协调、相互补充的关系。但在实践中，不少地方让试点铁路法院参与到异地交叉管辖体系当中，有的地方干脆用试点铁路法院取代当地中级人民法院管辖行政案件，也是没有厘清三者之间的关系，将试点铁路法院等同于普通区划法院，未充分发挥铁路法院的体制优势，也影响了试点的成效。②

（二）制度认识：集中管辖的体系和标准应当统一

1. 跨区划集中管辖体系应当是小规模的

一直以来，由于司法区划与行政区划的重合，地方法院或多或少受到地

---

① 程琥：《行政案件跨行政区域集中管辖与行政审判体制改革》，载《法律适用》2016年第8期。

② 吴偕林：《北京四中院推进落实跨行政区划法院改革的实践与探索》，载《人民法治》2016年第1期。

方制约，司法“地方化”问题日益突出。司法区划与行政区划重合的好处在于就地化解矛盾、减轻当事人诉累，最重要的是方便明确管辖范围，对服务地方经济建设发展、维护社会安定团结大局能够起到十分积极的作用，正面效应远远大于负面效应，没有必要推倒重来。为此，通过尝试行政案件跨区划集中管辖，在某种程度上实现司法区划与行政区划适当分离，不失为一种低成本、易操作、成效大的改革方式。基于这一基本国情，在现有区划法院体系基本不变的情况下，再造一个同样庞大的跨区划法院体系是不现实的。因此，作为原有体系的补充，跨区划集中管辖行政案件的管辖体系必然是小规模的，这应当成为我们开展跨区划集中管辖行政案件确定管辖标准和范围时必须考虑的基本点和落脚点。①

2. 跨区划集中管辖的视角应当是全局性、战略性的

由于跨区划集中管辖体系是小规模的，决定了其管辖的案件数量必然不会太多，从经济成本分析，“好钢用在刀刃上”，只有从全局性、战略性高度出发，将部分重大、特殊行政案件跨区划集中管辖才能最大限度地发挥成本效益原则，发挥出跨区划集中管辖的最大作用。尤其是，跨区划集中管辖行政案件改革试点作为一项重大司法改革，其影响力必然是根本性的、全方位的，而不能仅限于一城一域，因此，确定跨区划集中管辖行政案件的受案范围和标准，不能仅仅从当地情况出发，而应当上升到全局、战略层面加以考虑。② 此外，由于跨区划集中管辖工作开展中不免需要非集中管辖法院在巡回审判、矛盾化解、沟通协作等方面给予大力支持，这方面虽有最高院出台的指导意见给予明确规定，但在实践中，法院之间的协助配合往往停留在情感层面，存在随意性，没有约束力。此外，由于管辖法院审判资源有限，不可能大包大揽将所有的行政案件全部管辖完毕，应当根据集中管辖法院与非集中管辖法院之间的审判资源配比确定管辖范围，并根据实际情况变化而随时调整。这就需要建立一个集中管辖法院和非集中管辖法院之间的协调机制，使二者成为既相对独立又相互配合的整体。

3. 跨区划集中管辖的范围至少是涵盖省级行政区划的

所谓跨区划集中管辖，跨行政区划是其基本特征，至于跨区的范围存在

---

① 张英：《跨区划法院行政案件管辖范围探析——以诉讼案件类型化为视角》，载《法制与社会》2018 年第 24 期。

② 侯丹华、叶一、崔胜东：《关于行政案件跨行政区划集中管辖改革的观察与思考——以上海铁路运输法院为样本》，载《人民法治》2017 年第 8 期。

一定的争议。笔者认为，跨行政区划法院跨区的范围至少应当涵盖省级行政区划。理由是跨区划集中管辖制度改革是一项根本性、普遍性的改革，管辖范围应当涵盖全域而不是厚此薄彼，铁路法院是跨区划集中管辖试点的主力军，铁路法院改制后，由省级党委和高院管理，法律职务由省级人大常委会任命，管辖范围可达省内全境，因此铁路法院在跨区划管辖方面具有其自身的体制优势，将其管辖范围扩大至省级区划内，从理论上和实践中不存在障碍。①

四、完善跨区划集中管辖机制的建议：静态构成与动态调整

（一）跨区划集中管辖行政案件的静态构成

中央和最高院对跨区划集中管辖行政案件的范围并未明确规定，实际操作中是各地法院结合本地区的实际情况，由高院将管辖方案上报最高院批准实施，总的原则是有利于法院独立公正行使审判职权，排除地方干扰。笔者认为，案件特殊、有社会影响、存在地方干扰的可能是我们管辖考量的重要因素和开展跨区划集中管辖的出发点和落脚点。② 因此，跨区划集中管辖行政案件的范围的基本构成从中院和基层法院两个层面分析，应当包括以下几个方面：

1. 中院层面：跨区划集中管辖行政案件范围

（1）以国务院部门为被告的行政案件。为了排除行政审判中存在的地方因素干扰和行政干预，实践中将以县级政府为被告的行政案件上提中院管辖，同时将被告是县级以下行政机关的行政案件进行异地交叉管辖的改革方案，均已被新行政诉讼法吸收，已经可以基本排除审判过程中的地方因素干扰。但是，以国务院部门为被告的行政案件，其可能受到的地方因素干扰尚无明确的法律机制予以排除，通过明确规定这类案件跨区划集中管辖可以有效填补这一制度缺陷。

（2）以地市级以上人民政府（不包括政府对林业、土地、水利等自然资源行政裁决案件）为被告的行政案件。跨区划集中管辖前，这类型的案件都是由驻地的中级法院审理，因此受到的地方干扰也比较多，行政相对人对于此类案件的公正性存在较大疑虑，上诉率高。因此有必要将此类案件进行跨区划集中管辖，可交由铁路法院统一进行跨区划集中管辖，从而发挥铁路法

---

① 杨晋东：《深化跨区划行政区划法院改革应遵循的基本原则》，载《人民法治》2016年第1期。

② 江必新：《司法审判保障“十三五”规划实现的重点、盲点与亮点——兼论人民法院司法审判工作如何为经济社会发展做好司法服务和法治保障》，载《法律适用》2016年第5期。

院省级管理的体制优势。同时之所以排除县级人民政府纳入跨区集中管辖的主要依据在于县级人民政府未超出地级行政区划，且已通过提级管辖由中级法院审理，已经可以得到公正审理，此外此类案件在行政案件中占据较大比重，如全部进行集中管辖会给管辖法院带来很重负担，加剧案多人少的矛盾，同时也会给当事人造成不必要的诉讼负担。[①]

（3）检察院提起的行政公益诉讼案件。设立行政公益诉讼制度就是为了对行政机关的行政行为进行有效监督，保护国家和社会公共利益不受损害。检察机关提出行政公益诉讼，其内容必然涉及环境资源保护、食品药品安全监管等重大民生利益或者公共利益，也势必会在社会上产生重大影响，适宜全部纳入跨区划集中管辖的受案范围。

（4）涉外或者涉港澳台行政诉讼案件。涉外行政案件的行政相对人较为特殊，审理难度较大，需要协调的部门比较多，为维护我国的司法形象和统一适用法律，同时也避免受到地方干扰，建议将此类案件跨区划集中管辖。

（5）受到地方干扰通过交叉、提级管辖仍无法排除干扰的其他行政案件。也有极少数案件，地方干扰特别强烈，通过交叉、提级管辖等方式仍难以排除的，管辖法院可以提请由集中管辖法院管辖。[②]

（6）上级法院指定管辖的其他案件。管辖范围在一定时期内是较为固定的，因此有必要为日后的继续深化改革留有余地。

2. 基层法院层面：跨区划集中管辖行政案件范围

（1）以厅级行政机关为被告的行政案件。该类案件之前大多是由驻地的基层法院管辖，这些案件特别是环境资源保护和食品药品等事关民生大计的行政案件，受到的地方因素干扰往往比较多，这类案件一般也是引发社会广泛关注的重大案件，影响范围广，为保障法律统一公正实施，建议将此类案件跨区划集中管辖，交由铁路法院统一进行跨区划集中管辖，从而发挥铁路法院省级管理的体制优势。

（2）以市级政府部门为被告的行政案件。作为市级政府的组成部门，其行政管辖范围达到市级区划内，从有利于排除地方干扰和提高司法公信力的

---

① 侯丹华：《跨区划法院行政案件审理问题研究——以上海跨行政区划法院审理机制运行为视角》，载《人民法治》2016 年第 1 期。

② 孙陶：《对行政诉讼异地交叉管辖制度实效性的思考》，载《时代法学》2017 年第 5 期。

角度出发，将此类案件纳入跨区划集中管辖具有重要意义。

(3) 同级检察院提起的行政公益诉讼案件。理由同之前论述的观点一致，在此不再重复。

(4) 上级法院指定管辖的其他案件。理由同之前论述的观点一致，在此不再重复。

(二) 跨区划集中管辖行政案件的动态调整机制

特殊案件在一定时期内是固定的，以立法或者出台司法解释等方式统一确定跨区划集中管辖行政案件的范围才符合法治原则和要求。但从长远来看，特殊案件又是相对固定的，其往往会随着社会经济发展不断变化，因此有必要为特殊案件的范围调整留有余地。笔者认为，可以构建一个案件集中管辖的动态调整机制①。例如，可以在高院设立一个类似于“案件协调指挥中心”的机构，在集中管辖法院（中级法院）设分中心，依法履行下列职责：(1) 研究制订一定时期内集中管辖法院案件管辖范围的方案，报最高法院批准；(2) 对于非集中管辖法院因管辖权存在争议的行政案件或上诉案件进行审查，案件协调指挥中心经审查后，如认为确实存在管辖权冲突的或者管辖异议上诉理由成立且不宜由原法院管辖的，可以指定方式将案件交由集中管辖法院审理；(3) 对于交通比较落后的地区，当事人基于诉讼成本与司法公正等因素对案件管辖法院产生争议，经过案件协调指挥中心确认后，可以赋予当事人（非行政机关）在集中管辖法院与原管辖法院之间的诉讼选择权。

结语

行政案件跨区划集中管辖问题，实际上是新的审判格局下工作体制的问题。从跨区划集中管辖的实践效果来看，这一举措对我们提高行政审判质效，树立司法权威有着非常重大的意义，是我们为构建科学合理的司法管辖制度而行之有效的方法，也是完善中国特色社会主义司法制度的伟大创举，是必须要长期坚持并不断发展完善的理论创新、制度创造。

（作者单位：南宁铁路运输中级法院）

---

① 付洪林：《广州市行政案件集中管辖改革实践与创新》，载《人民法治》2017 年第 8 期。

关于突发公共卫生事件防控应对法治化保障的研究报告

——以行政审判为视角

江苏省高级人民法院行政庭课题组

【内容摘要】 突发公共卫生事件事关人民群众的生命安全和身体健康，是对政府公共卫生管理能力的巨大考验，防控工作的成败关系到国家社会治理体系和治理能力现代化的进程。突发公共卫生事件给审判执行工作提出更高要求，本研究报告通过梳理突发公共卫生事件相关法律法规规范，分析防控工作中可能出现的行政争议点、风险点，立足行政审判，对法律适用和政策把握作出相应研判。研究报告中关于保障疫情防控工作和服务经济社会发展的针对性措施，为相关行政主体日后应对类似事件提供了经验总结，同时有利于社会公共卫生应急管理体系完善及行政主体社会治理能力水平的提高，加快国家治理体系和治理能力现代化进程。

【关键词】 突发公共卫生事件　疫情防控　依法行政

引言

2020 年年初，突如其来的新冠肺炎疫情给社会秩序、经济发展、人民群众的生命安全带来深刻影响，自疫情发生以来，党中央、国务院高度重视，及时作出部署。习近平总书记在 2 月 5 日中央全面依法治国委员会第三次会议上强调，要在党中央集中统一领导下，始终把人民群众生命安全和身体健康放在第一位，从立法、执法、司法、守法各环节发力，全面提高依法防控、依法治理能力，为疫情防控工作提供有力法治保障。今年两会期间，习近平总书记在参加代表团审议时指出，要时刻绷紧疫情防控这根弦，常态化疫情防控，织牢织密公共卫生防护网。此次疫情亦对人民法院的审判执行工作产生了深远影响，给审判业务提出更高要求，如何立足行政审判，预判防控重点行政执法领域的风险点、提出有针对性的应对措施、服务保障疫情防控和经济社会发展，关系到党中央、国务院工作部署落实到位，关系到此次疫情防控工作的成败，关系到相关行政主体有力措施的有效采取以及日后面对类似突发公共卫生事件时应对能力的提升和经验总结。

课题组梳理了突发公共卫生事件相关法律、法规规范，收集汇总疫情防控工作中出现的行政争议点、风险点，积极听取了市场监管、人社、公安等有关行政机关的建议，征求了学界对部分疑难问题的意见，在此基础上，对突发公共卫生事件期间可能会出现的问题情况，有效应对措施，并对法律适用和政策把握做了相应研判。本研究报告重点围绕以下三个方面详细展开并提出对策建议：一是新冠肺炎疫情等突发公共卫生事件的相关概况，主要内容有通过分析此次疫情的情况，梳理国家当前应对突发公共卫生事件的权力配置、制度设计、法律规范等，并概括出可能存在的法治难题；二是防控应对法治化保障应当坚持的基本原则，主要包括坚持服务防控大局、坚持依法从严从快、坚持统筹利益平衡、坚持保障经济发展四个方面；三是关于发生公共卫生事件时重点执法领域的风险点分析，并有针对性地提出相关应对措施，目的在于协同司法、执法各环节，共同服务和保障社会经济发展大局、共同提升国家治理体系和治理能力现代化。

一、突发公共卫生事件的法治难点分析

（一）新冠肺炎疫情相关情况

为加强新冠病毒感染肺炎疫情防控工作，有效防止疫情扩散和蔓延，党中央、国务院以及各省市地方政府积极采取系列紧急应对措施。4 月 29 日，中共中央政治局常务委员会召开会议，分析国内外新冠肺炎疫情防控形势，研究部署完善常态化疫情防控举措，习近平总书记发表了重要讲话，全国疫情防控阻击战取得重大战略成果，当前，境外疫情暴发增长态势仍在持续，我国外防输入压力持续加大，国内防止疫情反弹的复杂性也在不断增加，要求着重抓好重点地区、重点群体疫情防控工作；继续坚持外防输入、内防扩散不放松，严格落实各项防控措施，遏制疫情扩散蔓延。

江苏经省人民政府决定，自 2020 年 1 月 24 日起，启动突发公共卫生事件一级响应，实行最严格的科学防控措施，各地政府相继启动应急响应，采

取系列“硬核”应对方法，有效控制疫情。6 月 15 日，江苏省委常委会暨省委应对疫情工作领导小组召开会议强调，要清醒地认识到防疫斗争的复杂性长期性，持续抓紧抓细抓实各项常态化精准防控举措，毫不松懈做好常态化疫情防控，稳中求进全力推动经济社会发展持续向好。

（二）公共卫生事件相关规定

1. 公共卫生事件的定性依据

《中华人民共和国突发事件应对法》（以下简称《突发事件应对法》）第三条第一款规定，突发事件是指突然发生，造成或者可能造成严重社会危害，需要采取应急处置措施予以应对的自然灾害、事故灾难、公共卫生事件和社会安全事件。《突发公共卫生事件应急条例》第二条规定，突发公共卫生事件，是指突然发生，造成或者可能造成社会公众健康严重损害的重大传染病疫情、群体性不明原因疾病、重大食物和职业中毒以及其他严重影响公众健康的事件。国家对突发事件进行分级管理，突发事件分为特别重大、重大、较大和一般四级。法律、行政法规或者国务院另有规定的，从其规定。

2020 年 1 月 20 日，经国务院批准，国家卫生健康委员会发布 2020 年第 1 号公告，明确将新型冠状病毒感染的肺炎纳入《中华人民共和国传染病防治法》（以下简称《传染病防治法》）规定的乙类传染病，采取甲类传染病的预防、控制措施，将新型冠状病毒感染的肺炎纳入《中华人民共和国国境卫生检疫法》规定的检疫传染病管理。国家卫生健康委员会作为国务院卫生行政部门，根据传染病暴发、流行情况和危害程度，公布或调整传染病病种具有法律依据，将新型冠状病毒感染的肺炎定为法定传染病，实施“乙类管理、甲类防控”，符合《传染病防治法》第三条、第四条规定。此次新型冠状病毒肺炎疫情，属于《突发公共卫生事件应急条例》所称的突发公共卫生事件。

2. 公共卫生事件的权力配置

根据行政法原理，突发公共卫生事件涉及紧急行政权的配置与实施，紧急行政权是应对紧急状态必须的权力，但紧急行政权并非行政特权，需要遵守突发事件应对法的相关规定。现行制度框架下，国家建立统一领导、综合协调、分类管理、分级负责、属地管理为主的突发公共卫生事件应急管理体制，主要可以采取紧急措施并予以公告：一是确定、增加、减少、调整传染病病种并公布。根据《突发公共卫生事件应急条例》第三十条规定，即国务院卫生行政主管部门对新发现的突发传染病，根据危害程度、流行强度，依照《传染病防治法》的规定及时宣布为法定传染病。二是封闭疫情严重区域。省、自治区、直辖市人民政府可以决定对本行政区域内的甲类传染病疫区实施封锁，疫区封锁的解除，由原决定机关决定并宣布。三是调集人员和物资。根据《传染病防治法》第四十五条规定，传染病暴发、流行时，根据传染病疫情控制的需要，国务院有权在全国范围或者跨省、自治区、直辖市范围内，县级以上地方人民政府有权在本行政区域内紧急调集人员或者调用储备物资。四是医疗机构采取隔离治疗措施。五是疾病预防控制机构指定场所对病例密切接触者采取医学观察措施。六是停工、停业、停课。根据《传染病防治法》第四十二条规定，县级以上地方人民政府可以采取包括限制或者停止集市、影剧院演出或者其他人群聚集的活动以及停工、停业、停课等紧急措施。七是保障基本生活必需品供应。根据《突发事件应对法》第四十九条规定，公共卫生事件发生后，履行统一领导职责的人民政府采取应急处置措施保障食品、饮用水、燃料等基本生活必需品的供应。八是交通卫生检疫措施。根据《国内交通卫生检疫条例》第六条规定，县级以上地方人民政府卫生行政部门或者铁路、交通等行政主管部门的卫生主管机构，根据各自的职责，有权对出入检疫传染病疫区的交通工具及其乘运的人员、物资进行查验。九是铁路、交通、民用航空经营单位，依据《传染病防治法》第四十九条规定，优先运送处理传染病疫情的人员以及防治传染病的药品和医疗器械。十是药品和医疗器械生产、供应单位，及时生产、供应防治传染病的药品和医疗器械，等等。

（三）保障法治应对的难点分析

如前所述，信息发布、调集物资、强制检疫以及一定时期内停工、停产、停业等措施，是基于紧急行政权而实施的行政措施，需要纳入国家法治框架内实施，需要注意行政措施实施过程中对行政法基本原则最低限度的遵守。在突发公共卫生事件非常时期，与正常情况下行政权力的行使有着明显的不同，可能会存在以下依法行政原则的障碍及难题：

1. 职权依据方面。部分防控行为遵从应急原则，可能由没有法律、法规、规章明确授权的行政主体实施了防控行为，类似行为可能会不符合突发事件应对规范的立法目的、基本精神、法律原则，可能会挑战不滥用职权的底线，没有职权依据的实施主体可能会违反职权法定原则，甚至在应急状态下也显然不合乎情理、不符合实际。

2. 事实认定方面。突发公共卫生事件的特殊性，因疫情防控等原因导致被告逾期举证的，是否应当考虑认定为属于《最高人民法院关于行政诉讼证据若干问题的规定》第一条第二款规定的不可抗力或客观上不能控制的其他正当事由；如不能认定，则应当认定为被诉行政行为没有相应证据，存在承担败诉风险的可能。

3. 规范适用方面。突发公共卫生事件期间，行政主体为从快对相关违法行为进行查处，适用法律、规范时可能存在不够精确的情况；部分防控行为处理结果并无不当，但对于适用的规范理解不当或选择不当，或是没有明确具体所适用的条、款、项，或是出现违反法律法规与违反防疫命令规定竞合时表述有误的情形。

4. 行政程序方面。为了迅速应对突发公共卫生事件，行政主体需要追求效率价值，实践中可能存在防控行为没有法律、法规、规章对相应行政程序进行规定的情形，也可能出现部分防控行为违反法定程序、《江苏省行政程序规定》的相关规定、正当程序原则或最低程序限度要求的情形。

5. 裁量标准方面。在突发公共卫生事件状态下，行政机关需要具有更大的自由裁量空间，在选择防控措施时，容易出现采取的应对突发事件的措施与突发事件可能造成社会危害的性质、程度和范围不相称的情形，容易以处置突发事件为由滥用行政权力，容易超出必要的限度，或者出现非常时期的裁量失当。

二、法治化应对保障应当坚持的原则

（一）坚持服务防控大局

突发公共卫生事件状态，行政相对人的部分权利会因此受到限制和压缩，行政主体在《传染病防治法》和《突发事件应对法》法定授权下，为疫情防控工作的需要限缩，如强制隔离会限制部分行政相对人的人身自由，紧急征用会限制部分人员的财产权利。突发公共卫生事件当前，行政主体与行政相对人均应当牢固树立服务大局意识，充分认识疫情防控的特殊性和重要性，服从于党对相关防控工作的绝对领导，全力保障国家关于“内防扩散、外防输入”“联防联控、群防群治”等一切必要、适度的应急措施。但是，任何限制行政相对人财产和人身权利的措施都不能以损害人民生命和基本权利为代价，都必须坚持底线，不得过于严苛、不得明显超过必要限度。对与行政相对人生命健康密切相关的知情权、隐私权、人格尊严等基本权利也必须予以尊重，不得任意进行非法限制和侵害，对突发公共卫生事件防控工作，必须始终将保障人民生命安全和身体健康放在第一位。

（二）坚持依法从严从快

突发公共卫生事件期间，各地为严防严控，对各种违反应急响应期间各项防疫措施的违法行为加快了处理进度并加大了处理力度。部分违法行为得到有效打击，形成了社会威慑力，与此同时，也存在例如在打击哄抬物价等违法行为方面，对于重大罚款等行政处罚决定，未能够依照《中华人民共和国行政处罚法》的要求依法进行听证，出现特殊状态下行政执法行为从严、从快和正当程序之间的矛盾。突发事件应对期间属于非常时期，与正常情况下行政权力的行使有着明显的不同，要充分考虑期间行政权力的特殊运行原则，切实维护行政主体在控制、减轻和消除灾害后果方面所采取的各种必要的应对活动。但是，即使是行政紧急权的行使也必须经过正当的行政紧急程序，才能既实现突发事件应急法治，又能有效维护社会秩序和保障公民基本权利。

（三）坚持统筹利益平衡

突发公共卫生事件应急状态虽会造成一定的消极后果，但其应对机制是将有效控制、化解危机作为基本目标。在设计、推行各项应急措施的同时，要坚持把握好效益与成本的关系，坚持应急处置合目的性、合法性与正当性相统一，既要讲求依法依职权管控危机，实现有效控制危机的基本目标，也要适当控制应急成本，讲求应急效益，避免紧急状态实际情况与处置措施力度的失衡。突发应急状态根据形势的危急程度划分为不同等级和类型，要坚持做到分地区、分类型、分情况进行处理，切忌“一刀切”。要坚持把人民群众的生命安全和身体健康放在第一位，立足当前、着眼长远，统筹疫情有效防控和经济社会发展，兼顾防控目标实现与有序复工复产，平衡公共利益和个人权益。

（四）坚持保障经济发展

突发公共卫生事件的时间长短、影响范围各不相同，因防疫需要，除了医疗防护类物资、居民基本生活保障类物资的生产和流通未受到严格限制以外，诸如旅游业、餐饮业等第三产业受疫情负面影响严重。突发应急状态并非社会常态，长期保持应急状态将极大增加社会运行成本，应对突发状态关乎人民生命健康，而适时复工复产更是关乎经济发展大计。在依法应对突发公共卫生事件同时，应当坚持积极响应国家号召，有序复工、复产，根据疫情形势变化，坚持动态调整防控措施，积极、稳妥、有序地组织复工复产，推动正常生产、生活秩序的恢复，在应急状态下坚持统筹疫情有效防控和经济社会发展。

三、重点防控领域的风险点分析及应对措施

（一）生产经营领域

1. 市场监管处罚行为

《江苏省市场监管局关于贯彻落实〈江苏省人民代表大会常务委员会关于依法防控新型冠状病毒感染肺炎疫情切实保障人民群众生命健康安全的决定〉的实施意见》（苏市监法〔2020〕35 号）要求，全力抓好市场监管领域疫情防控重点任务，加强各环节监管，强化监督检查，把监管工作做实做细做到位，确保市场秩序基本稳定。此次疫情期间，市场监管部门针对扰乱经济秩序的违法行为作出处罚的案件数量较多，涉及野生动物违法交易、扰乱市场价格秩序、虚假广告宣传、生产假冒伪劣商品等多个方面。主要的风险点包括职权主体、认定事实、适用规范、处罚程序、行政裁量等方面，主要表现有根据《深化党和国家机构改革方案》规定，野生动物资源开发利用和保护和违法野生动物交易活动的查处权属于不同的部门；对于疫情期间大幅度提高价格等不正当价格违法行为的认定标准较难把握；对于未取得许可生产、经营许可的商品进行查处时，未注意对其进行普通商品、防疫用品、药品及医疗器械的区别，从而导致适用法律规范错误，等等。

课题组认为，市场监管部门在疫情期间作出处罚时，第一，认定事实方面，以哄抬物价为例，应按照《中华人民共和国价格法》《价格违法行为行政处罚规定》、国家市场监管总局《关于新型冠状病毒感染肺炎疫情防控期间查处哄抬价格违法行为的指导意见》对厂家、商家等经营者哄抬价格的行为进行认定，并考虑违法所得、大幅度提升等情节。第二，适用规范方面，以虚假宣传为例，经营者对商品、服务作虚假宣传，宣称其可以预防、治疗

新型冠状病毒肺炎，应根据经营者宣传的内容、手段、方式的不同，在准确定性基础上，正确选择适用《中华人民共和国反不正当竞争法》或《中华人民共和国广告法》等相关规定进行查处。第三，处罚程序方面，国家机构改革后，国家市场监管总局制定了多部部门规章，对处罚程序等进行详细规定，如《市场监督管理行政处罚程序暂行规定》《市场监督管理执法监督暂行规定》等，疫情期间也应按照相关程序进行查处。第四，行政裁量方面，量罚得当；依法从重的，依据为国家市场监管总局《关于规范市场监督管理行政处罚裁量权的指导意见》《关于依法从重从快严厉打击新型冠状病毒疫情防控期间违法行为的意见》等规定，与疫情防控相关的违法案件要优先加快办理，从快办理；对涉及疫情防控的野生动物及其制品非法交易、口罩等防护用品制假售假等违法行为，考虑其特殊危害性，从重处罚。从轻或免于处罚的，依据为江苏省市场监督管理局《关于应对疫情支持企业平稳健康发展若干措施的通知》（苏市监〔2020〕30 号）规定，轻微违法行为不予处罚。此外，对于疫情期间企业轻微违法行为经督促及时纠正，没有造成危害后果的，根据规定可不予行政处罚，最大限度减少对经营活动的影响。

2. 复工复产审批行为

以此次疫情为例，南京市新型冠状病毒感染的肺炎联防联控工作指挥部《关于逐步启动全市企业复工复业的通告》（第 10 号）规定，根据省、市政府关于企业复工复业时间规定，南京市将按照企业自查、向区（园区）报批、分级审核的程序，有序组织企业复工复业。结合全省各地复工复产的条件与要求来看，基本需要复工企业制定疫情防控和复工复产方案、职工员工排查和管理到位、企业公共场所防疫防控到位、错峰复工到位等。复工备案申请、审批过程中，可能会出现以下几个问题，一是部分地区会存在增设审批环节的情形，出现没有法律依据设立备案审批的行为；二是企业复工、复产主管部门没有及时受理企业的复工复产申请；三是企业符合复工复产的条件，企业复工、复产主管部门拒绝、拖延批准；四是企业复工、复产主管部门未动态观察，在疫情得到有效控制时，未分区分级精准复工达产，未及时取消开工限制，延误或耽误企业复工复产；五是对于已经复工复产的企业，撤销复工复产审批决定，或没有任何法律和事实依据，或企业复工、复产主管部门在未作出书面决定的情况下，口头通知企业再次停工、停产等情形。

课题组认为，各级企业复工、复产主管部门应当及时、依法处理企业提出的复工复产申请，尽量减少审批流程和审批环节，根据疫情防控需要，及时调整企业复工复产的限制条件，对已经复工复产的企业要加强行政指导，指导其科学防疫与抓生产两相结合，尽快恢复到疫情之前的正常的生产经营状态。

3. “容缺受理”许可行为

以此次疫情为例，江苏省市场监管局关于贯彻落实《江苏省人民代表大会常务委员会关于依法防控新型冠状病毒感染肺炎疫情切实保障人民群众生命健康安全的决定》的实施意见（苏市监法〔2020〕35 号）规定，为疫情防控打好坚实物资生产供应基础，推行“容缺受理承诺制”。市场监管总局、国家药监局、国家知识产权局联合发布的支持复工复产十条中规定，落实“告知承诺制度”，对具备生产条件但因办理耗时长、暂不能提交相应材料的企业实行告知承诺制，由企业承诺在相应时限内补充提交相关材料后当场给予办结。《国务院关于建立完善守信联合激励和失信联合惩戒制度加快推进社会诚信建设的指导意见》（国发〔2016〕33 号）规定，探索建立行政审批“绿色通道”。在办理行政许可过程中对诚信典型和连续三年无不良信用记录的行政相对人，可根据实际情况实施“绿色通道”和“容缺受理”等便利服务措施。《国务院办公厅关于加强个人诚信体系建设的指导意见》（国办发〔2016〕98 号）也作类似规定。“容缺受理”在推动审批制度改革中发挥重要作用，防疫期间应采取包容审慎态度对待这种服务方式的创新。

课题组认为，市场监管或行政审批部门对符合相关标准的重点防疫物资生产企业，采取“容缺受理承诺制”等方式受理作出的审批或许可，应当做到职权依据、事项设立、程序简化等符合相关规定，规范适用准确且后续监管职责明确。任何时期，行政机关都应当及时受理并作出是否准予许可或审批的决定，突发公共卫生事件期间，中央的多个文件对行政主体的依法服务水平提出了更高要求，及时、快速、主动介入作出许可，不得变相许可、增设许可条件，要在法律规范允许的范围内主动简化许可流程，涉及产品质量、食品安全“容缺受理”行政许可。此外，以创新形式作出的许可，必要时要确定持续监管主体，着重关注并加强后续的质量监管。

（二）应急管理领域

1. 治安管理处罚行为

《江苏省人民代表大会常务委员会关于依法防控新型冠状病毒感染肺炎疫

情切实保障人民群众生命健康安全的决定》第十一条中规定，不服从政府依法采取的其他防控措施，构成违反治安管理行为的，由公安机关依法予以处罚；编造、传播有关疫情和防控工作的虚假信息，扰乱公共秩序，构成违反治安管理行为的，由公安机关依法予以处罚；阻碍疫情防控工作人员执行职务，或者实施危害医务人员人身安全、扰乱医疗秩序行为的，由公安机关采取措施依法处置；构成违反治安管理行为的，依法予以处罚。

以此次疫情为例，最高人民法院、公安部等发布《关于依法惩治妨害新型冠状病毒感染肺炎疫情防控违法犯罪的意见》，对于公安机关查处扰乱社会、医疗秩序的行为作出规定，执法过程中可能出现的难点主要表现在有处罚决定的事实认定、处罚幅度的自由裁量以及处罚程序等方面。

课题组认为，一是对于暴力伤医行为的处罚，公安机关应当依法予以从重处罚；对于违反强制检疫检查行为的处罚，查处行为人拒不接受防疫、检查与疫情防控人员发生纠纷时，应当正确区分被侵害客体，并根据被侵害对象的不同，准确适用《中华人民共和国治安管理处罚法》的规定。二是对于编造传播虚假疫情信息行为的处罚，公安机关认定行为人具有散布谣言，谎报险情、疫情、警情或者以其他方法故意扰乱公共秩序的事实应当清楚；行为人确实具有编造并传播有关突发事件事态发展或者应急处置工作虚假信息的行为，或明知是有关突发事件事态发展或者应急处置工作虚假信息而进行传播的行为；具体量罚上应当综合考虑行为人的主观故意、认知能力及社会危害程度；警告、罚款等处罚决定内容应当适当。三是对于聚众赌博的处罚，公安机关应当区别召集人员、参赌人员、旁观人员等不同主体的主观恶性及社会危害程度；对于召集人员，应当按照拒不执行紧急状态下的决定、命令，"情节严重"的情形予以处罚；对其他人员，应当根据违法事实、情节轻重等综合考虑；应当正确适用江苏省公安厅《赌博违法案件裁量指导意见》的规定。

2. 物资征收征用行为

《江苏省人民代表大会常务委员会关于依法防控新型冠状病毒感染肺炎疫情切实保障人民群众生命健康安全的决定》第三条规定，县级以上地方人民政府可以依照法律、行政法规的规定和本行政区域疫情防控需要，发布疫情防控的决定、命令，采取限制或者停止人群聚集活动，停工、停业、停课，关闭或者限制使用有关场所，实施交通管制、交通卫生检疫，临时征用场地、房屋、交通工具以及相关设施、设备，紧急调集人员或者调用储备物资等应急处置措施。《中华人民共和国物权法》第四十四条规定，因抢险、救灾等紧急需要，依照法律规定的权限和程序可以征用单位、个人的不动产或者动产。被征用的不动产或者动产使用后，应当返还被征用人。单位、个人的不动产或者动产被征用或者征用后毁损、灭失的，应当给予补偿。以此次疫情为例，由于医疗防护物资紧缺，各级政府在对医用口罩、防护服、消毒物资进行应急征用时，可能会出现以下情形：一是征用单位和个人财产，使用完毕或者突发事件应急处置工作结束后，未及时返还；二是财产被征用或者征用后毁损、灭失，未给予补偿；三是在实施应急征用时未遵循正当程序原则，或不符合比例原则。

课题组认为，对于突发公共卫生事件期间发生的应急征收、征用行为，应当注意，第一，根据相关法律规定，应急征收、征用不得超越本行政区域；第二，征收或者征用不得违反本地应急征用的法定程序，如上海市对于征收、征用行为有相关程序规定；第三，有关财产征收、征用前应当进行过清点造册、应当对有关数量和价值进行评估并且征求被征收、征用单位的意见；第四，相关财产进行征收、征用后应当依法及时进行返还或者折价进行补偿；第五，对于财产被征用后毁损灭失的补偿标准应当合法合理。

3. 管制隔离强制行为

《传染病防治法》第四十一条第二款规定，在隔离期间，实施隔离措施的人民政府应当对被隔离人员提供生活保障，被隔离人员有工作单位的，所在单位不得停止支付其隔离期间的工作报酬。涉及相关人员的强制隔离可能存在的问题有，一是过度扩大隔离人员范围，进行强制隔离，但隔离期间的被隔离人员的基本生活保障却需要自理；二是部分被隔离人员需要支付的生活成本过高。课题组认为，相关行政主体要考虑强制手段是否符合法律法规规定，对于被隔离人员有无提供相应生活保障，收取被隔离人员的生活费用有无法律依据等。

《突发事件应对法》第四十九条第（二）项规定，公共卫生事件发生后，履行统一领导职责的人民政府可以迅速控制危险源，标明危险区域，封锁危险场所，划定警戒区，实行交通管制以及其他控制措施。《道路交通安全法》第五条规定，国务院公安部门负责全国道路交通安全管理工作。县级以上地方各级人民政府公安机关交通管理部门负责本行政区域内的道路交通安全管理工作。可能存在的问题表现在，一是职责主体错误，交通管制只能由履行统一领导职责的人民政府等法定主体依法决定和实施；二是手段不合法，采取“挖断道路”“封村封路”等简单粗暴手段；三是管制措施超出必要限度，有多种措施可供选择的，未选择有利于最大限度地保护权益的措施。课题组认为，第一，采取道路交通管制，应当经县级以上人民政府等法定机关批准；第二，充分考虑基本通行保障，不妨碍必要物资运送，不变相设置不合理的通行规定；第三，有多种措施可供选择时，选择最小损害相关人员通行权的措施；第四，不得采取“挖断道路”等简单粗暴的手段；第五，疫情响应级别调整后，及时调整管控方式，减少对出行的影响。

（三）社会保障领域

1. 工伤认定确认行为

根据《人力资源社会保障部、财政部、国家卫生健康委关于因履行工作职责感染新型冠状病毒肺炎的医护及相关工作人员有关保障问题的通知》（以下简称《保障通知》）等规定，在新型冠状病毒感染的肺炎防治工作中，医护及相关工作人员因履行工作职责，感染新冠病毒肺炎或者因感染新冠病毒肺炎死亡的，应当认定为工伤，依法享受工伤保险待遇。上述规定基本符合《工伤保险条例》的有关精神，但在法律适用问题上，目前仍然存在问题，一是上述情形是“视同工伤”还是属于“因工作原因导致的职业伤害”；二是涉及非从事上述工作的人员感染新冠病毒能否认定工伤的问题。

课题组认为，第一，“相关工作人员”的界定，对人民警察、城乡社区工作者等参与疫情预防和救治工作的人员，依据《保障通知》规定，结合防控实际需要，应当认定为“相关工作人员”。第二，“履行工作职责”的认定，参与疫情预防和救治工作的医护及相关工作人员感染新冠肺炎或因感染死亡的，应依法按照相关规定予以认定。非从事疫情预防和救治工作的人员，在工作中或上下班途中，以及因工外出期间，感染新冠肺炎或因感染死亡，有无按照相关规定不予认定为工伤。第三，“相关认定工伤”的适用应当有依据。对于参与疫情防控的志愿者，有工作单位并经有关部门确认属于在抢险救灾等维护国家利益、公共利益活动中受到伤害或感染新冠肺炎的，按照《工伤保险条例》的立法精神准确作出是否属于工伤或视同工伤的认定。第四，相关特殊情形，对于参加疫情救治工作的医护人员出现非感染新冠肺炎死亡，务必要慎重依据《工伤保险条例》第十五条第一款第（一）项规定认定为视同工伤。

2. 待遇保障给付行为

根据《保障通知》等相关文件意见，课题组认为，一是负有生活补贴、保健津贴、抚恤金、就业补贴、稳岗津贴等款项给付职责的行政机关，在审查申请人是否符合《传染病防治法》《突发公共卫生事件应急条例》等规定申请条件基础上，应当及时履行相应的给付职责，不得拒绝和拖延履行。二是未及时履行的，要有充分的理由、解释。三是对于突发公共卫生事件期间，相关行政主体对于行政相对人作出的行政允诺，应当按时、及时兑现，不得无故拒绝和拖延履行。

（四）信息公开领域

根据《传染病防治法》第三十八条规定，国家建立传染病疫情信息公布制度。国务院卫生行政部门定期公布全国传染病疫情信息，省、自治区、直辖市人民政府卫生行政部门定期公布本行政区域的传染病疫情信息。国务院卫生行政部门负责向社会公布传染病疫情信息，并可以授权省、自治区、直辖市人民政府卫生行政部门向社会公布本行政区域的传染病疫情信息。《信息公开条例》第二十条第一款第十二项规定，行政机关应当依照本条例第十九条的规定，主动公开本行政机关突发公共事件的应急预案、预警信息及应对情况。相关部门公布传染病疫情信息应当及时、准确。国家对各类机构和人员隐瞒、缓报或者谎报传染病疫情设有明确的法律责任。为了公共利益，相关部门可以在有限范围内公开个人信息是合法的，但法律对公开个人信息的主体和方式作了严格规定，因此，涉及特殊时期信息发布的主要风险点在于如何平衡个人信息保护与公众知情权。

课题组认为，第一，行政机关应当建立健全政府信息发布机制，将需要主动公开的疫情信息通过政府公报、政府网站或者其他互联网政务媒体、新闻，发布会以及报刊、广播、电视等途径予以公开，引导社会向法律、法规规定或授权的信息发布主体提出申请；第二，收到申请后，未在法定期限内作出答复的，延迟答复应当告知并具有正当理由；第三，涉及商业秘密、个人隐私等公开会对第三方合法权益造成损害的疫情信息，不得公开，但是第三方同意公开或者认为不公开会对公共利益造成重大影响的，予以公开；第四，拒绝公开的理由应当符合相关法律规范规定，应当及时答复并说明理由；第五，为避免涉疫情虚假信息、谣言造成社会秩序混乱，在条件允许的情况下，行政主体可以开辟专门的辟谣频道，对虚假信息及时进行辟谣，为公众普及相关知识，科学、理性应对疫情。

结语

突发公共卫生事件是对全民科学文明程度的测评，也是对政府公共卫生管理能力的考验；既是加快推进社会治理体系和治理能力现代化的时机，也是提高未来国家和政府核心竞争力的契机。此次新冠肺炎疫情，暴露出一些社会治理领域的问题、难题，在维护公共卫生安全和对公民权利保持理性和克制方面，未来依然有很多亟待解决的立法、执法、司法、守法等方面的问题。正如，最高人民法院周强院长在专题会议上强调，要充分发挥审判职能作用，在常态化疫情防控中加强司法应对，统筹推进疫情防控和经济社会发展工作。因此，务必要在坚持强化法治引领、法治保障的前提下，立足行政审判，促进公共卫生应急管理体系完善，促进行政机关社会治理能力水平的提高，促进达成依法防控、系统治理、群防群治、联防联控、动态防控、科学防控、精准防控社会共识，促进提升国家治理体系和治理能力现代化。

关于依法高效审理行政协议案件完善政府守信践诺机制的调研*

浙江省高级人民法院行政审判庭**

【内容摘要】 本报告分三部分：第一部分，梳理分析自2015年5月新行政诉讼法施行以来，全省行政协议诉讼案件受理审理的基本情况，重点分析了2020年1月1日《最高人民法院关于审理行政协议案件若干问题的规定》（以下简称《行政协议司法解释》）施行以来的一些新情况；第二部分，从受案范围、管辖、诉讼参加人、诉讼请求等11个方面，重点关注目前人民法院在审理行政协议诉讼案件中存在的困难和问题；第三部分，针对人民法院在审理行政协议案件中存在的疑难问题，结合浙江司法实践分析探索解决思路。

【关键词】 行政协议诉讼　法律适用　政府守信

第一部分　浙江法院行政协议诉讼案件基本情况

一、近五年行政协议诉讼案件收案情况

（一）收案总体呈上升趋势，2019年激增超1倍

浙江全省法院一审行政协议收案4211件，其中新行政诉讼法施行前四年收案较为平稳，在500件至800件，2019年急剧增加至1750件，涨幅超1倍，其中温州、嘉兴、绍兴、金华四地涨幅超2倍。行政协议在行政案件总数中的占比，前四年保持在5%左右，2019年上升至9%，日益成为行政诉讼

---

* 本报告系浙江省高级人民法院2020年全省法院重点调研课题的一部分。

** 执笔人：葛宏伟、管征、朱秀华。

主要案件类型之一。

（二）七成案件集中于温州、杭州等四地区

从涉案地区看，温州、杭州、宁波、绍兴四地收案占全省收案总量的近七成。其中温州收案量超千件，位居全省之首，其次是杭州、宁波、绍兴，收案量均超500件，最少的舟山地区仅74件，地区差异大。

（三）九成案件原告为自然人，七成被告为乡镇街道

从涉诉原、被告来看，近九成案件的原告为自然人，占比略有增长，由2015年的87.45%上升至2019年的91.24%；仅一成案件的原告为法人或者合伙企业等非法人组织；被告主要为乡镇街道，占比近七成。

（四）九成为征收安置补偿协议

涉诉协议类型日益丰富，原告起诉的协议由征迁补偿协议和国有土地使用权出让协议，逐步拓展到招商引资协议、危房拆建收回协议、息诉罢访协议、海域行政协议、和解协议、公共工程建设协议、BOT协议、广告位租赁协议、国家集体资产转让协议、政府采购协议、人才定向培养就业协议等协议类型，征迁安置补偿协议收案占九成以上。

二、近五年行政协议诉讼案件结案情况

（一）调解撤诉、程序驳回、实体审理案件各占三成

浙江全省法院审结一审行政协议3711件，调撤率达35%，约三成案件不予立案或驳回起诉，三成案件进入实体审理，其他以移送管辖、指定管辖、终结诉讼等方式结案。

（二）行政机关败诉率略低于总体行政案件

行政机关败诉率略低于总体行政案件，近五年行政案件总体败诉率从2015年的14.23%降为2019年的11.70%，行政协议案件败诉率亦呈下降态势，由10.47%降至8.18%。

（三）国有土地使用权出让协议败诉率偏高

国有土地使用权出让协议收案占比仅5%，但在败诉案件中占比上升至13%，败诉率达15.77%，较协议案件平均败诉率高出近7个百分点。

三、《行政协议司法解释》施行以来①的新情况

（一）被告“主体错位”现象更加明显

一审“原告、被告、第三人”的诉讼主体架构中，协议类案件较为普遍地出现错位现象，即并非协议的签订（或文本载明）主体经由各种方式进入并转为诉讼中的主体。随着行政机关委托订立协议情况增多，被告非签约主体的情况更为明显，由新行政诉讼法施行首年的一成增至目前的近五成。原告非签约主体的案件仅占两成，与新行政诉讼法施行首年比例基本一致，其中近一半为所有权人、共有人对无权代理或者无处分权人签订的协议提起诉讼。

（二）区县政府列为被告的案件数量急剧上涨

《行政协议司法解释》施行以来，原告起诉的被告中，单独被告 314 件，主要集中于乡镇政府和区县政府，各占五成和四成；共同被告 60 件，近一半以乡镇政府和区县政府为共同被告；三成以乡镇政府和拆迁公司为共同被告。将区县政府列为被告的案件比例，由新行政诉讼法施行首年的仅 2%，急剧上涨为目前的 37%，一方面是委托订立协议情况日益增多，另一方面是部分当事人将区县政府列为共同被告试图提高级别管辖。

（三）提出两项以上诉讼请求的比例不断提高

有近四成案件提出了两项及以上诉讼请求，与新行政诉讼法施行首年的 26. 7% 比，上升近 9 个百分点，人民群众司法需求日益增强。原告要求确认无效之诉最多，占比达 35%，撤销协议与履约之诉各占三成和两成，要求赔偿或补偿之诉约占一成；另有 7 件案件针对行政机关单方变更、解除协议行为，有 27 件涉及签订协议。

（四）实体审理案件不断增多，实质化解纠纷成效显著

全省法院审结一审行政协议案件 449 件，进入实体审理的案件，从最初的 27% 增长至目前的 45%，提高约 18 个百分点。经法院协调撤诉案件比例由新行政诉讼法施行首年的 14% 增长至目前的 33%，提高近 19 个百分点，充分展现了浙江省在全国率先实现省市县三级行政争议调解中心全覆盖以来，

---

① 本课题于 2020 年 5 月正式开题，故统计区间为 2020 年 1 月 1 日至 2020 年 4 月 30 日。

在实质性化解行政争议中所取得的实效。

第二部分　行政协议案件审理中存在的困难与问题

一、受案范围难界定

一是行政协议的识别以及纳入行政诉讼受案范围的行政协议类型。目前在司法实践中，原告到法院提起行政诉讼所涉的协议类型日益丰富，由征迁补偿协议和国有土地使用权出让协议，逐步拓展到招商引资协议、息诉罢访协议、海域行政协议、行政和解协议、BOT 协议、政府采购协议、人才定向培养就业协议等协议类型，除《行政协议司法解释》第二条列举的有名行政协议外，哪些无名协议属于行政协议可被纳入行政诉讼受案范围？二是受案范围法律适用问题。行政协议是一个动态的整体过程，《行政协议司法解释》第二十八条规定的“2015 年 5 月 1 日后订立的行政协议发生纠纷的，适用行政诉讼法及本规定。2015 年 5 月 1 日前订立的行政协议发生纠纷的，适用当时的法律、行政法规及司法解释”具体如何把握？能否理解为因 2015 年 5 月 1 日前订立的行政协议发生纠纷的，不属于行政诉讼受案范围？浙江省高院 2015 年 12 月 8 日发布的《关于房屋征迁纠纷等案件受理问题的通知》能否继续适用？

二、管辖法院难确定

一是关于不动产专属管辖。行政协议涉及不动产的，如房屋征收补偿协议、国有土地使用权出让协议是否适用不动产专属管辖？二是协议管辖与管辖改革如何平衡。浙江省目前进行的管辖改革，是建立在传统单方行政行为架构之上的“最初作出行政行为的行政机关所在地人民法院管辖”，视情况确定跨行政区域的选择管辖或集中管辖模式。《行政诉讼法》第十八条规定的“行政案件由最初作出行政行为的行政机关所在地人民法院管辖。经复议的案件，也可以由复议机关所在地人民法院管辖。经最高人民法院批准，高级人民法院可以根据审判工作的实际情况，确定若干人民法院跨行政区域管辖行政案件”，与《行政协议司法解释》第七条规定的“当事人书面协议约定选择被告所在地、原告所在地、协议履行地、协议订立地、标的物所在地等与争议有实际联系地点的人民法院管辖的，人民法院从其约定，但违反级别管辖和专属管辖的除外”，两者无法兼容的情况下，如何处理？比如，协议相对人与行政机关约定仅由行政机关所在地基层法院管辖，此后该市域范围内行政案件管辖改革方案发布，依该方案相对人可以选择在行政机关所在地基层法院以外的另两家法院起诉，协议相对人遂依管辖改革方案向协议约定以外的法院起诉，行政机关认为协议已就管辖进行约定，提出管辖异议，究竟应尊重相对人依管辖改革方案获得的选择权，还是要以此前的约定为准？如果在业已发布管辖改革方案的情况下，当事人在订立协议时，约定只能由被告所在地人民法院管辖，是否从其约定？如此一来，是否会削弱管辖改革减少行政干预的初衷？当事人能否在管辖改革方案确定的法院之外另行约定管辖法院？三是推定管辖的具体适用。若生效法律文书以涉案协议属于行政协议为由裁定不予立案或者驳回起诉，当事人又提起行政诉讼的，“人民法院应当依法受理”是否意味着行政审判部门不应再裁定驳回起诉？若当事人既对生效民事裁定申请再审，同时又提起行政诉讼，应如何处理？

三、原告资格难明确

根据前述数据分析，浙江省有两成行政协议案件原告并非协议签约主体，即系协议外利害关系人提起的诉讼，对于协议外的主体是否赋予原告资格是常见难题。就原告资格主要是对《行政协议司法解释》第五条第（三）项“其他认为行政协议的订立、履行、变更、终止等行为损害其合法权益的公民、法人或者其他组织”如何理解，即协议外利害关系人判断基准，问题主要集中于以下几个方面：一是国有土地上房屋承租人是否具有原告资格？二是集体土地的户内成员就户主签订的补偿协议提起诉讼，是否具有原告资格，集体土地上房屋出卖人与买受人的原告资格如何判断？三是无权代理或者无权处分情形下，实际权利人是否具有原告资格？《民法典》第一百七十一条第一款规定“行为人没有代理权、超越代理权或者代理权终止后，仍然实施代理行为，未经被代理人追认的，对被代理人不发生效力”，对作为实际权利人的被代理人不发生效力，是否意味着实际权利人与涉诉协议没有利害关系，从而不具有原告资格？

四、适格被告难甄别

根据前述数据分析，浙江省有五成行政协议案件被告并非协议签约主体，行政诉讼适格被告的认定关涉行政协议法律责任的承担问题，合同相对性原则与行政授权委托理论交织，给行政协议案件适格被告的确定增加了难度。具体问题如下：一是国有土地上房屋征收，如征收决定确定的房屋征收部门为住建部门，而签订补偿协议的主体为街道办，以谁作为适格被告？二是集体土地/房屋征收，在已对外发布征地决定或补偿方案的情况下，街道办作为实际签约主体并非征地决定或者补偿方案确定的征收部门，如何确定适格被告？三是城中村改造，土地性质在不发生变化的情况下所签订的搬迁补偿协议，如何确定适格被告？四是行政机关并非行政协议的签订主体，但系履行义务主体，能否列为共同被告？

五、第三人追加难把握

根据行政诉讼法规定，行政诉讼中可以追加与被诉行政行为有利害关系的或与案件处理结果有利害关系的第三人，另为查清案件事实，法院也可以依职权追加第三人。在行政协议案件中，尤其是征迁补偿行政协议案件中的第三人资格问题主要有两个方面：一是哪些属于同案件处理结果有利害关系，应当追加为第三人的情形？二是哪些属于有利于查清案件事实，可以追加为第三人的情形？

六、诉讼请求难释明

核心难点在于：一是当事人在提出多项诉讼请求的情况下，如何把握传统行政行为“一行为一诉”与行政协议案件中各诉求之间的逻辑联系和审查必要性；二是如何处理诉讼请求与裁判之间的对应关系，经释明后诉讼类型转化如何处理；三是不同审级法院如何处理主客观诉讼转换中的释明义务。如履约之诉中，一审法院在认定协议有效基础上责令被告限期采取补救措施，二审法院经审理认为行政协议无效的，应当如何处理？能否在二审程序中向原告释明并允许其变更诉讼请求？

七、起诉期限与诉讼时效难区分

一是起诉期限和诉讼时效区分适用标准。区分标准是以请求权基础是民事法律规范还是行政法律规范，或者提起的诉讼类型是行为之诉还是履约之诉，或者其他？尤其是原告请求撤销协议之诉，是适用起诉期限还是诉讼时效？根据民事法律规范请求撤销协议与根据《行政诉讼法》第七十条请求撤销协议，是否应予区分？二是确认行政协议无效是否受起诉期限限制。对于2015年5月1日之后签订的行政协议请求确认无效是否受起诉期限限制？三是行政协议案件中，法院能否依职权主动审查诉讼时效或者除斥期间？四是对于超过诉讼时效或者除斥期间的裁判方式，是裁定驳回起诉还是判决驳回诉讼请求？

八、举证责任难分配

对于行政协议举证责任的难题主要在于：一是举证责任分配。如行政协议是否存在的证明责任由谁承担？二是逾期举证的法律后果。行政协议案件举证期限是适用《行政诉讼法》第六十七条规定还是民事诉讼法的相关规定？行政机关超过法定举证期限是否一概视为没有证据？原告提出新主张，行政机关能否补充举证？

九、双重审查难平衡

根据《行政协议司法解释》第十一条的规定，人民法院审理行政协议案件，应当进行合法性审查，同时根据原告诉讼请求，进行合约性审查，由此确立了行政协议双重审查规则。正因双重审查的交织，使得审查难度加大，涉及行政诉讼的依职权全面审查与民事诉讼的“不告不理”如何平衡，监督行政机关依法纠错与守信践诺如何平衡，行政机关为维护公共利益行政优益权的行使与“合同严守”原则如何平衡；收购协议合法性及效力如何认定，超出补偿方案标准的补偿安置协议合法性及效力如何认定。履约之诉中，行政机关主张被诉协议内容超出补偿安置方案确定的标准，应如何审查？

十、裁判方式难选择

一是诉讼过程中，行政机关单方变更、解除行政协议，对于原告提起的履约之诉，如何处理？二是实际权利人对无权代理或者无权处分人签订补偿协议提起的撤销或确认无效之诉的裁判方式；三是行政协议补偿、赔偿案件的裁判方式，如原告主张按照约定的违约金条款或者定金条款予以赔偿的，法院能否参照民事法律规范对违约金进行调整？能否酌定赔偿数额？四是行政协议的变更判决，民法典已舍弃因重大误解或显失公平等变更之诉，行政协议能否适用变更判决？如能，适用条件是什么？

十一、诉讼费用难统一

对于行政协议案件诉讼费用的收取，《最高人民法院关于适用〈中华人民共和国行政诉讼法〉若干问题的解释》（以下简称《适用解释》）第十六条规定“对行政机关不依法履行、未按照约定履行协议提起诉讼的，诉讼费用准用民事案件交纳标准；对行政机关单方变更、解除协议等行为提起诉讼的，诉讼费用适用行政案件交纳标准”。但该规定因《最高人民法院关于适用〈中华人民共和国行政诉讼法〉的解释》（以下简称《行诉解释》）出台而废止，而《行诉解释》和《行政协议司法解释》均未涉及诉讼费用收取问题。目前存在全省各地区标准不统一、不同审级法院标准不统一、甚至同一案件标准不统一等问题：一是行政协议案件诉讼费用收取采“一分法”还是“两分法”。是调整为统一按照行政案件标准收取还是按原来的行政与民事两种标准区分收取？如采用“两分法”，区分标准是按照诉讼请求、诉讼标的，抑或其他？对于无具体标的金额的行政协议案件，如何确定诉讼费用？二是不同审级诉讼费用收取标准如何调和。上诉人按行政案件标准仅交纳 50 元上诉费用，而一审裁判所明确的诉讼费用是按民事标准收取，二审法院如何处理？能否视为未依法缴纳上诉费用按自动撤回上诉处理？三是行政协议赔偿、补偿案件的诉讼费用收取标准。如采两分法，对原告提出的赔偿请求，是否需判断该赔偿是因行政机关违约所致，还是因违法行使高权行为所致，从而区分是否应收取诉讼费用？

第三部分　关于行政协议案件审理疑难问题探析

一、行政协议案件的受案范围

（一）行政协议的识别及纳入行政诉讼受案范围的类型

结合浙江省司法实践，对于下列协议是否属于行政协议及能否纳入行政诉讼受案范围分析如下：

1. 国有土地使用权出让协议属于行政诉讼受案范围。浙江省高院 2015 年 12 月 8 日发布的《关于房屋征迁纠纷等案件受理问题的通知》（浙高法〔2015〕171 号），系由立案庭、民一庭以及当时的行政一庭、行政二庭共同商议形成，明确国有土地使用权出让合同属于行政协议，由此发生的纠纷作为行政案件受理。新行政诉讼法施行后，最高人民法院行政审判庭对浙江全省将国有土地使用权纳入行政诉讼受案范围的做法亦予以肯定，认为“目前浙江全省将国有土地使用权出让协议作为行政协议案件由行政审判庭审理，强化了对行政机关行政协议的合法性审查，效果良好”[①]，浙江省诸暨市勍田置业有限公司诉原诸暨市国土资源局国有土地使用权出让合同纠纷案入选最高人民法院2020年7月27日发布的产权保护行政诉讼典型案例。

2. 国有土地使用权收购协议属于行政诉讼受案范围。国有土地使用权人与政府土地储备机构签订的《国有土地使用权收购合同》，签订主体并非平等民事主体；协议内容涉及国有土地使用权收回和补偿事宜，具有行政法上权利义务的内容；协议目的体现了行政管理目标。因此，《国有土地使用权收购合同》符合行政协议的特征，属于《行政诉讼法》第十二条第一款第（十一）项规定的行政诉讼受案范围。浙江省高院已有该类案件经审判委员会讨论通过，明确《国有土地使用权收购合同》应属行政协议，属于行政诉讼受案范围。

3. 不能仅依据名称判断招商引资框架或者意向协议是否纳入行政诉讼受案范围。与民事诉讼程序相比，行政诉讼程序更有利于全面审查协议中有关税收承诺、土地出让价款承诺、行政许可承诺等诸项涉及行政法律规范之适用条款的合法性与合约性；而协议包含的工商、质监、房管、建设、交通等多个行政许可审批事项的约定，适用行政诉讼程序审理也更为适宜。[②] 浙江省已受理多起招商引资协议案件，一般来说，已经明确约定行政法上权利义务内容的招商引资协议属于行政协议受案范围，但不能仅依据名称判断，只要有“招商引资”字样就纳入行政诉讼受案范围。尤其对于框架协议、意向协议等，应从招商引资协议的目的（是否符合公共利益）和协议内容（协议内容是否具体明确、是否体现行政法上权利义务）等方面综合判断[③]。

---

① 最高人民法院行政庭编著：《最高人民法院关于审理行政协议案件若干问题的规定理解与适用》，人民法院出版社2020年版，第44页。

② 详见最高人民法院（2017）最高法行再99号“香港斯托尔实业（集团）有限公司诉泰州市人民政府、泰州市海陵区人民政府、江苏泰州海陵工业园区管理委员会招商引资协议案”再审行政裁定书。

③ 详见浙江省高级人民法院（2019）浙行终459号“浙江海博投资发展有限公司诉舟山市普陀区人民政府及第三人舟山东海岸投资置业有限公司招商引资行政协议案”行政裁定书：“一审法院认为海博公司对涉案普陀海洋文化创意产业园区项目的经营权利义务系受《一期经营管理协议》与《二期合作开发投资协议》的约束，《框架协议》仅为磋商性文件，未对海博公司的权利义务产生实际影响，故该《框架协议》不属于行政诉讼受案范围。二审法院认为，海博公司在本案中既要求普陀区政府履行《框架协议》又要求该府履行《一期经营管理协议》的诉讼请求，既不明确具体也没有事实根据，不符合《中华人民共和国行政诉讼法》第四十九条第（三）项的规定。同时，海博公司提起本案行政诉讼前，舟山市普陀区人民法院已经受理了东海岸公司与海博公司之间关于《一期经营管理协议》纠纷的民事案件，海博公司的合法权益可在该案中寻求救济。综上，原审裁定驳回海博公司的起诉，并无不当。”

4. 息诉罢访协议属于行政诉讼受案范围。行政机关与上访人签订的息诉罢访协议，实质上是行政机关为了维护社会和谐稳定、公共利益和实现行政管理职能的需要，根据属地主义原则在其职责权限范围内，与上访人达成的有关政府出钱或是给予其他好处、上访人息诉罢访等具有行政法上权利义务内容的协议，属于可诉的行政协议范畴。[①] 鉴于此类协议的特殊性，对于确属恶意诉讼、滥用行政诉权的，可以依法裁定不予立案或驳回起诉。

（二）行政协议受案范围的法律适用

争议：浙江省高院2015年12月8日发布的《关于房屋征迁纠纷等案件受理问题的通知》能否继续适用？我们倾向于，该通知在新行政诉讼法施行后发布，较好地解决了司法实务中的争议问题，符合原《城市房屋拆迁管理条例》和现行《国有土地上房屋征收与补偿条例》精神。《城市房屋拆迁管理条例》中的拆迁人系民事主体，其与被拆迁人订立的补偿安置协议，性质为民事协议；《国有土地上房屋征收与补偿条例》则采用国家征收并予补偿安置，故在法律性质上作了完全不同的调整。

对受案范围宜从以下几个层次把握：第一，识别协议的性质，被诉协议是否属于行政协议。第二，对于2015年5月1日前订立的行政协议发生纠纷的，只有在一定条件下才可以纳入行政诉讼受案范围。对于纳入行政诉讼受案范围的条件，应结合当时的法律、行政法规、司法解释的把握以及浙江省高院《关于房屋征迁纠纷等案件受理问题的通知》综合把握，如集体土地上房屋征迁协议及国有土地使用权出让合同属于行政协议，由此发生的纠纷作为行政案件受理，以提高全省裁判标准的统一及延续性。第三，对于按照当时生效的《城市房屋拆迁管理条例》规定订立的拆迁补偿协议，属于作为平等民事主体的拆迁人与被拆迁人之间订立的民事合同，拆迁安置补偿协议争议应当通过民事诉讼途径予以解决，且浙江省高院文件亦明确“对于2011年1月21日《国有土地上房屋征收与补偿条例》实施前签订的房屋拆迁补偿协议为民事协议，由此发生的纠纷作为民事案件受理”。第四，当时的法律、行政法规、司法解释或者我国缔结或参加的国际条约没有规定其他争议解决途径的，作为协议一方的公民、法人或者其他组织提起行政诉讼，人民法院可

---

① 详见最高人民法院（2016）最高法行申45号“韩某与黑龙江省肇源县人民政府其他行政协议案”行政裁定书。

以依法受理。最高人民法院有裁判印证该观点，对于当事人于 2015 年 5 月 1 日前签订的具有行政协议性质的协议，因当时的法律法规及司法解释未明确规定此类协议属于民事协议，此类协议也未约定选择民事诉讼或仲裁程序解决纠纷的，在此情况下，法院应当尊重当事人对诉讼类型的选择权。

二、行政协议案件的管辖

（一）不动产专属管辖

涉不动产的行政协议类型众多，对于常见的房屋征收补偿协议、国有土地使用权出让协议是否适用专属管辖，浙江省目前有两种观点：一种观点认为，房屋征收补偿协议、国有土地使用权出让协议属于改变不动产权属的行为，应适用不动产专属管辖；另一种观点认为，房屋征收补偿协议、国有土地使用权出让协议等，并不直接决定物权的变动，不同于不动产登记行为，不适用不动产专属管辖，且若适用不动产专属管辖，可能适用 20 年的最长起诉期限，不具有合理性。

根据法律规定以及结合浙江省管辖改革实际，房屋征收补偿协议、国有土地使用权出让协议不宜适用不动产专属管辖。根据《物权法》第九条、《民法典》第二百零九条规定，我国对不动产物权的变动采用登记生效主义，但是法律另有规定的除外。根据《行政诉讼法》第二十条规定，因不动产提起的行政诉讼，由不动产所在地人民法院管辖。《行诉解释》第九条明确“因不动产提起的行政诉讼”是指因行政行为导致不动产物权变动而提起的诉讼，即并非所有涉及不动产的行政诉讼案件均适用不动产专属管辖，而是要导致物权变动。从协议案件类型和管辖改革实际来看，浙江省九成以上为土地、房屋征收补偿案件，如均作为不动产专属管辖，将直接影响管辖改革成效。

（二）协议管辖与管辖改革如何平衡

协议管辖与浙江省现行管辖改革将如何兼容？一种观点认为，只要管辖改革方案赋予了相对人更多的管辖选择，可选择的即使并非协议约定的法院，但从保护公民、法人和其他组织原则出发，应允许相对人突破协议约定依管辖改革方案选择管辖法院；另一种观点认为，应以协议管辖优先，即使管辖改革方案确定的法院超出协议约定，原告可选择管辖的范围也仅限于协议约定的法院。

应考虑协议订立的时间点，如管辖改革方案是在协议约定管辖之后出台，考虑到行政相对人在行政协议中处于相对弱势地位，仍应从行政诉讼法“解决行政争议，保护公民、法人和其他组织的合法权益，监督行政机关依法行使职权”立法目的，并结合管辖改革“司法审判区域与行政管理区域的适当分离”，预防和减少不当干预、保障司法公正裁判等考量，允许行政相对人超出协议约定向管辖方案确定的法院起诉，否则可能出现行政机关利用其优势地位，在预先拟定协议时即直接约定由被告所在地法院管辖以排除异地管辖的现象，与管辖改革制度设计初衷背道而驰。

三、行政协议案件的原告资格

（一）协议外利害关系人判断基准及合同相对性适用

《合同法》第八条规定“依法成立的合同，对当事人具有法律约束力”，《民法典》第四百六十五条第二款明确了合同相对性原则：“依法成立的合同，仅对当事人具有法律约束力，但是法律另有规定的除外。”合同相对性的内涵在于合同只在特定的当事人之间发生法律约束力，只有合同当事人能基于合同向相对方提出请求或提起诉讼，而不能向与其无合同义务的第三人提出合同上的请求，也不能擅自为第三人设定合同上的义务。① 民事合同原则上仅具有相对效力，其权利义务关系仅可约束合同双方当事人。行政协议既采民事合同之形式，合同相对性原则亦应遵循。但当行政协议属于补充或者替代单方高权行为，具有针对诸如竞争者等第三方的效力，则不应简单地以合同相对性原则排除合法权益受到行政协议影响的第三方寻求法律救济的权利。② 对协议外第三人是否具有原告资格的判断，涉及对所涉利害关系的权衡。既要考虑通过诉讼保护协议外第三人的合法权益，也要考虑行政协议的安定性、连续性不被过分地打扰③。

（二）原告资格具体判断标准

1. 国有土地相关主体的原告资格。①被征收房屋出让人与买受人的原告主体资格问题。当事人就被征收房屋已订立房屋买卖合同但未办理权属转移

---

① 王利明：《合同法研究》（第 1 卷），中国人民大学出版社 2015 年版，第 132 页。

② 详见最高人民法院（2017）最高法行再 72 号“黄石市明灯食品厂与大冶市人民政府、大冶市金山店镇人民政府不履行法定职责案”行政判决书。

③ 何海波：《行政诉讼法》，法律出版社 2016 年版，第 195 页。

登记的，买受人与被征收房屋尚不享有物权，仅对出让人享有合同债权，故房屋征收部门与出让人签订征收补偿协议的，买受人对该征收补偿协议不具有提起协议之诉的原告主体资格，房屋买卖合同当事人对该合同效力存在争议的，引导当事人先行解决民事争议。②公房承租人与私房承租人的原告主体资格。根据《行政协议司法解释》第五条第（二）项规定，认为征收征用补偿协议损害其合法权益的被征收征用土地、房屋等不动产的用益物权人、公房承租人提起行政诉讼的，人民法院应当依法受理。公房承租人基于"准所有权"人地位，对于征收补偿协议之诉具有原告主体资格。与此不同的是，私房承租人一般不具有协议之诉的原告主体资格，其与出租人就征收补偿产生的争议应当通过民事诉讼等其他途径解决，但经营性房屋承租人认为征收补偿协议侵犯其重大添附的财产权以及停产停业损失等，可以赋予原告主体资格①。

2. 集体土地相关主体的原告资格。根据《土地管理法》相关规定，对村民宅基地及房屋的补偿一般以户为单位，以户主为代表申请、审批，户内成员共同享有宅基地使用权、房屋所有权等。户主代表该户与征迁部门签订安置补偿协议，相关权利义务及于户内成员，户内成员与行政协议的订立、履行、变更、终止等均有利害关系，具有提起协议之诉的原告资格。

3. 补偿安置决定作出或者协议订立之后权利人救济路径选择。即征收补偿决定作出或者协议签订后，当事人向行政机关申请履行补偿安置职责，应当如何处理。浙江省有裁判观点认为，对于户主已经签订了补偿安置协议的，户内其他成员提起诉讼主张补偿安置权利的，其实质系对户主签订的补偿安置协议的异议，户主或者其他成员应当围绕协议签订是否存在重大误解、显失公平或者其他违法情形等进行救济。② 故一般而言，征收补偿决定作出或者协议签订后，要求市、县人民政府等征收主体再履行征收补偿安置职责的事实和法律要件均不具备。当事人以房屋面积、安置人口认定错误或者符合分户条件而未予分户等为由，提出行政复议申请或者起诉要求征收补偿主体履行补偿安置职责的，其实质系对征收补偿决定或者协议不满而提出的质疑。

---

① 详见浙江省高级人民法院（2019）浙行终928号"宁波市风雅倾城宾馆有限公司诉海曙区政府、海曙旧村办、段塘拆迁办要求履行征收补偿金支付义务案"行政裁定书。

② 详见浙江省高级人民法院（2019）浙行终1386号"柳某诉杭州市西湖区人民政府不履行安置法定职责案"行政裁定书。

对此，应参照《最高人民法院行政法官专业会议纪要（五）》的要求，引导当事人就决定或协议依法寻求救济。

四、行政协议案件的适格被告

（一）适用“法定主体原则”确定适格被告

通常情况下，法定主体原则包括两个要件：第一，谁行为，谁被告；第二，行为者，能处分。以行政协议之诉而言，所谓“谁行为”，就是指谁是行政协议的相对方，这与合同相对性原则相契合；“能处分”，就是指该相对方有能力履行协议所约定的给付义务，侧重于行政法上行政主体理论。由于行政管理的多样性以及行政主体资格的复杂性，会出现“协议签订主体”与法律责任承担主体不一致的问题，应在充分考量合同相对性及行政授权委托理论不同价值追求的情况下，确定适格被告。

对于乡镇人民政府或者街道办事处等具有行政主体资格的主体订立的协议，如何确定适格被告？如当事人主张存在委托关系，应审查是否存在明确的委托关系，并由主张的当事人承担举证责任。如存在明确的委托关系，以委托的行政机关作为被告；如委托关系难以明确，以协议订立主体作为被告。认定是否存在委托关系，应从协议本身约定、公开发布的征收决定是否载明，以及为公众周知的规范性文件有无规定等判断。对于行政机关仅口头表示存在委托关系的，除行政相对人认可外，不宜认定存在行政委托关系。

（二）义务主体是否列为共同被告问题

根据《行政诉讼法》第二十六条第四款的规定，两个以上行政机关作出同一行政行为的，共同作出行政行为的行政机关是共同被告。除法定情形外，一般以行政协议相对方作为行政协议适格被告。根据协议内容，如果协议确定的主要义务履行或者责任承担涉及协议外主体，可以适当突破合同相对性原则，将其列为共同被告。

五、行政协议案件的第三人确定及追加

根据《行政诉讼法》第二十九条及《行诉解释》第二十八条、第三十条等规定，与被诉行政行为有利害关系但没有提起诉讼，或者同案件处理结果有利害关系的，可以依申请或由法院依职权追加为第三人。人民法院判决第三人承担义务或者减损第三人权益的，第三人有权依法提起上诉。《行诉解

释》第二十六条第二款规定："应当追加被告而原告不同意追加的，人民法院应当通知其以第三人的身份参加诉讼，但行政复议机关作共同被告的除外。"第三十条第一款规定："行政机关的同一行政行为涉及两个以上利害关系人，其中一部分利害关系人对行政行为不服提起诉讼，人民法院应当通知没有起诉的其他利害关系人作为第三人参加诉讼。"根据《行政诉讼法》第八十九条第一款第（四）项的规定，人民法院审理上诉案件，对于原判决遗漏当事人或者违法缺席判决等严重违反法定程序的，裁定撤销原判决，发回原审人民法院重审。故对于一审未追加必要参加诉讼的第三人，或者因未追加第三人导致原审判决认定基本事实不清或者严重错误的，上级法院确无法在查清事实后直接改判的，应发回重审。

同案件处理结果有利害关系，应当追加第三人的情形：对于协议外的利害关系人提起的诉讼，对于裁判结果将导致增加案外人负担或者减损案外人权益的，应当通知没有起诉的案外人作为第三人参加诉讼。如实际权利人对无权代理或者无处分权人与行政机关签订协议提起的确认无效之诉，应当将签约的无权代理或者无处分权人追加为第三人，否则法院判决减损签约相对人权益，在审理程序中未听取其陈述申辩，不符合正当程序原则，构成审判程序违法①。

为便于查清案件事实，可以追加第三人的情形：第一，征收拆迁补偿行政协议案件中，对于涉及户主、户内成员及"外嫁女"等提起诉讼的，对于其他主体是否已经享受过安置补偿政策或者是否符合享受安置补偿政策，又或者根据不同安置人口可享受的安置政策不一等事实需要查清，法院在审理该类行政协议案件时，追加其他户内成员为第三人更加妥当。第二，对于行政机关，可能存在签约主体、履行主体、责任主体不同等情形，如临时机构、国有企业与行政相对人签订行政协议引发争议的，建议追加实际签约主体为第三人，尤其在依据推定委托理论确定适格被告的情况下，应将实际签约主

① 详见浙江省高级人民法院（2019）浙行再54号"张某诉嘉兴市秀洲区王江泾镇人民政府、嘉兴市王江泾长虹基础设施建设投资有限公司不履行房屋拆迁安置行政协议案"行政判决书："一审判决仅根据两被申请人提交的谢某与被申请人长虹公司签订的《拆迁安置协议》以及张某、谢某及子女实际居住在14号区块所建房屋，以此认定两被申请人已向张某履行协议中的交付安置地块义务，却未将与本案有利害关系的谢某追加为第三人以查明本案事实，属于认定事实不清，证据不足，审判程序违法。"

体追加为第三人[①]，以便查清协议订立、履行等相关事实[②]，且有的协议主要义务系由不具有行政主体资格的签约主体履行，将其追加为第三人亦有利于实质协调化解行政争议。

六、行政协议案件的诉讼请求释明

（一）法院释明诉讼请求的原则和要求

应当围绕实质解决行政争议进行诉讼请求释明，具体可以从以下几个方面进行：（1）在原告提出多项诉讼请求时，应综合判断各诉求之间的逻辑联系和审查必要性。有的诉讼请求相互矛盾，如请求判决撤销、解除协议与请求判决行政机关按照协议约定履行义务等不能并存，应引导原告明确诉讼请求，以确保审查顺利进行。（2）引导原告提出的诉讼请求应尽可能贴近其实际诉求，减少诉累。如原告提起履约之诉，但经审查发现，在原告起诉之前该行政机关已单方变更、解除该协议，可以根据案件具体情况，引导原告增加诉讼请求，一并审查单方变更、解除协议行为和履约诉请。

（二）诉讼请求释明与诉讼类型转换

从履约诉讼转换为确认无效、违法之诉等，要考虑行政协议“协议性”的特别属性，尊重当事人的意愿，参照《行政协议司法解释》第二十二条规定进行释明。因为从原告角度看，在其提起承担违约责任或者履约之诉时，暗含前提是认可协议效力，如果法院径行判决确认协议无效或者撤销协议将直接否定协议效力，与原告初衷背道而驰，不利于保护其诉讼预期。在此种情形下，法院应予释明，尊重原告选择权，即使原告拒绝变更诉讼请求，不至于协议效力被否定。应予指出的是，在法院判决驳回原告的诉讼请求之后，如果原告重新以行政协议无效为由请求法院确认行政协议效力，法院依然应当受理原告的起诉，此种情形并不属于重复起诉，如此才能真正保障原告的选择权。

七、行政协议案件的起诉期限和诉讼时效制度适用

（一）起诉期限和诉讼时效的区分适用标准

对于起诉期限与诉讼时效适用的区分标准，目前大致有三种观点：第一

---

① 详见浙江省高级人民法院（2019）浙行终812号“傅某诉杭州市西湖区人民政府房屋搬迁补偿安置行政协议案”。

② 详见浙江省高级人民法院（2018）浙行终1480号“马某诉杭州市江干区人民政府房屋行政协议案”行政裁定书。

种观点认为，应以诉讼类型为标准，即区分为行为之诉与履约之诉。对于单方变更、解除协议等行政优益权行使的行为之诉，适用起诉期限；对于除此之外的履约之诉等应适用民事法律规范的诉讼时效制度①。第二种观点认为，应以请求权基础为标准，以原告提起诉讼的依据是民事法律规范还是行政法律规范。依此观点，原告请求撤销行政协议，如以民事法律规范为依据要求撤销，应适用除斥期间；如以《行政诉讼法》第七十条为依据，则适用起诉期限。第三种观点认为，除“不依法履行、未按照约定履行行政协议”的情形，诉讼时效参照民事法律规范外，其余均适用起诉期限制度。理由为：严格从文义解释角度，《行政协议司法解释》规定对“不依法履行、未按照约定履行行政协议提起诉讼的，诉讼时效参照民事法律规范确定”，该表述中没有“等”字，而“对行政机关变更、解除行政协议等行政行为提起诉讼的”表述中有“等”字，故只有“等”字才有外延延伸的可能性。

我们倾向于，原则上，以诉讼类型作为区分标准。对于行政机关基于高权行政，单方变更、解除行政协议等行为，按照行政诉讼法及司法解释规定适用起诉期限制度；对于不涉及行政机关单方行使权力的不依法履行、未按照约定履行协议提起诉讼的，则参照民事法律规范适用诉讼时效制度。理由如下：主要基于行政协议的行政性与协议性属性，对于高权行为应一以贯之采用起诉期限制度，以督促当事人尽快行使权利，提高行政效率，维护行政管理秩序；而对于其协议性的考量，在履约之诉中，采用诉讼时效制度才能实现行政诉讼不低于民事诉讼保护力度；结合最高人民法院公布的参考案例，成都亿嘉利公司、乐山亿嘉利公司诉请要求解除投资协议，适用的是诉讼时效制度，从这个角度看，《行政协议司法解释》第二十五条所规定的“不依法履行、未按照规定履行行政协议”并非诉讼类型，而是因此原因引起的，无论是要求履行、解除、撤销协议等都应适用诉讼时效制度。应予注意的是，第一，当无证据证明行政机关就行政协议作出单方行为时，不适用起诉期限制度②；第二，诉讼时效的客体为债权请求权，主要适用于给付之诉，在形成

① 详见最高人民法院（2018）最高法行再1号“成都亿嘉利公司、乐山亿嘉利公司诉沙湾区政府解除投资协议并赔偿经济损失案”行政裁定书。

② 详见最高人民法院（2020）最高法行再105号“董某诉陕西省渭南市临渭区人民政府、临渭区人民街道办事处行政协议案”行政裁定书。

之诉中，应适用民事法律规范的除斥期间，人民法院可依职权主动审查除斥期间是否届满。

（二）能否主动审查诉讼时效或者除斥期间

根据《最高人民法院关于审理民事案件适用诉讼时效制度若干问题的规定》第三条，当事人未提出诉讼时效抗辩，人民法院不应对诉讼时效问题进行释明及主动审查。即使当事人主张原告超过起诉期限，依法应适用诉讼时效制度的，人民法院亦不得对诉讼时效问题进行释明和依职权主动审查。除斥期间是否届满，直接影响实体权利是否存续，故法院应依职权主动审查。

（三）超过诉讼时效或者除斥期间的裁判方式

对于超过诉讼时效提起行政协议之诉的，应当参照适用民事诉讼法的规定，超过诉讼时效的，应当判决驳回原告的诉讼请求。一是既然适用诉讼时效制度，则相应法律规范也应一并适用，否则会出现程序法规范和实体法规范相冲突的情形；二是将行政协议案件纳入行政诉讼审理后保护不低于民事诉讼原则的体现之一。[①] 当事人的起诉除斥期间届满，法院应判断驳回其诉讼请求。

八、行政协议案件的举证责任分配

（一）行政协议案件特殊情形的举证责任分配

1. 行政机关对行政协议中的“行政性”事项承担举证责任，包括行政机关具有订立行政协议的法定职权、履行法定程序、履行相应法定职责以及订立、履行、变更、解除行政协议等行为的合法性；除此之外履约之诉，“谁主张谁举证”。2. 原则上，行政协议是否存在，初步证明责任应由原告承担。根据《行诉解释》第五十四条的规定，原告在提起诉讼时应当提交包括被诉行政行为或者不作为存在的材料以及原告与被诉行政行为具有利害关系的材料等起诉材料。浙江省实践中出现了行政机关在签订协议后，拒不向相对人交付协议的情况，原告如能够就业已订立协议的关键内容及相关情况进行描述，视为已完成初步证明责任，法院不宜未经审查被诉协议是否存在的情况

① 戴文波：《行政协议期限相关法律问题辨析》，载《浙江审判》2020 年第 6 期。

下，径行以原告未提交被诉协议存在的证据为由裁定驳回起诉[①]。

（二）关于举证期限及法律后果

行政诉讼与民事诉讼对于举证期限及法律后果的规定区别较大。行政诉讼举证期限规定于《行政诉讼法》第六十七条“被告应当在收到起诉状副本之日起十五日内向人民法院提交作出行政行为的证据和所依据的规范性文件，并提出答辩状”。而民事诉讼中举证期限可以由当事人协商，并经人民法院准许。行政诉讼法对于行政机关逾期举证的后果规定于第三十四条第二款“被告不提供或者无正当理由逾期提供证据，视为没有相应证据。但是，被诉行政行为涉及第三人合法权益，第三人提供证据的除外”。但根据《民事诉讼法》第六十五条分层设置了举证时限的后果，即以证据不失权为原则、失权为例外。

因举证时限制度属于诉讼程序规则，法院在审理行政协议案件时，首先应当适用行政诉讼法关于举证期限及法律后果的规定；对于行政诉讼法及相关司法解释没有规定的，可以参照适用民事诉讼法规定。故行政协议案件对于举证期限的规定与一般行政诉讼案件并无二致，要求被诉行政机关在收到起诉状副本之日起十五日内提交证据和依据。征收补偿安置协议案件中，行政机关应就案涉补偿协议所涉及的补偿金额、安置人口确定等核心条款内容的合法性等进行举证。如行政机关认为其非本案适格被告，拒绝就案涉协议提供任何证据，根据《行政诉讼法》第三十九条“人民法院有权要求当事人提供或者补充证据”的规定，应由行政机关承担相应不利的法律后果。[②]

---

① 参考浙江省丽水市中级人民法院（2018）浙11行终143号行政裁定书：“上诉人向一审法院诉请撤销其与被上诉人签订的房屋拆迁协议，上诉人虽未在立案阶段提交该协议，但既已立案，则在未查明协议是否客观存在的情况下，不得再次以形式审查的方式认定上诉人未提交被诉行政行为存在的材料而驳回起诉，只有经过审查确认该行政行为确不存在，方可裁定驳回。二审经审理，上诉人诉请撤销的协议客观存在，尽管被上诉人抗辩称双方之间签订的是房屋拆除协议而非拆迁补偿协议，但案涉房屋拆除协议实际上涉及补偿内容，两者在本质上并无不同。综上，一审未经调查或者询问被上诉人，径行裁定驳回起诉不当，本院予以纠正。依照《中华人民共和国行政诉讼法》第八十九条第一款第（二）项的规定，裁定如下：一、撤销莲都区人民法院（2018）浙1102行初28号行政裁定；二、本案指令莲都区人民法院继续审理。”

② 参见浙江省高级人民法院（2019）浙行终812号。

九、行政协议案件的合法性与合约性双重审查

（一）审理行政协议案件适用双重审查原则

在行政协议案件中应坚持三个原则：一是行政诉讼保护不低于民事诉讼保护原则。二是对行政机关行政协议行为全程监督原则。三是双重审查、双重裁判原则。人民法院既要审查行政协议行为的行政合法性，又要审查行政协议的契约效力性。

（二）收购协议的合法性及效力认定

之前曾经有过争议，不同认识不同做法，经过重重考虑，反复权衡，总结出“三把锁”理论，即：收购协议合法有效不产生土地权利转移、土地性质变化的法律效力；收购协议合法有效不能作为强制拆除的依据；土地性质要转化为国有的，收购协议合法有效不免除行政机关进行征收批准申请的义务。浙江省入选最高人民法院公布的行政协议参考案例之“金华市光跃商贸有限公司诉金华市金东区人民政府拆迁行政合同案”对此进行了论述：“建立在平等、自愿、等价、有偿基础上的收购协议，在一定层面上有利于提高旧城改造的效率，并有助于通过合理的价格来对房屋所有权人给予更加充分更加及时的补偿安置，具有现实合理性和可行性。对于原告同意收购、承诺可以先行拆除再行协商补偿款项并已实际预支部分补偿款、行政机关愿意对房屋所有权人进行公平合理的并不低于当时当地同区位同类房屋市场评估价格的补偿安置，且不存在《合同法》第五十二条等规定的以欺诈、胁迫等手段签订收购协议情形的，不宜完全否定此种收购协议的合法性。”如后续征收决定确定的补偿方案与协议确定的补偿方案有差异的，应当以有利于相对人的原则进行补偿，“多补少不退”。

（三）超出补偿方案标准的协议的合法性及效力认定

在履约之诉中，行政机关往往以协议内容严重突破了安置补偿政策，损害社会公共利益或者存在弄虚作假等情形，作为拒绝履行的抗辩理由。此类案件核心争议在于，如何平衡依法纠错与守信践诺，目前存在不同观点：

第一种观点认为，协议内容严重突破了安置补偿政策，损害社会公共利益，应当视为该约定内容没有依据，属于《行政诉讼法》第七十五条规定的无效情形，根据《合同法》第五十二条之规定亦应无效，应判决驳回相对人

要求履行协议的诉讼请求。[①] 第二种观点认为，相对人是否具有安置资格以及协议内容是否符合补偿方案等，均系行政机关在签订协议前应予审查的事项，在无证据证明原告通过欺诈等方式订立协议的情况下，行政机关对原告安置资格予以认可并签订协议，应依约履行。[②] 第三种观点认为，应综合考量依法纠错与守信践诺价值平衡，区分情形作出相应裁判。一方面，在被征迁人基于对协议及政府的信赖签订协议进而主动腾空的情形下，不宜不考虑善意相对人合理的信赖利益，仅以依法纠错作为理由，判决驳回当事人诉讼请求，否则容易诱发行政机关骗签等问题，另一方面，若补偿协议确定的补偿标准以一般人通常认知即可判断，已经明显突破法定标准，或者行政相对人与政府工作人员相互串通损害国家利益、行政相对人故意隐瞒真实情况或伪造虚假材料签订协议，即当事人存在主观恶意等情形，不宜判决履行，否则无异于认可当事人谋取不正当利益，导致公共利益受损。最高人民法院亦有裁判观点认为，在城中村改造过程中，行政机关与被拆迁人签订拆迁安置补偿协议时适当突破有关规定，提高给予被拆迁人的补偿标准，从维护契约自由、维持行政行为的安定性、保护行政相对人信赖利益的角度出发，可以认可行政协议的效力并要求行政机关予以履行。但补偿协议中给付标准明显突破了法定标准、行政相对人与政府工作人员相互串通损害国家利益、行政相对人故意隐瞒真实情况或伪造虚假材料签订协议获取不正当利益、行政协议的基本依据虚假，履行行政协议会给公共利益造成重大损害的，则不宜认

---

① 最高人民法院公布的行政协议案件典型案例，徐某某诉安丘市人民政府房屋补偿安置协议案。

② 浙江省台州市中级人民法院（2016）浙 10 行初 129 号行政判决书："涉案协议系台州市路桥新城开发管委会及被告路北街道办事处与原告谢某自愿签订，意思表示真实，且不违反法律、法规的强制性规定，亦不具有其他应当认定为无效的情形。原告在签订合同时是否具有安置资格，本应是两被告在签订协议前应予审查的事项，在无证据证明原告是通过欺诈等方式签订协议的情况下，被告对原告的安置资格已认可并签订了安置协议，且原告也已履行了协议约定的交付拆除义务，被告作为协议当事人一方，也自应依法依约履行。两被告事后以原告不具有安置资格为由，主张涉案《房屋拆迁安置协议书》无效的理由，于法于理均不能成立。而依法成立有效的行政协议，对各方当事人均有法定约束效力，行政机关作为一方当事人依法履行行政协议，既是诚实守信的必然要求与体现，也是法治政府建设的必然要求。"浙江省德清县人民法院（2019）浙 0521 行初 35 号行政判决书："本案中，被告与原告户签订的拆迁安置协议系双方当事人真实意思表示，未违反法律、法规等强制性规定，应为合法有效，双方应当全面遵照履行。被告主张郭某不符合地方安置政策，不能对其进行安置。本院认为，行政协议具有合同性，应当遵循平等、自愿、公平、诚实信用原则。被告与原告户签订拆迁安置协议，载明了安置房屋面积及人员，原告基于对上述协议的信赖对被拆迁房屋进行了腾空拆除，被告亦履行了部分房屋安置交付的义务，现被告认为安置房屋面积错误，在未撤销或变更涉案协议约定内容的情况下，单方拒绝履行剩余房屋安置交付义务，有违信赖利益保护原则。故被告应当按照协议约定向原告交付剩余面积安置房屋。"

可协议效力并要求行政机关履行[①]。

十、行政协议案件的裁判方式

（一）对于请求行政机关依法或者依约履行的裁判方式

对于当事人诉请履行协议，但法院经审查认为协议存在一般违法情形，参照《行政协议司法解释》第二十二条规定的做法向原告释明。《行诉解释》第九十五条规定："人民法院经审理认为被诉行政行为违法或者无效，可能给原告造成损失，经释明，原告请求一并解决行政赔偿争议的，人民法院可以就赔偿事项进行调解；调解不成的，应当一并判决。人民法院也可以告知其就赔偿事项另行提起诉讼。"《行诉解释》第一百零九条第六款规定："当事人在第二审期间提出行政赔偿请求的，第二审人民法院可以进行调解；调解不成的，应当告知当事人另行起诉。"故一审期间，因被告的行为造成行政协议无效或者违法的，可能给原告造成损失，应进行释明，由原告选择是否一并解决行政赔偿争议，而不宜径行就赔偿事项作出判决；二审期间，当事人提出赔偿请求的，可以先行调解，调解不成，应当告知当事人另行起诉。

（二）对于请求判决行政机关赔偿或者补偿的裁判方式

对于协议约定的违约金能否调整问题。《合同法解释（二）》第二十九条规定："当事人主张约定的违约金过高请求予以适当减少的，人民法院应当以实际损失为基础，兼顾合同的履行情况、当事人的过错程度以及预期利益等综合因素，根据公平原则和诚实信用原则予以衡量，并作出裁决。当事人约定的违约金超过造成损失的百分之三十的，一般可以认定为合同法第一百一十四条第二款规定的'过分高于造成的损失'。"行政协议约定的违约金条款明显高于原告的实际损失，且原告未提交证据证明其除了利息损失之外还有其他直接损失的，法院可以判决调整违约金。[②]

（三）对于请求变更行政协议的裁判方式

《行政诉讼法》第七十七条规定："行政处罚明显不当，或者其他行政行为涉及对款额的确定、认定确有错误的，人民法院可以判决变更。人民法院

---

① 最高人民法院（2019）最高法行申5940号行政裁定书。

② 详见浙江省高级人民法院（2019）浙行终515号"杭州涌泉羊毛衫厂诉杭州市富阳区人民政府、杭州富阳东洲运动休闲新城建设投资有限公司不履行行政协议案"行政判决书。

判决变更，不得加重原告的义务或者减损原告的权益。但利害关系人同为原告，且诉讼请求相反的除外。”《合同法》第五十四条规定：“下列合同，当事人一方有权请求人民法院或者仲裁机构变更或者撤销：（一）因重大误解订立的；（二）在订立合同时显失公平的。一方以欺诈、胁迫的手段或者乘人之危，使对方在违背真实意思的情况下订立的合同，受损害方有权请求人民法院或者仲裁机构变更或者撤销。当事人请求变更的，人民法院或者仲裁机构不得撤销。”《民法典》舍弃了上述情形下的“可变更”之诉，行政协议案件能否采用变更判决？绝大多数地区对此持谨慎态度，认为即使采用，变更判决范围应予限定：只有在行政协议的订立存在重大误解或显失公平情形；各方当事人对行政协议的合法性无异议，对其他内容亦无异议；必须当事人的诉请是变更协议，法院不能依职权直接变更等。

我们倾向于，第一，民法典施行后，变更判决的裁判方式理论上仍可继续采用。理由为：虽然《行政协议司法解释》第九条第（五）项仅列举“请求判决撤销、解除行政协议”，但该条的兜底条款“其他有关行政协议的订立、履行、变更、终止等诉讼请求”提及了“变更”，仍然存在提起变更之诉的制度空间，既然存在变更诉讼，亦应允许适用变更判决；民事法律规范舍弃变更诉讼，价值追求与行政协议并不完全兼容，并不影响行政诉讼中将行政协议作为“行政行为”，依据行政法律规范在裁判时机成熟时判决变更，以减少当事人诉累，当然前提是相对人诉请变更。

十一、行政协议案件的诉讼费用收取

在《适用解释》废止后，全省适用行政案件标准预收比例由原来的5成涨至8成，且结算时行政与民事比例进一步调整为9∶1，其中有1成案件预收时按民事标准但结算时转为行政案件标准。合理的诉讼费用制度能对当事人的诉讼行为产生积极的激励作用，从而使诉讼程序的功能得以充分发挥，同时，也有利于防止行政相对人滥用行政诉权、促进行政机关自觉依法行政。[①]在实质性化解行政争议中，也有着不可忽视的调节、杠杆作用。

---

① 江必新、梁凤云：《最高人民法院新行政诉讼法司法解释理解与适用》，中国法制出版社2015年版，第166页。

（一）诉讼费用的收取标准

第一种观点为“一分法”[①]，统一按行政案件50元标准收取：1. 法律依据缺失。《适用解释》已经失效，其中第十六条关于起诉不依法履行、未按约定履行行政协议义务案件，准用民事案件交纳标准的规定，不再具有法律效力；2. 行政协议亦是政府进行行政管理或者公共服务的方式，不能因为政府将传统行政行为的管理方式改变为行政协议的方式而增加相对人维权成本；3. 起诉不依法履行、未按约定履行行政协议法定职责案件和签订行政协议行为案件，既然是行政案件，就应当按照行政案件的标准收取诉讼费，每件50元；4. 退一步讲，即便依照《适用解释》第十六规定，按照民事案件缴纳标准，起诉不依法履行、未按约定履行行政协议义务行为，应当按件收费，民事也是50—100元，而一并提起行政赔偿诉讼的，赔偿部分不收费，与按照行政诉讼收费标准收取诉讼费没有什么差别；5. 现实考量：采“两分法”收取部分相对人提出异议，浙江省部分地区甚至已有相对人向物价部门提起诉讼要求监督。

第二种观点为“两分法”，原告对行政机关单方变更、解除协议等行为提起诉讼的，诉讼费用适用行政案件交纳标准；原告对行政机关不依法履行、未按照约定履行协议提起诉讼的，诉讼费用准用民事案件的交纳标准。1. 法理基础，行政协议所具有的“协议性”，有别于传统行政行为的行政性，故《适用解释》就协议案件诉讼费用作出特别规定。调研过程中，大多法院亦表示，主观上认为“两分法”更具法理基础，但实际操作中从简便易行角度按“一分法”收取。2. 法律依据，可援引《行政诉讼法》第一百零一条、《行政协议司法解释》第二十七条及《诉讼费用交纳办法》规定。3. 从政策延续性看，采“两分法”既与此前《适用解释》规定的做法具有延续性，也与此类案件以往作为民事案件审理的收费标准具有延续性。最为典型的是国有土地使用权出让协议，浙江省目前1成按民事标准收取诉讼的案件中，有

---

① 《最高人民法院第一巡回法庭关于行政审判法律适用若干问题的会议纪要》（2018年7月23日）中规定：“14. 不依法履行、未按约定履行行政协议法定职责案件和签订行政协议行为案件，人民法院应如何收取诉讼费。答：不依法履行、未按约定履行行政协议法定职责案件以及对签订行政协议行为不服提起诉讼的案件，是对行政机关不履行法定职责行为以及签订行政协议行为不服提起诉讼的案件，应当按照行政案件的诉讼费收费规定，每件收取50元的诉讼费。如果起诉人一并提起行政补偿或者行政赔偿的，行政赔偿和行政补偿案件依法不应当收取诉讼费。”

一半以上为国有土地使用权出让协议，该类案件涉案标的大，如统一采行政案件50元的标准明显不合理。4. 更有利于发挥诉讼费用对抑制滥诉、行政争议协调化解的促进作用。数据分析表明，浙江省目前有1成案件预收时按民事标准，但最后负担时调整为行政案件标准，调整的原因近五成系协调撤诉，客观反映了按民事标准预收一定程度上为协调化解创造了空间。5.《行政协议司法解释》未就行政协议案件诉讼费用收取问题再作出规定，主要原因是国务院《诉讼费用交纳办法》正在修订，并非要调整行政协议案件收取的“两分法”。

我们倾向于，对行政机关单方变更、解除协议等行为提起诉讼或仅对协议效力问题提起诉讼的，诉讼费用适用行政案件交纳标准；除涉及征收补偿安置行政协议外，对行政机关不依法履行、未按照约定履行协议提起诉讼的，诉讼费用适用民事案件交纳标准。

（二）不同审级诉讼费用收取标准的调和

根据《诉讼费用交纳办法》第十七条规定，对财产案件提起上诉的，按照不服一审判决部分的上诉请求数额交纳案件受理费。对于行政协议上诉案件，一审裁判按照民事案件标准收取诉讼费用的，根据上诉人的上诉请求，对于涉及财产争议的上诉费用应当按照民事案件标准收取，如上诉人按行政案件标准仅交纳50元上诉费用，在一审裁判文书已明确写明上诉费金额、交纳期限及未按规定期限交纳的法律后果，或者通过诉讼费用交纳通知书告知上述内容的情况下，二审法院再次充分释明后，上诉人在指定期限内无正当理由仍不按一审裁判文书或《诉讼费用交纳通知书》确定的金额限期交纳上诉费用的，可以未依法缴纳上诉费用为由按自动撤回上诉处理。此外，根据《诉讼费用交纳办法》第四十三条规定，当事人不得单独对人民法院关于诉讼费用的决定提起上诉。当事人单独对人民法院关于诉讼费用的决定有异议的，可以向作出决定的人民法院院长申请复核。复核决定应当自收到当事人申请之日起15日内作出。

河南省行政机关败诉行政案件实证分析

河南省高级人民法院课题组*

党的十九届五中全会对法治建设作出了一系列重大决策部署，确立了“到2035年基本建成法治国家、法治政府、法治社会，到本世纪中叶实现国家治理体系和治理能力现代化”发展目标；2020年11月16日，中央全面依法治国工作会议召开，提出“坚定不移走中国特色社会主义法治道路，为全面建设社会主义现代化国家、实现中华民族伟大复兴的中国梦提供有力法治保障”，开启了全面依法治国新征程，强调“法治政府建设是重点任务和主体工程，要率先突破，用法治给行政权力定规矩、划界限，规范行政决策程序，加快转变政府职能”。习近平总书记强调：“依法治国是我国宪法确定的治理国家的基本方略，而能不能做到依法治国，关键在于党能不能坚持依法执政，各级政府能不能依法行政”，充分说明了建设法治政府在协调推进“四个全面”战略布局中的重要意义。行政机关在行政诉讼中的败诉情况是行政执法状况的“晴雨表”，是法治政府建设成效的缩影，代表和影响着一个地方的营商环境和社会治理水平。基于此，现对河南省法院2018—2019年审结的行政案件进行实证分析，深入查找行政机关败诉案件分布领域、行政执法存在的共性问题以及行政审判中的突出问题，提出改进建议，为服务法治政府建设、优化营商环境、全面推进依法治省提供决策参考。

一、2018—2019年河南法院行政机关败诉行政案件数据分析

（一）行政一审败诉情况

2019年度，河南法院共审结行政一审案件21021件，其中判决结案10294

* 执笔人：王盛楠、卢瑜、王群、梅永强。

件，行政机关败诉的案件6093件，占一审结案数的28.99%（即一审整体败诉率），较2018年同比上升了5.47个百分点，占判决结案的59.19%（即一审判决败诉率），同比上升9.64个百分点。从各市法院行政机关败诉率看，差异较大，其中周口、商丘超过40%，且比2018年呈扩大趋势，而三门峡、信阳不到20%。从判决败诉率看，整体比较高，其中周口、濮阳超过70%。

（二）行政二审败诉情况

2019年度，河南法院共审结行政二审案件11196件，其中，行政机关败诉的案件2662件，占二审结案数的23.78%，较2018年同比上升了3.62个百分点。从各市法院行政机关败诉率看，差异较大，其中济源（50.00%）、开封（46.97%）、濮阳（46.51%）、周口（25.16%）和焦作（24.08%）占比较高，三门峡（7.07%）、商丘（10.96%）、漯河（12.50%）、洛阳（12.76%）和平顶山（16.43%）占比较低。

（三）判决案件上诉及发改情况

从2018年行政一审判决案件看，政府机关败诉案件5104件中有2878件上诉，占败诉案件的56.38%，其中，有67.82%的被告（政府机关）不服判决，提起上诉，有24.18%的原告不服判决，提起上诉，有7.99%的其他方（如第三人、行政相对人等）提起上诉。政府机关胜诉案5224件中有3812件上诉，占胜诉案件的72.97%，其中96.93%为原告上诉，即当事人对一审判决不满意。

从2019年行政一审判决案件看，政府机关败诉案件6092件中有3517件上诉，占败诉案件的57.73%，上诉案件占比较2018年上升了1.35个百分点，其中，有63.86%为被告（政府机关）不服判决，提起上诉，所占比例较2018年下降3.96个百分点，有的原告不服判决，提起上诉，所占比例较2018年上升4.73个百分点，有7.22%的其他方（如第三人、行政相对人等）提起上诉，所占比例较2018年下降0.77个百分点。政府机关胜诉案4359件中有3091件上诉，占70.91%，上诉案件占比较2018年下降2.06个百分点，其中96.93%为原告不服判决，提起上诉。

从两年的上诉情况看，不论行政机关胜诉或者败诉，上诉到二审的比率都较高，尤其是行政机关胜诉的案件，当事人不服判决提起上诉的比率达72.97%。

表1　2018—2019年行政机关一审判决案件上诉及发改情况统计

	年份	一审政府机关败诉案件数	上诉案件数	上诉案件占比	二审发回重审和改判数	发改比率	同比
行政机关败诉	2019年	6092	3517	57.73%	557	9.14%	1.79%
	2018年	5104	2878	56.39%	375	7.35%	/
行政机关胜诉	2019年	4359	3091	70.91%	422	9.68%	-0.20%
	2018年	5224	3812	72.97%	516	9.88%	/

从上诉案件的发回重审和改判情况看，2018年一审判决政府机关败诉案件上诉后，被发回重审或改判的有375件，占一审判决败诉数的7.35%，2019年一审判决政府机关败诉案件上诉后，被发回重审或改判的有557件，占一审判决败诉数的9.14%，较2018年上升1.79个百分点；2018年一审判决政府机关胜诉案件上诉后，被发回重审或改判的有516件，占一审判决胜诉数的9.88%，2019年一审判决政府机关胜诉案件上诉后，被发回重审或改判的有422件，占一审判决胜诉数的9.68%，较2018年下降0.20个百分点。

从两年的上诉案件的发回重审和改判情况看，一审判决政府败诉后被二审发改的比率均不到10%，但2019年较2018年比率有所上升；一审判决政府胜诉后被二审发改的比率也均不到10%，但2019年比率稍有降低。总体看，虽然一审判决后上诉率较高，但二审发改率并不高。

（四）从不同行政行为的性质看败诉情况

按照行政行为性质大类，对行政机关败诉情况进行汇总分析，从统计结果看，共分为21个类型，从案件数量看，主要是“行政事实行为（包括：在征地拆迁过程中不履行任何手续即强拆房屋及地上构筑物，强占土地，强制断水、断电、断路等）、行政处罚、行政登记、行政赔偿、行政征收、行政确认、政府信息公开、行政补偿、行政协议”类案件居多，从败诉情况看，有10类案件的败诉占比超过50%，其中败诉占比较高的分别是：“行政事实行为”类，2019年判决结案1906件，其中败诉1644件，败诉占比86.25%，同比上升0.02个百分点；“行政赔偿”类，2019年判决结案711件，其中败诉558件，败诉占比78.48%，同比上升34.00个百分点；“行政强制执行”类，2019年判决结案389件，其中败诉304件，败诉占比78.15%，同比下降5.97个百分点；“行政登记”类，2019年判决结案1278件，其中败诉949

件，败诉占比74.26%，同比上升8.24个百分点；“行政征缴”类，2019年判决结案93件，其中败诉60件，败诉占比64.52%，同比上升3.81个百分点。

表2　按行政行为性质区分败诉情况统计

序号	行政行为性质	一审							二审	
		2019年				2018年			2019年	2018年
		判决案件数	败诉案件数	败诉占比	同比	判决案件数	败诉案件数	败诉占比	败诉案件数	败诉案件数
1	行政事实行为	1906	1644	86.25%	0.02%	1133	977	86.23%	765	353
2	行政处罚	1388	467	33.65%	5.92%	1421	394	27.73%	198	202
3	行政登记	1278	949	74.26%	8.24%	1336	882	66.02%	357	382
4	行政赔偿	711	558	78.48%	34.00%	589	262	44.48%	400	318
5	行政征收	709	386	54.44%	25.32%	934	272	29.12%	158	108
6	行政确认	676	313	46.30%	9.23%	642	238	37.07%	264	107
7	政府信息公开	669	236	35.28%	-15.94%	1068	547	51.22%	113	199
8	行政补偿	627	300	47.85%	17.54%	541	164	30.31%	97	75
9	行政协议	587	278	47.36%	5.38%	655	275	41.98%	193	114
10	行政强制执行	389	304	78.15%	-5.97%	233	196	84.12%	183	115
11	行政强制措施	269	171	63.57%	14.46%	224	110	49.11%	80	45
12	行政复议	260	95	36.54%	-9.71%	560	259	46.25%	53	33
13	行政许可	202	80	39.60%	-28.38%	228	155	67.98%	29	50
14	行政裁决	191	100	52.36%	-2.90%	190	105	55.26%	37	37
15	行政给付	118	71	60.17%	14.37%	286	131	45.80%	28	24
16	行政征缴	93	60	64.52%	3.81%	28	17	60.71%	6	6
17	行政规划	23	13	56.52%	-0.62%	14	8	57.14%	3	3
18	行政审批	23	10	43.48%	-2.35%	24	11	45.83%	4	5
19	行政允诺	6	2	33.33%	-58.34%	12	11	91.67%	4	2
20	行政征用	2	0	0.00%	-25.00%	4	1	25.00%	0	1
21	行政垄断	1	0	0.00%	0.00%	0	0	/	0	0

从行政一审中，判决结案数量前三位类型的细分行为看，“行政事实行为”类败诉案件主要集中在“强拆房屋（地上构筑物）”行为，“强占土地（资源）”行为，“强制断水、断电、断路等”行为等。“行政处罚”类败诉案

件主要集中在“罚款”“行政拘留”和“暂扣（吊销）许可证（执照）”等。“行政登记”主要集中在“房屋（建筑物、构筑物）所有权登记”“市场主体登记”“宅基地使用权登记”“土地承包经营权登记”“婚姻登记”等。

（五）从不同行政管理的范围看败诉情况

按照行政管理范围进行统计，共分为40个行政管理范围，从一审案件数量上看，主要集中在住房和城乡建设、自然资源、公安、人力资源和社会保障等15类，2018年这几类占全部案件的89.83%，2019年占90.50%。

从案件数前五的类型败诉情况看，“住房和城乡建设”（主要是国有土地上房屋征收拆迁补偿类案件）类判决结案3803件，败诉2803件，败诉占比73.70%，同比上升20.02个百分点；“自然资源”（主要是集体土地征收及附属物补偿类案件）类判决结案2241件，败诉1264件，败诉占比56.40%，同比上升0.47个百分点；“公安”类判决结案1136件，败诉257件，败诉占比22.62%，同比上升0.80个百分点；“其他”类判决结案976件，败诉586件，败诉占比60.04%，同比上升4.80个百分点；“人力资源和社会保障”类判决结案700件，败诉320件，败诉占比45.71%，同比下降3.19个百分点。

表3 各类行政管理范围败诉情况统计

按行政管理范围	一审							二审	
	2019年				2018年			2019年	2018年
	判决案件数	败诉案件数	败诉占比	同比	判决案件数	败诉案件数	败诉占比	败诉案件数	败诉案件数
住房和城乡建设	3803	2803	73.70%	20.02%	3508	1883	53.68%	1684	1243
自然资源	2241	1264	56.40%	0.47%	1963	1098	55.93%	589	368
公安	1136	257	22.62%	0.80%	1453	317	21.82%	129	218
人力资源和社会保障	700	320	45.71%	-3.19%	951	465	48.90%	290	149
市场监督管理	423	287	67.85%	10.98%	262	149	56.87%	90	55
农业农村	323	206	63.78%	5.27%	282	165	58.51%	58	56
民政	189	140	74.07%	6.33%	217	147	67.74%	15	20
生态环境	170	81	47.65%	-7.50%	136	75	55.15%	28	25
交通运输	64	32	50.00%	-16.39%	119	79	66.39%	17	11
发展和改革	60	31	51.67%	-5.15%	44	25	56.82%	8	1

续表

按行政管理范围	一审							二审	
	2019 年				2018 年			2019 年	2018 年
	判决案件数	败诉案件数	败诉占比	同比	判决案件数	败诉案件数	败诉占比	败诉案件数	败诉案件数
卫生健康	57	29	50.88%	-0.93%	83	43	51.81%	11	10
司法行政	53	24	45.28%	10.14%	37	13	35.14%	5	5
水利	52	8	15.38%	-68.49%	62	52	83.87%	4	3
医疗保障局	32	24	75.00%	53.05%	82	18	21.95%	3	6
其他	976	586	60.04%	4.80%	1041	575	55.24%	97	80
合计	10279	6092	59.27%	9.43%	10240	5104	49.84%	3028	2250

（六）从不同级别行政机关看败诉情况

根据行政案件被告的行政单位级别，分为省政府、地级市政府、县级政府（含区、管委会）、乡镇级政府、街道办事处（含村委会）和职能部门，进行案件数量和败诉情况统计。

2019 年一审案件中被告主体为省政府的有 63 件，占比 0.61%，败诉 3 件，败诉占比为 4.76%，同比下降 0.21 个百分点；地级市政府 267 件，占比 2.59%，败诉 117 件，败诉占比为 43.82%，同比上升 1.08 个百分点；县级政府（含区、管委会）4355 件，占比 42.31%，败诉 2854 件，败诉占比为 65.53%，同比上升 20.61 个百分点；乡镇级政府 841 件，占比 8.17%，败诉 649 件，败诉占比为 77.17%，同比下降 6.53 个百分点；街道办事处（含村委会）268 件，占比 2.60%，败诉 222 件，败诉占比为 82.84%，同比上升 7.84 个百分点；另外为政府职能部门的 4499 件，占比 43.71%，败诉 2247 件，败诉占比为 49.94%，同比上升 2.82 个百分点。

表 4　各级别行政单位败诉情况统计

行政级别	2019 年				2018 年		
	案件数	败诉案件数	败诉占比	同比	案件数	败诉案件数	败诉占比
省政府	63	3	4.76%	-0.21%	181	9	4.97%
地级市政府	267	117	43.82%	1.08%	379	162	42.74%
县级政府（含区、管委会）	4355	2854	65.53%	20.61%	3704	1664	44.92%

续表

行政级别	2019 年				2018 年		
	案件数	败诉案件数	败诉占比	同比	案件数	败诉案件数	败诉占比
乡镇级政府	841	649	77.17%	－6.53%	859	719	83.70%
街道办事处（含村委会）	268	222	82.84%	7.84%	396	297	75.00%
职能部门	4499	2265	50.34%	3.38%	4781	2245	46.96%
合计	10293	6092	59.19%	9.64%	10300	5104	49.55%

（七）从各级行政首长出庭案件看败诉情况

按照不同级别和行政正副职分别对一审案件被告单位行政首长出庭应诉和败诉情况进行了统计。①从不同级别政府出庭人员的结构来看。2019 年行政一审中，省级行政首长出席件数为 0；地级市行政正职出席件数为 0，行政副职出席 13 件，出席率 4.87%，出席案件中败诉 3 件，败诉占比 23.08%，同比上升 15.38 个百分点；县级政府行政正职出席 105 件，出席率 2.41%，其中败诉案件 17 件，败诉占比 16.19%，同比下降 74.97 个百分点，行政副职出席 245 件，出席率 5.63%，其中败诉 144 件，败诉占比 58.78%，同比上升 35.53 个百分点；乡镇级政府行政正职出席 17 件，出席率 2.02%，其中败诉 14 件，败诉占比 82.35%，同比上升 58.35 个百分点，行政副职出席 327 件，出席率 38.88%，其中败诉 231 件，败诉占比 70.64%，同比下降 18.89%；街道办事处（含村委会）行政正职出席 3 件，出席率 1.12%，其中败诉 2 件，败诉占比 66.67%，同比上升 41.67 个百分点，行政副职出席 76 件，出席率 28.36%，其中败诉 69 件，败诉占比 90.79%，同比上升 21.17 个百分点；各级别职能部门行政正职出席 85 件，出席率 1.89%，其中败诉 52 件，败诉占比 61.18%，同比上升 30.48 个百分点，行政副职出席 921 件，出席率 20.47%，其中败诉 399 件，败诉占比 43.32%，同比下降 2.40 个百分点。总体上看，政府及职能部门的正职出席案件 210 件，出席率 2.04%，败诉 85 件，败诉占比 40.48%，同比下降 21.75 个百分点，副职出席 1582 件，出席率 15.37%，败诉 846 件，败诉占比 53.48%，同比上升 1.27 个百分点，说明出庭的行政机关负责人以副职为主，且正职出庭的行政案件的行政机关败诉率呈下降趋势，副职出庭的行政案件的行政机关败诉率呈上升趋势但低于所有行政机关败诉率的增长幅度。②从两个年度行政机关负责人出庭应诉率来看。2018 年行政机关负责人出庭共计 2406 件，占比 23.36%，2019 年行政机关负责人出庭 1792 件，占比 17.41%，同比减少 5.95%。说明 2018 年 2 月正式施行的《最高人民法院关于适用〈中华人民共和国行政诉讼法〉的解释》对行政机关负责人出庭应诉作出细化之后，各地落实力度加大，但随着时间的推移，落实力度逐渐减弱。③从不同层级行政机关负责人出庭应诉败诉率来看。地级市、县级行政首长出席案件的败诉占比要远低于乡镇和街道办（含村委会）级。

表 5 行政首长出庭情况统计

	行政级别	行政正职出庭情况					行政副职出庭情况				
		出席件数	出席率	出席败诉件数	出席败诉占比	同比	出席件数	出席率	出席败诉件数	出席败诉占比	同比
2019年	省政府	0	0.00%	0	/	0.00%	0	0.00%	0	/	0.00%
	地级市政府	0	0.00%	0	/	/	13	4.87%	3	23.08%	15.38%
	县级政府	105	2.41%	17	16.19%	-74.97%	245	5.63%	144	58.78%	35.53%
	乡镇级政府	17	2.02%	14	82.35%	58.35%	327	38.88%	231	70.64%	-18.89%
	街道办事处	3	1.12%	2	66.67%	41.67%	76	28.36%	69	90.79%	21.17%
	职能部门	85	1.89%	52	61.18%	30.48%	921	20.47%	399	43.32%	-2.40%
	合计	210	2.04%	85	40.48%	-21.75%	1582	15.37%	846	53.48%	1.27%
2018年	省政府	0	0.00%	0	/	/	0	0.00%	0	/	/
	地级市政府	1	0.26%	1	100.00%	/	39	10.29%	3	7.69%	/
	县级政府	147	3.97%	134	91.16%	/	400	10.80%	93	23.25%	/
	乡镇级政府	25	2.91%	6	24.00%	/	468	54.48%	419	89.53%	/
	街道办事处	4	1.01%	1	25.00%	/	158	39.90%	110	69.62%	/
	职能部门	101	2.11%	31	30.69%	/	1063	22.23%	486	45.72%	/
	合计	278	2.70%	173	62.23%	/	2128	20.66%	1111	52.21%	/

注：上表中，县级政府包含区、管委会，街道办事处包含村委会。

（八）从行政合并诉讼看败诉情况

从行政合并诉讼情况看，2019 年一审案件中，有行政合并诉讼的共 1113 件，败诉 427 件，败诉占比 38.36%，同比上升 3.68 个百分点，其中，涉及行政复议 850 件，其中败诉 279 件，败诉率 32.82%，同比上升 7.36 个百分点；附带行政赔偿 229 件，败诉 134 件，败诉率 58.52%，同比下降 9.48 个百分点；附带审查规范文件 34 件，败诉 14 件，败诉率 41.18%，同比上升 5.36 个百分点。

表 6 行政合并诉讼情况统计

类别	一审							二审	
	2019 年				2018 年			2019 年	2018 年
	案件数	败诉案件数	败诉占比	同比	案件数	败诉案件数	败诉占比	败诉案件数	败诉案件数
行政复议	850	279	32.82%	7.36%	821	209	25.46%	251	103
附带行政赔偿	229	134	58.52%	-9.48%	225	153	68.00%	102	74
附带审查规范文件	34	14	41.18%	5.36%	67	24	35.82%	7	9
小计	1113	427	38.36%	3.68%	1113	386	34.68%	360	186
无	9179	5683	61.91%	10.64%	9187	4710	51.27%	2626	2034

（九）败诉法定事由统计情况

1. 总体情况

通过对败诉案件的败诉原因进行汇总，行政行为败诉的原因主要有 12 种。从 2018 年行政一审败诉原因看，主要集中在以下几种原因："行政行为违反程序规定"的有 1523 件，占全部败诉案件的 29.84%，"行政行为主要证据不足"的有 1278 件，占比 25.04%，"被告不履行法定职责"的有 907 件，占比 17.77%。从 2019 年行政一审败诉原因看，主要集中在以下几种原因："行政行为违反程序规定"的有 1798 件，占全部败诉案件的 29.51%，"行政行为主要证据不足"的有 1653 件，占比 27.13%，"被告不履行法定职责"的有 681 件，占比 11.18%，"行政行为超越职权"的有 588 件，占比 9.65%。

表 7 行政行为败诉原因统计

行政行为败诉原因	一审				二审	
	2019 年		2018 年		2019 年	2018 年
	案件数	占比	案件数	占比	败诉案件数	败诉案件数
未举证	92	1.51%	67	1.31%	34	29
行政行为主要证据不足	1653	27.13%	1278	25.04%	669	592
行政行为适用法律、法规错误	267	4.38%	255	5.00%	170	226
行政行为违反程序规定	1798	29.51%	1523	29.84%	0	0

续表

行政行为败诉原因	一审				二审	
	2019 年		2018 年		2019 年	2018 年
	案件数	占比	案件数	占比	败诉案件数	败诉案件数
行政行为重大、明显违法	74	1.21%	66	1.29%	40	30
行政行为明显不当	265	4.35%	183	3.59%	126	90
被告不履行法定职责	681	11.18%	907	17.77%	130	132
被告不履行协议约定	166	2.72%	244	4.78%	119	83
行政行为滥用职权	16	0.26%	13	0.25%	4	1
行政行为超越职权	588	9.65%	339	6.64%	381	252
行政机关重复行为	5	0.08%	5	0.10%	2	0
其他	487	7.99%	224	4.39%	332	316
合计	6092		5104		2007	1751

2. 主要类型案件情况

按照行政管理范围，对2018—2019年数量较多、败诉占比较高的“住房和城乡建设”“自然资源”“人力资源和社会保障”和“市场监督管理”四类案件败诉原因进行统计分析，情况如下：

“住房和城乡建设”类败诉案件的原因主要集中在“行政行为违反程序规定”（分别占2018年、2019年该类败诉案件的35.32%、33.39%）、“行政行为主要证据不足”（分别占2018年、2019年该类败诉案件的22.68%、26.40%，且2019年比例有所上升）等。

表8 “住房和城乡建设”类败诉原因统计

败诉原因	2018 年		2019 年		
	数量	占比	数量	占比	同比
未举证	17	0.90%	24	0.86%	-0.04%
行政行为主要证据不足	427	22.68%	740	26.40%	3.72%
行政行为适用法律、法规错误	57	3.03%	80	2.85%	-0.18%
行政行为违反程序规定	665	35.32%	936	33.39%	-1.93%
行政行为重大、明显违法	28	1.49%	31	1.11%	-0.38%
行政行为明显不当	66	3.51%	34	1.21%	-2.3%
被告不履行法定职责	162	8.60%	208	7.42%	-1.18%
被告不履行协议约定	178	9.45%	110	3.92%	-5.53%

续表

败诉原因	2018 年		2019 年		
	数量	占比	数量	占比	同比
行政行为滥用职权	6	0. 32%	14	0. 50%	0. 18%
行政行为超越职权	145	7. 70%	345	12. 31%	4. 61%
行政机关重复行为	1	0. 05%	1	0. 04%	-0. 01%
其他	131	6. 96%	280	9. 99%	3. 03%
合计	1883		2803		

“自然资源”类败诉案件的原因主要集中在“行政行为违反程序规定”（分别占2018 年、2019 年该类败诉案件的30. 33%、31. 01%，且2019 年比例有所上升）、“行政行为主要证据不足”（分别占 2018 年、2019 年该类败诉案件的 22. 77%、26. 19%，且 2019 年比例有所上升）、“被告不履行法定职责”（分别占 2018 年、2019 年该类败诉案件的 26. 41%、17. 25%，2019 年占比有所下降）等。

表 9 “自然资源”类败诉原因统计

败诉原因	2018 年		2019 年		
	数量	占比	数量	占比	同比
未举证	23	2. 09%	22	1. 74%	-0. 35%
行政行为主要证据不足	250	22. 77%	331	26. 19%	3. 42%
行政行为适用法律、法规错误	34	3. 10%	45	3. 56%	0. 46%
行政行为违反程序规定	333	30. 33%	392	31. 01%	0. 68%
行政行为重大、明显违法	16	1. 46%	8	0. 63%	-0. 83%
行政行为明显不当	27	2. 46%	47	3. 72%	1. 26%
被告不履行法定职责	290	26. 41%	218	17. 25%	-9. 16%
被告不履行协议约定	13	1. 18%	21	1. 66%	0. 48%
行政行为滥用职权	2	0. 18%	1	0. 08%	-0. 10%
行政行为超越职权	78	7. 10%	125	9. 89%	2. 79%
行政机关重复行为	2	0. 18%	0	0. 00%	-0. 18%
其他	30	2. 73%	54	4. 27%	1. 54%
合计	1098		1264		

“人力资源和社会保障”类败诉案件的原因，2018 年主要集中在“行政行为违反程序规定”（占比 42. 80%）、“行政行为主要证据不足”（占比 23. 44%）、“被告不履行法定职责”（占比 19. 14%），2019 年主要集中在“行政行为主要证据不足”（占比 43. 44%）、“被告不履行法定职责”（占比 18. 44%）、“行政行为适用法律、法规错误”（占比 15. 31%）。

表 10 “人力资源和社会保障”类败诉原因统计

败诉原因	2018 年		2019 年		
	数量	占比	数量	占比	同比
未举证	3	0. 65%	5	1. 56%	0. 91%
行政行为主要证据不足	109	23. 44%	139	43. 44%	20. 00%
行政行为适用法律、法规错误	34	7. 31%	49	15. 31%	8. 00%
行政行为违反程序规定	199	42. 80%	28	8. 75%	-34. 05%
行政行为重大、明显违法	2	0. 43%	1	0. 31%	-0. 12%
行政行为明显不当	6	1. 29%	11	3. 44%	2. 15%
被告不履行法定职责	89	19. 14%	59	18. 44%	-0. 70%
被告不履行协议约定	0	0. 00%	0	0. 00%	0. 00%
行政行为滥用职权	1	0. 22%	1	0. 31%	0. 09%
行政行为超越职权	19	4. 09%	20	6. 25%	2. 16%
行政机关重复行为	0	0. 00%	1	0. 31%	0. 31%
其他	3	0. 65%	6	1. 88%	1. 23%
合计	465		320		

“市场监督管理”类败诉案件的原因，2018 年主要集中在“行政行为主要证据不足”（占比 51. 01%）、“行政行为违反程序规定”（占比 13. 42%）、“行政行为明显不当”（占比 10. 07%），2019 年主要集中在“行政行为主要证据不足”（41. 11%，较 2018 年下降 9. 90 个百分点）、“行政行为明显不当”（占比 35. 19%，较 2018 年上升 25. 12 个百分点）、“行政行为违反程序规定”（占比 9. 06%）。

表 11 “市场监督管理”类败诉原因统计

败诉原因	2018 年		2019 年		
	数量	占比	数量	占比	同比
未举证	1	0.67%	0	0.00%	-0.67%
行政行为主要证据不足	76	51.01%	118	41.11%	-9.90%
行政行为适用法律、法规错误	12	8.05%	17	5.92%	-2.13%
行政行为违反程序规定	20	13.42%	26	9.06%	-4.36%
行政行为重大、明显违法	2	1.34%	1	0.35%	-0.99%
行政行为明显不当	15	10.07%	101	35.19%	25.12%
被告不履行法定职责	10	6.71%	11	3.83%	-2.88%
被告不履行协议约定	0	0.00%	0	0.00%	0.00%
行政行为滥用职权	1	0.67%	0	0.00%	-0.67%
行政行为超越职权	6	4.03%	4	1.39%	-2.64%
行政机关重复行为	0	0.00%	0	0.00%	0.00%
其他	6	4.03%	9	3.14%	-0.89%
合计	149		287		

3. 不同行政级别情况

按照不同行政级别，对 2018—2019 年地级、县级、乡级、街道办级和职能部门败诉案件的原因进行统计分析，情况如下：

地级市政府败诉案件的原因，2018 年主要集中在“被告不履行法定职责”（占比 29.63%）、“行政行为主要证据不足”（占比 26.54%）、“行政行为违反程序规定”（占比 17.28%）；2019 年主要集中在“行政行为主要证据不足”（占比 33.33%）、“行政行为违反程序规定”（占比 18.80%）、“行政行为适用法律、法规错误”（占比 11.97%）、“被告不履行法定职责”（占比 9.40%）。

表 12 地级市政府败诉案件原因统计

败诉原因	2018 年		2019 年		
	数量	占比	数量	占比	同比
未举证	0	0.00%	1	0.85%	0.85%
行政行为主要证据不足	43	26.54%	39	33.33%	6.79%
行政行为适用法律、法规错误	16	9.88%	14	11.97%	2.09%

续表

败诉原因	2018 年		2019 年		
	数量	占比	数量	占比	同比
行政行为违反程序规定	28	17.28%	22	18.80%	1.52%
行政行为重大、明显违法	1	0.62%	0	0.00%	-0.62%
行政行为明显不当	5	3.09%	2	1.71%	-1.38%
被告不履行法定职责	48	29.63%	11	9.40%	-20.23%
被告不履行协议约定	4	2.47%	2	1.71%	-0.76%
行政行为滥用职权	0	0.00%	0	0.00%	0.00%
行政行为超越职权	8	4.94%	9	7.69%	2.75%
行政机关重复行为	2	1.23%	0	0.00%	-1.23%
其他	7	4.32%	17	14.53%	10.21%
合计	162		117		

县级政府败诉案件的原因，2018 年主要集中在“行政行为违反程序规定”（占比 29.81%）、“行政行为主要证据不足”（占比 19.05%）、“被告不履行法定职责”（占比 13.88%）；2019 年主要集中在“行政行为违反程序规定”（占比 34.02%）、“行政行为主要证据不足”（占比 20.99%）、“行政行为超越职权”（占比 14.47%）。

表 13　县级政府败诉案件原因统计

败诉原因	2018 年		2019 年		
	数量	占比	数量	占比	同比
未举证	15	0.90%	21	0.74%	-0.16%
行政行为主要证据不足	317	19.05%	599	20.99%	1.94%
行政行为适用法律、法规错误	61	3.67%	81	2.84%	-0.83%
行政行为违反程序规定	496	29.81%	971	34.02%	4.21%
行政行为重大、明显违法	30	1.80%	23	0.81%	-0.99%
行政行为明显不当	65	3.91%	41	1.44%	-2.47%
被告不履行法定职责	231	13.88%	258	9.04%	-4.84%
被告不履行协议约定	166	9.98%	110	3.85%	-6.13%
行政行为滥用职权	5	0.30%	13	0.46%	0.16%
行政行为超越职权	171	10.28%	413	14.47%	4.19%
行政机关重复行为	2	0.12%	2	0.07%	-0.05%

续表

败诉原因	2018 年		2019 年		
	数量	占比	数量	占比	同比
其他	105	6.31%	322	11.28%	4.97%
合计	1664		2854		

乡镇级政府败诉案件的原因，2018 年主要集中在“行政行为违反程序规定”（占比 43.39%）、“被告不履行法定职责”（占比 29.35%）、“行政行为主要证据不足”（占比 10.71%）；2019 年主要集中在“行政行为违反程序规定”（占比 46.07%）、“行政行为主要证据不足”（占比 16.33%）、“被告不履行法定职责”（占比 14.64%）。

表 14　乡镇级政府败诉案件原因统计

败诉原因	2018 年		2019 年		
	数量	占比	数量	占比	同比
未举证	12	1.67%	16	2.47%	0.80%
行政行为主要证据不足	77	10.71%	106	16.33%	5.62%
行政行为适用法律、法规错误	8	1.11%	5	0.77%	-0.34%
行政行为违反程序规定	312	43.39%	299	46.07%	2.68%
行政行为重大、明显违法	6	0.83%	16	2.47%	1.64%
行政行为明显不当	12	1.67%	10	1.54%	-0.13%
被告不履行法定职责	211	29.35%	95	14.64%	-14.71%
被告不履行协议约定	21	2.92%	11	1.69%	-1.23%
行政行为滥用职权	0	0.00%	0	0.00%	0.00%
行政行为超越职权	31	4.31%	28	4.31%	0.00%
行政机关重复行为	1	0.14%	1	0.15%	0.01%
其他	28	3.89%	62	9.55%	5.66%
合计	719		649		

街道办事处（含村委会）败诉案件的原因，2018 年主要集中在“被告不履行法定职责”（占比 38.38%）、“行政行为违反程序规定”（占比 18.86%）、“行政行为主要证据不足”（占比 16.16%）；2019 年主要集中在“行政行为违反程序规定”（占比 27.48%）、“行政行为主要证据不足”（占比 21.17%）、“行政行为超越职权”（占比 16.22%）。

表 15 街道办事处（含村委会）败诉案件原因统计

败诉原因	2018 年		2019 年		
	数量	占比	数量	占比	同比
未举证	1	0.34%	11	4.95%	4.61%
行政行为主要证据不足	48	16.16%	47	21.17%	5.01%
行政行为适用法律、法规错误	25	8.42%	3	1.35%	-7.07%
行政行为违反程序规定	56	18.86%	61	27.48%	8.62%
行政行为重大、明显违法	1	0.34%	0	0.00%	-0.34%
行政行为明显不当	3	1.01%	8	3.60%	2.59%
被告不履行法定职责	114	38.38%	27	12.16%	-26.22%
被告不履行协议约定	17	5.72%	19	8.56%	2.84%
行政行为滥用职权	1	0.34%	0	0.00%	-0.34%
行政行为超越职权	26	8.75%	36	16.22%	7.47%
行政机关重复行为	0	0.00%	0	0.00%	0.00%
其他	5	1.68%	10	4.50%	2.82%
合计	297		222		

职能部门败诉案件原因，2018 年主要集中在“行政行为主要证据不足”（占比 35.23%）、“行政行为违反程序规定”（占比 28.06%）、“被告不履行法定职责”（占比 13.50%）；2019 年主要集中在“行政行为主要证据不足”（占比 38.06%）、“行政行为违反程序规定”（占比 19.60%）、“被告不履行法定职责”（占比 12.80%）。

表 16 职能部门败诉案件原因统计

败诉原因	2018 年		2019 年		
	数量	占比	数量	占比	同比
未举证	39	1.74%	43	1.90%	0.16%
行政行为主要证据不足	791	35.23%	862	38.06%	2.83%
行政行为适用法律、法规错误	143	6.37%	163	7.20%	0.83%
行政行为违反程序规定	630	28.06%	444	19.60%	-8.46%
行政行为重大、明显违法	28	1.25%	35	1.55%	0.30%
行政行为明显不当	97	4.32%	203	8.96%	4.64%
被告不履行法定职责	303	13.50%	290	12.80%	-0.7%
被告不履行协议约定	36	1.60%	24	1.06%	-0.54%

续表

败诉原因	2018 年		2019 年		
	数量	占比	数量	占比	同比
行政行为滥用职权	7	0.31%	3	0.13%	-0.18%
行政行为超越职权	100	4.45%	101	4.46%	0.01%
行政机关重复行为	0	0.00%	2	0.09%	0.09%
其他	71	3.16%	95	4.19%	1.03%
合计	2245		2265		

二、河南省行政机关败诉行政案件主要特点

从行政机关败诉情况来看，呈现出“一高两反比三明显四集中”的特征。

（一）“一高”，即败诉率整体上处于高位

根据最高法院通报，2018 年，河南省法院行政机关一审行政机关败诉率（简称“整体败诉率”）为 30.81%，居全国第 1 位；一审判决结案中行政机关败诉率（简称“判决败诉率”）为 61.08%，居全国第 2 位，仅低于西藏，远高于案件数量排名前五的其他省份，如北京整体败诉率、判决败诉率分别为 7.40%、12.22%；广东分别为 4.20%、7.66%；山东分别为 16.39%、36.38%；江苏分别为 7.71%、21.14%等。2019 年河南省行政机关一审整体败诉率较 2018 年同比上升了 5.47 个百分点，判决败诉率同比上升 9.64 个百分点，保持高幅增长态势（注：根据最高法院的通报，2019 年河南省一审整体败诉率为 0.22%，数据呈现明显异常，与信息系统数据传输不及时有关。根据我们此次调研统计的数据也是较为可靠的数据，河南省行政机关 2018 年一审整体败诉率为 23.51%，判决败诉率为 49.55%；2019 年一审整体败诉率为 28.98%，判决败诉率为 59.19%）。

（二）“两反比”，即行政机关级别与败诉成反比、出庭应诉的行政机关负责人级别与败诉率成反比

一是从不同层级行政机关败诉情况来看，高级别的行政机关败诉率比较低，行政机关败诉率与行政机关级别成反比。2018 年、2019 年，省政府败诉率分别为 4.97%、4.76%，市政府败诉率分别为 42.74%、43.82%，县政府

败诉率分别为 44.92%、65.53%，乡政府败诉率分别为 83.70%、77.17%，可以明显看出，按照政府级别从高到低，相应的败诉率呈现由低到高分布，即政府级别越高，败诉率越低，级别越低，败诉率越高。这主要与不同级别行政机关的职责有关，省、市一级行政机关承担的是决策、审批职责，县一级行政机关既承担部分决策、审批职责，又是特定案件的执法机关；而乡一级则处于行政执法第一线。

二是从行政机关负责人出庭应诉情况来看，不同层级首长出席案件，败诉率不同。①正职出席的案件败诉率低于副职出席的案件，如 2019 年正职出席案件的败诉率为40.48%，较副职出席的败诉率53.48%低13.00 个百分点。②级别越高的政府首长出席案件的败诉率越低，如 2019 年，地级市政府、县级市政府首长出席的案件败诉率分别为 23.08%和 58.78%，而乡镇、街道办事处（含村委会）负责人出席的案件败诉率为 70.64%和 90.79%，败诉率与出庭应诉的行政机关负责人级别成反比，说明行政机关负责人的法治意识、对涉诉工作的重视程度与行政机关的败诉率有直接关系。

（三）“三明显”，即败诉率上升趋势明显、各地败诉率差异明显、不同年度败诉率波动明显

一是从行政机关败诉率发展趋势来看，败诉率上升趋势明显。2015 年以来，河南省行政机关整体败诉率增长了 13 个百分点以上，虽然全国法院行政机关败诉率总体上也呈上升态势，但河南省上升趋势明显、幅度较大。根据最高法院通报[①]：2015 年，河南省行政机关一审整体败诉率 17.55%，排在全国第 9 位，高于全国平均水平（14.68%）2.87 个百分点；判决败诉率 46.47%，排在全国第 3 位，高于全国平均水平（31.02%）15.45 个百分点。2016 年，河南省行政机关一审整体败诉率 18.19%，排在全国第 9 位，高于全国平均水平（14.62%）3.57 个百分点；判决败诉率 45.18%，排在全国第 6 位，高于全国平均水平（31.45%）13.73 个百分点。2017 年，河南省行政机关一审整体败诉率 12.19%，排在全国第 18 位，低于全国平均水平（12.93%）0.74 个百分点；判决败诉率 26.90%，排在全国第 18 位，低于全国平均水平（26.99%）0.09 个百分点，略微有所下降。2018 年，河南省行

① 最高法院自 2015 年以来开始统计行政机关败诉率。

政机关一审整体败诉率30.81%，排在全国第1位，高于全国平均水平（20.05%）10.76个百分点；判决败诉率46.47%，排在全国第2位，高于全国平均水平（14.97%）31.5个百分点。2019年最高法院的统计数据由于系统传输不及时，数据不能反映真实情况，据省法院统计，2019年河南省行政机关一审整体败诉率同比上升了5.47个百分点，判决败诉率同比上升9.64个百分点，保持高幅增长态势，较往年又有明显上升。

二是从不同地市行政机关败诉率来看，各地败诉率差异明显。以2019年为例，在整体败诉率方面，排在前四位的周口、商丘、驻马店、平顶山分别为42.76%、42.08%、38.86%、37.40%，一审整体败诉率后两位的三门峡、信阳分别为14.06%、15.82%，相差20多个百分点。在判决败诉率方面，有5个法院判决败诉率在70%以上，其中周口76.80%、漯河72.10%、濮阳71.94%、平顶山71.32%、商丘70.32%；最低的三门峡仅为27.67%，差距在40个百分点以上。2018年的情况也是如此。

三是从各地不同年度败诉率情况来看，败诉率波动明显。2019年、2018年，有9个地市法院一审整体败诉率增减幅度在10个百分点以上，减幅最大的濮阳达15.67%，增幅最大的驻马店达16.48%；有9个地市法院一审判决败诉率增减幅度在10个百分点以上，有4个法院增减幅度在20个百分点以上，增长幅度最大的开封达31.46%，减幅最大的三门峡达21.91%，仅有信阳、焦作等两个地市相对稳定，两个年度的整体败诉率和判决败诉率增减幅度在2个百分点之内，多数法院不同年度增减幅度波动较为明显。

（四）“四集中”，即败诉管理领域相对集中、败诉行政机关相对集中、败诉原因相对集中、败诉行政行为性质相对集中

一是从涉诉管理领域来看，败诉行政管理领域相对集中。行政诉讼统计的行政管理领域有40个，不同领域涉诉案件数量排名在不同年度有一定变化，但多年来排在前五的一直是：住房和城乡建设、自然资源、公安、人力资源和社会保障、市场监督管理。上述五个管理领域案件占比较高，2019年判决的案件数占到判决类案件总数的80.78%，败诉案件数占败诉案件总数的80.94%；2018年上述五类案件占到判决类案件总数的79.46%，败诉案件数占败诉案件总数的76.65%。而其他领域相对分散且数量不大。

二是从败诉机关层级来看，败诉行政机关相对集中。败诉案件主要集中

在县级政府及其职能部门，县一级政府败诉案件较多且败诉率较高。2019年，一审案件中被告主体为省政府的有63件，占比0.61%，败诉3件，败诉占比为4.76%；地级市政府267件，占比2.59%，败诉117件，败诉占比为43.82%，同比上升1.08个百分点；县级政府（含区、管委会）4355件，占比42.31%，败诉2854件，败诉占比为65.53%；乡镇级政府841件，占比8.17%，败诉649件，败诉占比为77.17%；街道办事处（含村委会）268件，占比2.60%，败诉222件，败诉占比为82.84%；涉及政府职能部门（主要是县一级政府）的4499件，占比43.71%，败诉2247件，败诉占比为49.94%。2018年情况也类似。由此可见，县一级政府对行政机关败诉率影响较大。

三是从败诉具体原因来看，败诉原因相对集中。行政行为败诉的原因主要有12种。从2018年行政一审败诉原因看，主要集中在以下四种，四项共占败诉案件的79.29%：①“行政行为违反程序规定”的有1523件，占全部败诉案件的29.84%；②“行政行为主要证据不足”的有1278件，占比25.04%；③“被告不履行法定职责”的有907件，占比17.77%；④“行政行为超越职权”的有339件，占比6.64%。2019年，败诉原因在前四位的仍然是上述四种（占比77.47%）：①“行政行为违反程序规定”的有1798件，占全部败诉案件的29.51%；②“行政行为主要证据不足”的有1653件，占比27.13%；③“被告不履行法定职责”的有681件，占比11.18%；④“行政行为超越职权”的有588件，占比9.65%。

四是从败诉行政行为性质来看，败诉行政行为性质相对集中。在21个行政行为性质大类中，2019年有10类案件的败诉率超过50%，2018年有9类案件败诉率超过50%，两个年度败诉率均超过50%以上的有6个。2019年、2018年败诉率均超过50%的分别为：行政事实行为（86.25%、86.23%）、行政强制执行（78.15%、84.12%）、行政登记（74.26%、66.02%）、行政征缴（64.52%、60.71%）、行政裁决（52.36%、55.26%）、行政规划（56.52%、57.14%）。

三、重点领域败诉的主要表现及动向

考虑到行政行为的广泛性、复杂性及单个的偶发性的案件对行政机关败

诉率影响不大，本次调研重点围绕案件基数多、败诉率高、败诉增幅大等核心要素，筛选出主要案件涉及的行政管理，就存在的突出问题进行分析。

（一）住房和城乡建设、自然资源管理领域

住房和城乡建设、自然资源管理领域是行政机关败诉较为集中的领域，两个领域案件类型相似，多与征收拆迁有关，主要涉及国有土地上房屋征收案件、农村集体土地征收案件、集体土地地上附着物的清点、拆除、赔偿；农村土地权属登记、强占土地、国有土地出让、违章建筑的认定与清除，加上行政机关与人民群众之间信息不透明，当事人多以提出确认强占土地违法、确认强拆房屋违法、要求行政赔偿、要求履行职责、政府信息公开等诉求来维护权益。

1. 国有土地上房屋征收案件。涉及国有土地上房屋征收案件类型主要包括：强制拆除房屋行为、房屋征收决定、征收补偿决定、补偿协议等。由于案件类型不同，败诉原因各有不同。

一是强制拆除房屋行为。在国有土地房屋征收过程中产生的纠纷，最终当事人均会对强拆房屋行为提起行政诉讼和行政赔偿诉讼，这也是解决征迁纠纷的最终司法途径。国有土地上房屋的强制拆除主要集中在地级市各区和一些县（市）的老城区改造项目。这类案件行政机关败诉的主要原因是超越职权和程序违法。根据《国有土地上房屋征收与补偿条例》《行政强制法》等相关法律法规规定，行政机关在国有房屋征收过程中，对房屋是没有强制拆除的权力的。最高人民法院 2012 年下发的《关于办理申请人民法院强制执行国有土地上房屋征收补偿决定案件若干问题的规定》作出了“行政机关申请强制执行、人民法院审查作出裁定，由市县政府组织实施，也可以由法院执行”的程序安排，但实践中“裁执分离模式”没有普遍建立，不少地方行政机关没有申请法院强制执行，均是自行拆除，这是超越职权的行为。在强制拆除过程中，有的没有按照《行政强制法》的规定对建筑物内物品制作清单，进行登记保全或者公证等法定程序，很多拆除行为甚至在夜间进行，对相对人屋内物品集中一堆了之，与被拆迁户不进行交接，造成不必要的拆除损失。

二是房屋征收决定案件。两年来共审结 1643 件，其中判决行政机关败诉 658 件。该类案件行政机关败诉原因主要有：（1）把国有土地和集体土地混在一起，在一个征收决定中进行征收；（2）集体土地和国有土地权属不明；

（3）征收房屋的建设活动不符合国民经济和社会发展规划、土地利用总体规划、城乡规划和专项规划以及国民经济和社会发展年度计划；（4）征收补偿安置方案没有征求被征收人的意见；（5）征收补偿费用没有足额到位。

三是征收补偿决定案件。共审结征收补偿决定案件 1168 件，判决被告败诉 464 件。此类案件系列案件较多，如某市因一峰广场拆迁引发的张某等 10 人提起的系列案件。张某等 10 人先后对征收补偿决定、强制拆除行为、行政赔偿案件提起诉讼，前后形成了 30 个行政案件，行政机关均败诉。因周口市某区棚户改造项目引发的彭某等 12 户提起的系列案件，征收补偿决定均被法院判决撤销。这类案件行政机关败诉的主要原因在于：（1）评估机构选择程序违法，在通知被征收人协商选定评估机构之前政府已单方选定好评估机构。如郑某等 8 人诉某县人民政府房屋征收补偿决定系列案①，尉氏县政府在征收过程中，规避被征收人选定评估机构，直接委托以往其他征收过程中选定的评估机构进行评估，程序严重违法，被判决撤销。（2）简化评估程序。关某等 9 人诉某市人民政府房屋征收补偿决定纠纷系列案②，某市政府简化评估程序，以评估表代替分户评估报告。（3）评估方法错误，利用成本法进行评估，评估后的价格远低于市场价值，甚至远低于政府最低补偿价格，使评估流于形式，被征收人意见很大。（4）评估报告未有效合法送达，没有向相对人告知对评估结果有异议的救济途径。（5）补偿决定剥夺被征收人选择产权调换的权利，而是直接确定货币补偿。

四是补偿协议案件。两年共审结 1242 件，判决被告败诉 553 件。涉及案件主要是要求被告履行行政协议约定的义务，或是要求被告履行其他赔偿或补偿义务。这类案件，被告败诉的主要原因有：（1）被告明确表示不履行协议约定义务。（2）被告未完全履行协议约定义务。（3）协议约定过于简单，政府作不利于被征收人的解释。如高某等人诉许昌市某区人民政府、许昌市某区房屋征收管理中心（原许昌市某区建设动迁服务中心）行政协议纠纷 22 案③，政府方明确承认安置房违反规划、不符合协议约定交房标准，导致纠纷十余年未解决。还有的被征收人按照政府要求签订了协议，多年后拿到的

---

① 河南省高级人民法院（2019）豫行终 3085 号。

② 河南省高级人民法院（2019）豫行终 1542 号。

③ 河南省高级人民法院（2019）豫行终 3509 号。

安置房却没有任何法律手续，无法办理房屋所有权证，属于“黑户”房，引发新的诉讼。如张某等人诉郑州市某区人民政府解除行政协议30案[①]反映的就是这类情况。如陈某等15名原告诉某县人民政府要求支付补偿款案，被告和陈某等人最初签订了安置补偿协议，对15名原告商铺进行同等位置置换。但拆迁完成后，原地建成了商场，政府与商场开发商没有达成相关协议，政府明确向被征收商户表明不再进行房屋置换安置而是进行货币补偿，但对具体补偿金额达不成协议。政府就动员15名原告通过法律途径解决，起诉后，原告和被告共同选择评估机构进行了评估，双方也同意按照该评估价格进行补偿，但政府机关由于各方面的原因，不愿意以重新签订协议的方式进行补偿，坚持法院判决以后进行补偿。

2. 集体土地征收案件（资源类）。近年来进行的棚户区改造、城中村改造、合村并城建设等，大多是在集体土地上（城市郊区土地为主）进行的，所以大量征收拆迁案件，是以集体土地征收的形式出现，集体土地征收败诉案件占到征迁类败诉案件总数的8.03%。按照现行土地管理法律和政策，政府征收集体土地每亩补偿往往在几万元，而征收后政府挂牌出让土地每亩达到几百万甚至几千万元，有的相差百倍以上，被征收农户认为补偿标准低而提起的诉讼较多。比如郑州市某甲区、某乙区城郊村庄拆迁改造引发的案件，背后的原因基本上都是补偿不公平所致，这与郑州市这几年城市发展框架拉大，地价增值巨大有关。主要案件类型包括：一是强制拆除集体土地上房屋或者其他地上附属物行为。同国有土地上房屋征收案件一样，这类案件行政机关败诉原因主要表现在超越职权和程序违法。（1）超越职权。依据2019年修订的《土地管理法》的规定，征收集体土地需要省级人民政府或者是国务院的批准。实践中，不少集体土地特别是进行所谓棚户区改造的集体土地并没有被省政府或者国务院批准征收，在协商不成的情况下，行政机关对地上附着物强制拆除超越职权。（2）程序违法。有的径直将政府单方确定的补偿款打入被征收人账户，有的甚至没有任何补偿，以拆除违建的名义进行拆除。在强制拆除过程中，不对屋内物品或者其他地上附属物制作物品清单，进行登记保全。诸如周口中院受理的被告为河南周口某区管理委员会的强制拆除案件，由于该管委会所管辖区域是城市郊区，很多土地仍然是集体土地，该

① 河南省高级人民法院（2018）豫行终3049号。

管委会在棚户区改造过程中，便存在上述违法情况。二是集体土地征收中以征收公告代替征收决定类案件。这类案件政府败诉的主要原因是征收集体土地没有省政府或者国务院的批准文件。如柴某等 10 人诉某县人民政府集体土地征收公告案，某县政府收到法院送达的原告起诉状后，意识到自身存在明显违法之处，主动撤销了涉案征收公告。

3. 违建房屋拆除案件。各地在加大旧城改造的同时，对“两违”建设打击力度在逐步提高，拆除违章建筑行为往往伴随着房屋征收拆迁进行，这也造成了两年来涉及违建房屋拆除类案件大幅增长。在很多房屋强拆案件中，行政机关解释强拆的原因是房屋系违章建筑，有的没有提供任何依据，但更多的是提供了没有被拆迁人签字的限期拆除决定、强制执行决定、搬迁通知书等文书。

一是强制拆除房屋案件。①以拆违之名行征收之实。如某县人民政府进行的某县将军路土地征迁项目，涉诉案件有李某等 13 户人家，这些原告均没有与政府达成补偿协议。原告被强拆的房屋均是村内原有住宅，原告已居住使用多年，但原告没有办理相关土地使用和房屋建设相关审批手续。原告在自家老宅基地上建房居住已经十几年之久，由于历史以及行政机关不作为等诸多原因造成原告所在村庄普遍没有申领建设工程规划许可证，针对这种客观情况，不能把没有申请建设工程规划许可证的建筑都认定成违章建筑，这与国情、法律及行政机关的执法目的都是相违背的。拆除违章建筑的目的是对破坏城乡规划行为的处罚，对建筑所使用的土地则不能被收回，而在这十几件系列案中房屋被拆除后原告所使用的土地在事实上已被征收。鉴于此，法院没有认可某县政府辩称的原告房屋系违法建筑的理由，对其提供的限期拆除决定书和强制执行决定书，最终判决撤销。②拆除违章建筑物程序违法。主要表现在：没有作出限期拆除决定，没有作出强制执行决定，没有进行催告，没有告知陈述申辩权，强拆时没有对室内物品进行清点、登记、留存视频资料，有的在当事人法定起诉期限内进行强拆，有的在夜里强拆，有的采用粗暴破坏式方式进行拆除。其中某市人民政府进行长虹运河改造项目涉及的强制拆除案就是其中的典型。2018 年某市人民政府决定长虹运河及两岸建筑的治理工作，涉及近三千户房屋的拆除。某市人民政府对所有长虹运河两岸房屋均认定为违章建筑。2019 年 3 月 18 日，某市人民政府作出《关于清除长虹运河河道两侧内侵占河道违法占地和违章建筑的通告》并进行张贴，之后一个星期内，在没有做出任何限期拆除决定、强制拆除决定的情况下，组织长虹运河所在乡镇政府、国土局、水利局等多家单位，进行大规模运动式强制拆除，一个星期之内两岸房屋被全部强制拆除。这一系列案件就将当地行政机关的败诉率提高了十几个百分点。

二是限期拆除决定和强制执行决定案件。这类案件的来源多是被拆迁人在起诉强拆房屋行为案件中，被告提供了限期拆除决定和强制执行决定，但是原告均不承认收到相关法律文书，文书上均显示送达人拒签，没有送达视频或者照片。这类案件行政机关的主要败诉原因有：（1）认定违章建筑的主要证据不足，把不应当认定为违章建筑的认定为违章建筑（如村民长期使用的唯一的住宅）。（2）没有区分违法建筑是否符合城乡规划（符合规划的可以责令补办相关手续），一律作出限期拆除的决定。（3）法律文书没有合法有效送达，甚至有的文书事实上就没有进行送达。（4）超越职权，部分县市城市管理局作出限期拆除决定，但其集中处罚权并没有经过省级人民政府的批准，其不具有城乡规划方面的处罚权。（5）限期拆除决定仍在起诉期限内，就作出强制执行决定。

4. 涉及征收拆迁方面的政府信息公开案件。由于涉及征收拆迁当事人大多数都是聘请的北京、上海等大城市律师事务所的律师，这些律师在诉讼中形成了相对固定的模式，就是先申请政府信息公开，然后根据获得的相关信息进行下一步打算。一旦政府没有答复或者答复明显存在问题，就提起信息公开诉讼。所以这两年来法院受理的政府信息公开案件逐渐增多，案件数量为 1737 件，行政机关败诉 783 件，百分之九十以上是因征收拆迁案件引发。行政机关败诉的主要原因是：对原告的政府信息公开申请不闻不问，甚至拒绝承认收到过申请。有不少信息公开案件，行政机关很容易答复的，但就是不作为，不答复；有的接到行政起诉状以后才进行答复，经过法院做工作有的原告撤诉，但有的却坚持起诉，法院根据法律规定只能判决确认政府不答复行为违法。有的行政机关对原告申请政府信息公开的答复不完整，答复内容与申请不符，有的推卸答复职责，把本应该自己答复的职责推到其他机关等。

（二）涉公安机关管理领域

涉及公安机关管理领域的案件类型是治安处罚、强制隔离戒毒、要求履行职责三类案件。治安处罚类案件公安机关执法相对规范，败诉率较低，而强制隔离戒毒类、要求履行职责类案件败诉率较高。

1. 治安处罚类。除了传统的打架斗殴等类型外，查处“黑出租”“黑摩的”、吊销驾驶证、因为违章不予年检、落实重污染响应机制扣押违法从事装卸运输活动的车辆等引发的行政争议有上升趋势。主要败诉原因有：一是治安处罚案件案情没有查清，一些纠纷现场没有其他在场人，公安机关无法及时固定证据并真实还原纠纷的全过程，公安机关为追求办理案件的社会效果，综合考虑案情作出处罚决定，造成个案认定事实的证据不扎实，处罚失当，尤其是对一些打架、伤害等治安处罚上，有时存在对涉案双方各打五十板的现象。二是重实体、轻程序，未严格按照治安管理处罚法规定的办案期限办结案件，因超期作出行政处罚决定，虽然实体上并无不当，但仍然被确认违法；吊销驾驶证送达程序违法，没有采取直接送达或邮寄送达方式，直接公告送达；将查处超载的陈述申辩告知书和处罚决定书一并邮寄被处罚人，剥夺当事人的陈述申辩权；履行职责时不告知身份，没有按照执法人员不得少于两人的规定去调查；听证不是由“非本案调查人员之外”的内部人员主持而是由律师主持。

2. 强制隔离戒毒类。两年共审结112件，其中周口地区74件，郑州法院受理的部分案件多是原告在郑州接受强制戒毒期间“以被限制人身自由地”作为管辖法院、以周口公安机关为被告提起的诉讼。原告多是有吸毒史的农村户口的“80后”“90后”，这与周口沈丘、项城等地作为贩毒吸毒高发地有较大关系。主要败诉原因包括：一是公安机关作出强制隔离戒毒决定时，并未核实强制对象是否已经被认定为吸毒成瘾人员，或吸毒成瘾认定书这一关键证据存在明显违法情形（无印章、认定人员无资质），因缺乏关键证据，强制决定被法院判决撤销。二是违反公安机关内部规定的“吸毒”认定标准。河南省公安厅印发的《河南省公安机关办理吸毒案件若干问题的指导意见》中第一条“吸毒案件的证据规则”中阐述，吸毒案件“孤证定案”的特殊情形仅适用于吸食甲基苯丙胺的违法行为人，而公安机关仅凭相对人尿检呈阳性就认定相对人吸毒并作出强制决定，与上述规定精神相悖，强制决定被法院判决撤销。三是没有证据证明符合“拒绝接受社区戒毒的”这一前提条件，而决定强制戒毒。

3. 不履行或者拖延履行法定职责类。这种情况基本上全部集中于征收拆迁中，当事人为取得拆迁或被强拆的有关证据，即使当事人明知被谁拆除，也要求公安机关履行法定职责进行查处，从而取得公安机关的证据作为佐证，进而支持其在征收拆迁中确认违法或附带赔偿的利益诉求，而在此类案件中，公安机关出于种种原因，往往是拖延履行或不予履行，直至被诉才有可能作出《不予调查处理告知书》等，告知“属于征收拆迁行为，不属于公安机关受案范围”，被确认没有在法定期限内履行法定职责违法或认定为迟延履行职责，由于涉公安案件基数大，此类案件相对而言对公安机关败诉率影响有限。

（三）涉人力资源和社会保障行政管理领域

此类案件关系人民群众切身利益，故而形成纷争导致诉讼的案件较多，在所有行政案件数量上一直排在前五。2018 年以判决方式结案 951 件，败诉 465 件，败诉率 48.90%；2019 年已判决方式结案 700 件，败诉 320 件，败诉率 45.71%，败诉率及案件数略有下降但仍处于高位。案件的发生多以零星的个案为主，且受政策及外力影响较小，案件数量及败诉率下降一定程度上体现了行政机关依法行政意识的提高。败诉案件类型主要集中在工龄界定、工伤认定及不履行待遇给付职责等方面。

1. 关于工龄界定问题。第一，劳动者本人招工档案与其自身持有的身份证年龄不一致，多数是招工年龄比身份证年龄偏小，要求按身份证年龄办理退休手续；少数是招工年龄比身份证年龄偏大，要求延迟办理退休手续。此类案件一般处理原则依照人社部和河南省人社厅的相关规定，以其原始档案首次填写登记的年龄为准。但诉讼中，常出现原告初始档案年龄登记被修改的情况，而人社部门往往不做深入调查，简单处理，致使形成讼争。如原告苏某某诉淇县人社局案，人社局认定其招工表登记年龄为 1969 年（有明显涂改痕迹），未达到国家法定退休年龄而不予办理事项决定显然事实不清，法院判决责令人社局重新作出具体行政行为。第二，对工龄是否应连续计算或特殊工种认定与计算上存在问题。如李某某诉鹤壁市人社局劳动保障行政管理案，被告认为李某某职工人事档案中记载的“乡政府反沙厂”与其招工单位鹤壁市石林铸造厂并非同一单位，故对李某某主张的其在反沙厂的工作经历不认同为工龄。法院在审理此案中调查发现，根据相应证据足以认定“乡政府反沙厂”与鹤壁市石林铸造厂系同一单位，对李某某在反沙厂的工作时间应合并计算为工作年限。鹤壁市人社局在李某某对其工龄认定提出异议后，有义务对其异议进行调查，但其未尽审核义务，显属不当。

2. 关于工伤认定问题。问题主要集中在对工作时间、工作场所、上下班途中以及“在工作时间和工作岗位，突发疾病死亡或者48小时内经抢救无效死亡的”等规定的认识理解上。如上班期间身体明显不适、回家休息后猝死；在家加班期间死亡等，行政机关在认定工伤时存在明显的本位主义倾向：对投保人员，由于工伤待遇需要由当地工伤保险基金支付，认定时标准把握偏严和保守，倾向于不予认定；而对没有投保人员，由于工伤待遇由职工所在企业支付，认定时把握从宽。最为典型的是，三门峡某养老和社会保险中心，由于原告身份证年龄和档案年龄不一致，在认定退休年龄时根据档案记载年龄不为原告办理退休手续；而在认定是否构成工伤时，又依据身份证年龄认定原告达到退休年龄，不应享受工伤保险待遇。①在“工作场所”的认定上，片面强调工作场所就是所在单位所在岗位。在原告陈某（系工亡人亲属）诉信阳市人力资源和社会保障局、息县华联超市工伤认定一案中，信阳市人社局认定陈义工作岗位为息县华联超市二楼，将陈义卸货、补货的场所排除在其工作岗位之外，据此不予认定工亡。法院认为这种认定不符合《工伤保险条例》保护劳动者合法权益的立法本意，据此撤销了被诉行政行为及复议决定，责令限期重新作出工伤认定。②在“上下班途中”的理解上，人社部门把握的标准往往高于法律、法规规定。有的被告行政机关认为原告的实际下班时间属于早退，不属于上下班途中，故不予认定工伤，经法院审理后认为，即使受伤职工存在早退现象，但不足以说明其发生的事故不属于上下班途中的合理时间内，且该情形也并未被法律排除在认定工伤情形之外，据此责令限期重新作出工伤认定。③在工作时间的把握上，机械地认为只有在工作岗位上、规定的上班时间内才属于工作时间，对于“职工为了单位的利益，在家加班工作期间”，认为不属于工作时间。如王某某诉鹤壁市人社局工伤认定案。王某某丈夫刘某某在驻村扶贫攻坚期间感觉身体不适，在领导劝说下回家，回家后仍坚持通过微信工作群、电话等安排所驻村举办村运动会及贫困户年终慰问等工作至晚上10时许，突发心脏病抢救无效死亡。市人社部门以“不是工作时间，更不是工作场所”为由不予认定工伤。法院认为，刘某某作为驻村第一书记，加班从事驻村扶贫工作，应视为工作时间和工作岗位的延伸，应视同工伤。④对于工伤保险待遇的支付，只要职工在发生工伤时所在单位参加了工伤保险，医保部门就应当进行支付。但有的医保部门认为，由于工伤事故发生后用人单位破产或用人单位与职工解除劳动关系等原因，工伤保险停交，故对一次性工伤保险待遇不予支付；有的医保部门认为原告办理劳动能力鉴定的时间在停保之后，用人单位存在未依法缴纳职工社会保险费用情形，故对一次性工伤保险待遇不予支付。但职工发生工伤后，何时进行劳动能力鉴定，法律、法规并没有规定具体的期限，虽然原告进行劳动能力鉴定的时间发生在停保手续之后，但原告发生工伤时，与用人单位都处于正常参保缴费期，因此其参保期间发生的工伤，理应由医保部门从工伤保险基金中支付职工应享受的工伤待遇。

（四）市场监督管理领域

2019 年机构改革后，工商管理部门与市场监督部门合并，市场监督领域案件大幅增长，2018 年以判决方式结案 262 件，行政机关败诉 149 件，败诉率 56.87%；2019 年判决案件 423 件，行政机关败诉 287 件，行政机关败诉率 67.85%，作为传统的管理领域，如此高的败诉率远超预期。

市场监督管理领域败诉案件主要涉及以下类型：一是公司登记领域新发生大量的冒名设立登记、冒名变更登记案件。涉及公司冒名设立登记的主要在郑州市，某某区尤为突出，235 件此类案件当中郑州占到 194 件，在周口[①]、商丘[②]等地也有少量案件。原告以身份证曾经丢失（有的还曾报警）、从未进行过公司登记为由要求撤销公司登记行为，直到公司涉嫌违法犯罪或者涉诉，其被公安机关传唤方知名下登记有公司。而公司注册登记时的股东个人签名等经鉴定机构鉴定，结论为确非本人所签，法院据此判决而撤销公司登记。二是涉及食药领域投诉举报处理。这类诉讼的原告多是职业打假人，提起诉讼的理由主要是行政机关未在法定期限内履行查处职责、要求兑现举报奖励等。比较突出的是赵某，2018—2019 年，赵某先后以“永辉超市”“正道思达”等销售的“康师傅”方便面、“卤博士”等知名产品标签、说明书存在瑕疵等为由，向有关部门投诉，要求进行查处、公布查处情况、兑现举报奖励，由于行政机关没有在法定期间内查处、答复，或者认为不符合奖励条件等，先后提起 308 件行政诉讼，相当一部分案件是由于接受投诉的行政机关没有依法及时处理，而被判决败诉。

---

① 沈丘县人民法院（2018）豫 1624 行初 1 号、鹿邑县人民法院（2018）豫 1628 行初 46 号。

② 商丘市梁园区人民法院（2018）豫 1402 行初 12 号。

（五）生态环境行政管理领域

随着中央环保政策的日益趋紧，因环保执法而引起的败诉案件持续增多。2018 年此类案件以判决方式结案 136 件，败诉 75 件，败诉率 55.15%；2019 年以判决方式结案 170 件，败诉 81 件，败诉率 47.65%。案件主要涉及执行环保政策及生态保护区的治理，一些地方政府为完成上级布置的工作任务，采取一些运动式的执法和联合执法措施，违背法定程序和法律规定关停项目、撤回许可、越权执法，导致败诉案件增多。主要案件类型有：一是已经获得的行政许可尚未到期，行政相对人因为信赖利益产生的资金投入及产生的损失赔偿问题；二是在关停环保项目中的不当行为（如砸毁设备、生埋活禽等）产生的额外损失的赔偿问题；三是一些经当地政府审批的项目因形势发生变化被认定违法。如原告商城县某养殖有限责任公司因与被告某县人民政府、某某街道办事处关闭搬迁养猪场行政补偿决定行政争议一案中，原告经某县畜牧局批准同意建设养殖场，被市政府认定为“农业产业化市级重点龙头企业”，但随着环保执法力度的加大，当地以该企业污染为由责令关闭搬迁并不予补偿，因此引发诉讼，法院判决被告某县人民政府支付原告商城县某养殖有限责任公司关停补偿金三千余万元。

四、行政机关败诉行政案件原因分析

（一）个别地方党政领导法治意识不强

不少行政机关败诉，从表面看是具体的执法机关执法不当，但往深处挖掘，不难发现其根源在于作为“关键少数”的领导干部的法治观念和法治意识比较淡薄，“发展要上，法治要让”的观念长期存在，有的甚至认为讲法律、守程序会影响行政效率，影响重点项目的推进，影响地方经济发展。这一点，在对行政机关败诉率“贡献值”最大的强拆等群体性案件中表现得尤为突出。

一是重大决策不经过合法性论证。有的把改革发展和法治对立起来，认为法治束缚手脚、程序影响效率，或者虽然能够认识法治的重要性，但在发展经济的压力、改善城市面貌等“显绩”面前，法治被选择性忽略，导致在作出重大决策时，片面追求效率，不做合法性论证，因而决策失当，使执行决策的机关不得不违法执法。这样的情况，基本上出现在每个群体性案件之中。比较典型的是，某市政府在 2016 年 1 月印发了《某市林业生态建设工作实施方案的通知》（某政文〔2016〕18 号），要求三个月内高质量全面完成林业生态建设任务，并对完成情况验收考核，对落后单位予以通报批评。该市辖区各县（市、区）为了完成任务，基本上没有履行任何用地手续就开始工程建设。实际上，在 3 个月的时间内根本不可能履行完所有必要的手续，导致后期被占土地承包人起诉政府非法占地，法院判决政府败诉，直接引发行政诉讼 116 件，其中 98 件经法院协调原告撤诉，其余 18 件未撤诉的，法院判决行政机关败诉。这一点，还集中体现在各地出台的拆迁“土政策”上。2014 年，某省辖市政府出台了《某某市中心城区集体土地上房屋征收与补偿安置办法（试行）》（某政〔2014〕100 号），明确区政府（管委会）可以对集体土地上房屋作出征收决定，明显与《土地管理法》关于集体土地征收须报请省政府或国务院批准的强制性规定相违背，由此引发的集体土地征收行为被法院判决撤销或确认违法。比如郭某等 26 人诉某县人民政府征收决定一案，郭某等人拥有征收决定范围内的集体土地及地上房屋的使用权，在集体土地未经依法征收的情况下，该县人民政府直接作出被诉征收决定，没有法律依据，被法院判决撤销。另一省辖市政府也通过规范性文件的方式规定了集体土地上房屋征收与补偿安置办法，导致县（区）政府作出的集体土地上房屋征收、补偿决定被法院确认违法或撤销。

二是法律合用则用、不合用则弃的思维依然存在。有的平时办事不依法，出了问题时再想方设法找“法律依据”，甚至打着“法治”的旗号为违法越权行为背书。在城中村改造、旧城改造、棚户区改造、集体土地征收等项目推进过程中，这类问题比较突出。个别地方政府不经任何法律程序，直接组织人员或者支持“村委会”“居委会”、开发商组织不明身份人员在夜间突袭暴力拆除，老百姓报警，公安机关不出警；有的不顾强拆行为的严重违法性，对阻碍强拆的群众习惯动用拘留、甚至判处刑罚等手段，制造了新的社会矛盾；有的为了逼迫群众配合拆迁，以群众房屋土地缺乏城乡规划、土地档案资料不齐全等为由，打着拆除违法建筑的“法治”旗号进行强拆，不考虑历史因素和实际情况，因而被判决败诉。如高某等人诉漯河市某区城乡建设局强制拆除房屋案，被告以原告没有规划许可证为由强拆合法宅基地上房屋，被法院判决败诉；还有杨付居诉某县政府拆除房屋一案，政府以拆除违法建筑为由强拆民房，被人民法院确认违法。

三是故意规避法律责任和规定。1. 转移责任主体。按照法律规定，县一级政府是实施征收拆迁的法定主体，但目前普遍的情况是，县级政府转移责任，通过下达限期拆迁命令等方式，把强拆任务压给所在村委会、居委会、办事处、拆迁公司、开发商甚至个人，自己退居幕后指挥。如王某诉平顶山市某区政府强制拆除其位于平顶山市某区李庄新村的房屋的行为违法一案，生效的平顶山市某区法院（2018）豫0402刑初161号刑事判决韩某犯故意损害他人财物罪有期徒刑。该刑事判决认定韩某在王某尚未签订同意拆迁协议，且无任何机构授权的情况下强行拆除了王某的房屋的事实，违反常识常情常理。还有某公司诉郑州市某区管委会、某市城乡规划局、某某街道办事处强制拆迁及赔偿一案，某某街道办事处薛岗村民委员会分别为薛某、王某文、王某军、许某出具委托书，委托上述四人对魏河以北107辅道以西、薛岗村土地上河南中原农优市场内的违章建筑进行拆除，在拆除当中产生的纠纷，由某某办事处、薛岗村两委共同解决承担。发生纠纷后，被告之间互相推脱，不承担拆除责任。法院经过审理，判决某区管委会依法承担责任。2. 掩盖违法意图。有的打着“村民自治”的旗号规避对集体土地的法定征收，一律收回所有村民的全部宅基地用于出让，损害土地基本制度和村民合法权益；有的以村委会转实业公司为借口，通过召开股东大会等形式变相收回村民土地和房屋。如王某诉平顶山市湛河区马庄街道办事处马庄村村民委员会收回集体土地使用权决定系列案①，村委会通过收回集体土地方式逼迫老百姓拆迁。侯某诉平顶山市湛河区南环路办事处牛庄村民委员会限期拆除建筑物通知系列案②，村委会超越职权对被拆迁人下达限期拆除通知进行逼迁。3. 限制依法维权。在一些拆迁案件中，有的行政机关让被拆迁人签订空白格式协议，不允许修改协议条款；有的在协议签订后，以需要审核盖章为由将协议收走，产生纠纷后当事人只有提起信息公开之诉才能获得协议文本。在司某、耿某等人诉郑州某区管委会信息公开系列案③中，被告即采取这一模式，当事人提起诉讼后，人民法院判决该管委会公开原告自己签订的安置补偿协议，增加了不必要的诉讼。

---

① 平顶山市中级人民法院（2019）豫04行终248号。

② 平顶山市湛河区人民法院（2019）豫0411行初60号。

③ 河南省高级人民法院（2019）豫行终1123号。

（二）关键领域法律法规供给不足

征地拆迁领域败诉率长期居高不下与法律供给不足有很大关系。因我国现行土地房屋征收尤其是城中村改造及集体土地征收过程中涉及的法律关系复杂、制度设计不完善，法律理解分歧较大，各地自行设计的安置补偿待遇差距较大，加上房地产价格波动加大，导致行政机关在此类案件中败诉数量较多。

（三）对行政争议实质化解重视不够

依法及时彻底解决行政争议是法治政府的应有之义，也是责任政府的具体体现。由于行政审判的特点和司法手段的有限性，法院在审判中须严守不告不理原则，只能基于当事人的诉讼请求作出确认违法、责令履行义务、撤销行政行为、重新作出具体行政行为等判决。行政争议能否根本解决，还要依赖于判决后行政机关的行为。在较为复杂的涉及房地产权属、拆迁补偿等案件中，当事人为了实现诉讼目的，往往需要提起多个诉讼，形成“连环案”“案中案”“系列案”。有的纠纷并不适宜采取判决的方式解决，如一些地方由于历史因素，统一没有给职工缴纳养老保险的案件，一旦判决败诉，将会引发数千人跟着起诉。因此，基于彻底化解行政争议、减轻当事人诉累、节约诉讼成本的考虑，法院倾向于通过协调、调解等方式一揽子解决问题。但行政机关普遍存在着等判听判的思想，甚至不考虑自身行为是否合法合理，执意把法律程序走完。对于诉讼过程中人民法院组织的调解、协调等工作，有的心存排斥，不愿配合。在杨某诉某县政府行政强制及赔偿一案中，因政府强拆砖窑厂引发原告杨某提起赔偿行政诉讼，在双方当事人申请再审期间，省法院的院领导、行政庭长、承办人等多次赴该地协调解决赔偿问题，该地市政府、县政府不愿意配合法院工作，导致协调无果。据分析，行政机关不愿意协调的原因主要有三个：一是诉讼策略。意图通过旷日持久的官司，让当事人感到等不起、耗不起，主动降低诉求。这种做法往往适得其反，使矛盾更加激化。二是转移矛盾。把案件交由法院处理，矛盾自然聚焦到法院；或者案件拖个三两年，自己调走了，交给下一任领导解决。三是缺乏担当。担心一旦参与协调调解，则协调调解结果不可避免含有个人意志，有可能会惹上失职渎职、徇私舞弊的嫌疑，担心事后被有关机关追责，而由法院判决，无论法院怎样判决，个人无须承担责任。

（四）个别地方政府诚信意识缺失

政府守信践诺是社会诚信建设的重要基石。2003 年实施的《行政许可法》将政府诚信确立为一项重要的法治原则。2016 年 11 月发布的《中共中央国务院关于完善产权保护制度依法保护产权的意见》明确要求，要完善政府守信践诺机制，严格兑现向社会及行政相对人依法作出的政策承诺，认真履行在招商引资、政府与社会资本合作等活动中与投资主体依法签订的各类合同。从司法实践来看，因为政府不守诚信而引发的案件保持上升态势。2018 年，河南省法院共审结行政协议案件 655 件，行政机关败诉率达 41.98%；2019 年审结此类案件 587 件，行政机关败诉率达 47.36%。行政机关违反诚实信用原则的主要表现有：1. 在一些政府和社会资本合作（PPP）项目中，一些地方政府草率签约、随意违约；随意改变行政协议条件或者违背协议约定，损害相对人利益，如某公司诉某省辖市人民政府、某区人民政府不履行行政允诺及行政补偿案。2. 违法承诺企业或个人使用土地，待企业或个人使用土地实施建设后，又以不具有使用土地的资格为由收回土地使用权。3. 为招商引资，违法许诺减少土地出让金或者减免税收或者先建后批等，而后又因领导更换为由不履行承诺，如某公司诉某县人民政府解除行政协议争议一案，因协议签订前后领导更换导致协议无法继续履行。4. 以原来的承诺不符合法律规定为由追究企业的法律责任，如李某诉某区政府履行协议案例等。此类案件总量不大，但争议标的额动辄几千万上亿，产生的社会影响很大，如某公司诉某县人民政府行政协议纠纷一案，要求县政府赔偿的数额高达 3 个多亿。行政机关一旦败诉，国家不仅将承担巨额赔偿责任，也不利于营造公平透明、可预期的营商环境，而且对地方政府的形象也会造成不可估量的负面影响。

（五）个别执法人员素质不高

在司法实践中发现，一些基层行政机关执法水平不高，主要表现为：一是缺乏正当程序意识。在限制或剥夺当事人利益的时候，不听取当事人意见。二是执法程序不规范。比如采取强制措施时不表明身份；在无扣押手续的情况下强制扣押物品，或者不制作扣押物品清单等。三是适用法律水平低。有的基层执法人员对法律的基本规定知之甚少，执法中面临法律冲突时也不会正确选择适用法律，导致执法决定被认定违法或撤销。如王某郑州市某区某街道办事处扣押车辆及烤炉案、申某诉郑州市公安局交通警察支队第一大队行政处罚案、朱某等人诉某县田庄乡人民政府行政处罚案等。还有的在产业调整、大气污染治理、生态环境治理等行政管理目标实施过程中，往往一纸通知将正在生产的企业予以强制关闭关停，对企业损失不做任何补偿。比如某防水材料厂等4家被关闭企业诉某市人民政府关闭决定系列案，某市政府为完成大气污染防治任务，未履行任何法律手续，径行作出关闭决定引发诉讼，后被人民法院判决撤销。

（六）行政机关内部纠错机制失灵

1. 行政机关不愿自我纠错。对于一些明显错误的违法行政行为，特别是纠错可能面临赔偿或者涉及重大利益冲突的案件，尽管行政相对人多次提出投诉，人民法院在诉讼环节反复督促，但行政机关为了避免责任追究或者转移矛盾，拒不依法纠正，执意由人民法院依法判决。如李某诉某县民政局一案，第三人冒用原告身份信息并以原告的姓名进行婚姻登记，安阳县民政局在办理婚姻登记时没有及时查明，导致原告在婚姻登记机关出现三次婚姻登记、有两位丈夫，但安阳县民政局拒不纠正错误颁证行为。2. 行政复议作用没有充分发挥。修订后的《行政诉讼法》规定，当事人不服行政行为向上一级行政机关申请复议的，对复议机关维持原行政行为的决定仍不服提起诉讼的，复议机关和作出原行政行为的行政机关是共同被告。修法的目的在于，督促复议机关发挥自身优势，促进行政争议内部化解。但从实践看，实现这一目标仍然任重道远。2019年，河南省法院共受理复议机关作为被告的案件5316件，占一审行政案件总数的24.1%；其中以判决方式结案的850件，复议机关败诉279件，败诉率达32.82%，仍然处于较高水平。不仅如此，在诉讼过程中，一些复议机关负责人基本不出庭，导致对下监督指导的针对性不强，复议效果不理想，形成越是复议过的案件矛盾越大、诉讼越多的“非良性循环”。另外，复议机关配合人民法院做好协调调解工作的积极性不高，复议机关解决问题、化解矛盾的功能趋于萎缩，“复议程序空转问题”比较突出。

（七）行政机关对应诉工作不重视

1. 负责人不认真履行出庭应诉义务。修改后的行政诉讼法明确规定行政机关负责人应当出庭，不能出庭的应当委托至少一名行政机关工作人员出庭。实践中发现，“告官不见官、出庭不出声、出错不道歉”的现象比较普遍，约束机制不健全。有的行政机关负责人“出庭不出声”、从头坐到尾；有的“出声不出彩”，甚至言语不当、激化矛盾；有的既不出庭，也不向法院出具不能出庭的说明，引起当事人不满；有的只委托律师出庭，不符合规定，被法院建议依法处理。比如河南高院审理的某公司诉某省辖市人民政府企业改制房产土地过户通知一案，在本案二审开庭时，被上诉人某省辖市人民政府负责人和相应的工作人员均未出庭，仅委托律师出庭，不符合《行政诉讼法》第三条第三款的规定。为此，河南高院向河南省人民政府发送司法建议，建议对省辖某市人民政府相关责任人员进行处理。另外，行政机关负责人出庭应诉存在形式化问题。行政机关负责人往往选择一些案情简单、当事人矛盾较小、行政机关胜诉可能性大的案件出庭应诉，或者为了完成考核、检查任务才出庭应诉，出庭的形式意义大于实质意义，难以真正起到促进行政争议解决和矛盾纠纷化解的作用。2. 出庭人员不负责任。有的不按时到庭，迟到严重，被直接缺席判决。如张某诉某县住房和城乡建设局、某镇人民政府强制拆除一案，一审开庭时，被告某县住房和城乡建设局经合法传唤未到庭，缺席判决被告败诉。还有的应诉人员缺乏基本的素质，不了解案件情况，庭前不做准备工作，开庭过程中对相关问题一问三不知，敷衍塞责，导致案件败诉。在多个行政机关均为被告的诉讼中，相互推诿责任，不愿承担举证责任。

（八）政府机构改革中工作衔接不畅

2018 年 2 月，中央做出了《关于深化党和国家机构改革的决定》，根据中央《深化党和国家机构改革方案》，2019 年 3 月底之前完成地方机构改革任务。在管理范围调整、机构优化合并、人员调整岗位过程中，由于职责划分不够清楚，新旧人员没有做好工作衔接，加上有的人员对新业务不够熟悉，对行政机关执法及应诉工作带来了一定影响。尤其是机构改革调整初期，对于之前的案件，有些行政机关不知道该由哪个部门出庭应诉；有些新整合的部门对新的业务完全没有了解便仓促应诉；有的行政机关档案未能及时整合，导致一些行政机关出庭应诉却提供不出相关证据材料；还有一些地市政府将诉讼事务委托司法局的工作人员办理，而这些人员缺乏管理领域业务知识，对行政争议不清楚或者了解不够，影响了复议和诉讼实质性解决行政争议功能的发挥。

五、提高行政执法水平、降低败诉率的意见建议

根据河南省行政诉讼案件的分析，就进一步提高依法行政水平，降低行政诉讼败诉率，促进法治政府建设，提出如下建议：

（一）行政机关注重提升内功——建立完善有效防范纠正违法行政行为的工作机制

一是树立法治思维，坚持依法行政。行政机关及其工作人员是实施法律的主体，应当带头执法，深刻认识到法律方法能够更有效地避免恣意和错误，有利于更好构建公平、稳定的社会秩序，促进经济与社会可持续发展。特别是各级领导干部应牢固树立“法治是最好的营商环境”“法治是最有效的社会治理模式”的理念，自觉运用法治思维和法治方式深化改革、推动发展、化解矛盾、维护稳定，在法治轨道内平衡公共利益和人民群众合法权益的关系，把依法治理与推进城市化建设、改善人居环境、促进地方发展结合起来，做到依法决策、依法管理。行政执法人员要树立以人民为中心的发展思想，恪守依法行政、合理行政、程序正当的行政法治原则，严格按照法律标准和程序用权，做到“法无授权不可为，法定职责必须为”。

二是注重源头治理，减少涉诉案件。根据涉诉案件情况及影响力的大小，重点要抓好以下三点。第一，加强对规范性文件的合法性审查。随着全面依法治国方略的深入推进和地方立法权的下放，地方规范性文件更多地承担着“承天接地”的功能，成为行政执法援引的直接依据。对此，行政机关应当更加慎重制定规范性文件，健全“前置审查、制定规范、事后备案、定期评估及适时修改”程序，防止与上位法、同位法冲突或者自相矛盾。《行政诉讼法》赋予人民法院附带审查规章以下规范性文件的职责，并依法决定在具体行政案件中是否适用。对人民法院在行政诉讼中不予适用的规范性文件，行政机关要及时报有权机关处理。第二，加强对重大决策的合法性评估。在征收拆迁、环境保护、社会保障等涉及民生利益的重大决策作出前，切实履行公众参与、专家论证、风险评估、合法性审查和集体讨论决定的规范程序，尤其要注意征求高校专家、司法机关、政府法制部门、法律顾问等的意见建议，开展合法性、合理性、适当性论证，防止由于决策违法、失当，使执法机关不得不违法。如拟进行征收之前就做好方案和预案，并对各项程序的进

展时间做出详细规划，预案做好时间进程表，程序性事项提前进行，避免后期因时间预算不足导致程序确失、主要行为依据不足；在确定重大工程施工期限时，给执法部门预留必要、合理的动迁期限；在招商引资过程中，依法办事、审慎承诺、诚信履行，不违反法律的规定“允许项目先上马，后审批办证”。同时，未雨绸缪地将政策性风险纳入合同免责条款范围，将其纳入商业投资风险范畴，降低行政机关可能面临的不确定性风险。第三，加强对信赖利益的全方位保护。对国有资产出让、招商引资等过程中作出的行政承诺或签订的行政协议，除法律政策调整等不可抗拒因素外，不因政府换届、领导更替、土地价格上涨等因素擅自变更或拒不履行承诺或协议内容。因法律政策调整、环境保护等法定事由，需要收回行政许可、改变政府承诺或者协议约定的，依法做好法律政策说明、协议解除变更、依法补偿等善后工作，切实保护行政相对人信赖利益。

三是规范执法行为，遏制行政违法。第一，把好事实认定关。对行政违法事实要明确违法的具体细节、损害程度及危害后果；对行政裁决事实要抓住双方的争议焦点，有针对性地探求争议背后的事实现状；对行政征收事实要准确地把握征收的范围、数量、具体面积及被征收人的详细情况；对行政许可的事实要认真审查申请人的资质、技能、许可事项及可能涉及的第三人权益等。尤其是在实施工商、婚姻、房地产登记等行政许可、行政登记等过程中，注意加强对申请人提交的身份证明、裁判及公证文书、结（离）婚证书等材料的“真实性”审查，积极推动与公安、法院、民政、工商、不动产、公证等部门的网络系统实现互联互通、信息共享，压缩“伪造”证明材料的生存空间。第二，把好固定证据关。行政机关对被诉行政行为的合法性负举证责任、诉讼过程中行政机关不得自行收集证据，是行政诉讼的特殊规则。执法人员应当强化证据意识，作出行政行为即便是处罚违法行为应当取证先行，做到“证据确实充分”；执法过程应当全程记录，尽可能通过录音录像、制作现场笔录等方式记录执法过程，确保一旦涉诉，随时可以完整提交相关证据、再现执法过程。第三，把好执法程序关。行政行为本质上由一系列程序构成，程序公正是行政行为现代化的重要标志，正所谓“无程序不正义”。如果程序缺失、程序不当、程序违法，无论实体结果多么正确，按照《行政诉讼法》的规定，都属于“判决撤销”的情形之一。行政机关要强化程序风险意识、程序优先意识，在作出行政行为时，严格履行立案、调查、告知、听证、时限、送达等法定程序，按照规定的方式、步骤、时间进行。特别是在做出剥夺或者限制当事人权利的行政行为时，必须出具书面决定等法律文书，尊重和保障人民群众的陈述、申辩等程序权利，养成办事讲程序的执法习惯。第四，把好法律适用关。加强对《行政许可法》《行政强制法》《政府信息公开条例》《国有土地上房屋征收与补偿条例》及相关领域法律法规的学习，吃透法条背后蕴含的精神实质，按照立法目的适用法律。正确处理新法与旧法、上位法与下位法、特别法与一般法的关系，把法律用好用准，而不是选择对己有利的法律。第五，把好自由裁量关。建立健全行政裁量权基准制度，细化、量化行政裁量标准，规范裁量范围、种类和幅度，防止随意执法、选择性执法。

四是强化内部纠错，避免引发诉讼。行政机关主动纠错不受诉讼时效、审查范围、纠错方式的限制，程序更加灵活，成本相对低廉，对行政相对人权利的保障也更加及时、到位，有利于行政争议实质化解，也符合中央“把非诉讼纠纷解决机制挺在前面”的精神，应当成为化解行政争议的第一道防线。第一，违法执法机关自己主动纠错。摒弃“法院怎么判，我们就怎么做”的错误思想，敢于对本机关既往和现在的行为负责、对事实负责、对法律负责、对群众负责，畅通投诉渠道，完善内部纠错程序，对确有错误的行政行为，主动认账认错，依法予以纠正。同时，为消除纠错会得罪人、可能会被追责的顾虑，建议建立行政争议败诉风险评估机制，把产生行政争议的行政行为是否存在错误、败诉风险有多大等专业问题，交由法制部门、职业律师、法律顾问等专业人员审查评估，提出书面意见，作为决策依据，通过第三方力量的介入，减轻行政决策人员的风险。第二，复议机关切实履行监督职责。行政复议是政府履行层级监督责任和自我纠错的重要制度设计。修订后的《行政诉讼法》将“复议机关决定维持原行政行为的”，由“作出行政行为的行政机关为被告”修订为“作出行政行为的行政机关和复议机关是共同被告”，目的在于促使复议机关认真行使上级机关的内部监督职能，在解决行政纠纷中发挥主体性作用。复议机关应当正视行政复议维持率高、纠错率低的突出问题，改变行政复议“维持会”的传统角色，坚持公平公正原则，对于复议行政行为具有主要事实不清，证据不足，适用依据错误，违反法定程序，超越或滥用职权、明显不当等情形的，依法予以撤销、变更或者确认违法，不断提高行政复议权威，把行政复议打造成化解行政争议的主渠道。

五是重视出庭应诉，积极妥善应对。建立健全司法应对机制，全面落实行政应诉职责，仔细研判案情，熟悉庭审流程，完善行政机关负责人出庭应诉制度。第一，提高出庭人员应诉能力。定期组织法制机构人员观摩庭审、参加法律研讨、学习典型案例、开展业务培训，提高其法律知识及司法应对经验。委托本机关工作人员作为委托代理人时，应选择了解案件情况、具备法律专业知识、有出庭经验和责任心的人员，必要时委托专业律师出庭应诉，保证行政机关举证、质证及辩论的充分有效进行。第二，落实行政首长出庭应诉制度。行政机关负责人出庭应诉，是修订后的《行政诉讼法》明确的一项基本制度，对于及时发现纠正执法问题，缓和行政相对人对立情绪，促进行政争议实质性解决具有重大意义。要加大对贯彻执行《最高人民法院关于行政机关负责人出庭应诉若干问题的规定》《河南省行政机关负责人出庭应诉规定》（豫依法行政〔2015〕2 号）的督促、检查力度，对无正当理由不出庭或者人民法院要求出庭而不出庭的，应依法追究相应责任；把行政机关负责人出庭应诉情况纳入政府依法行政考核范围，定期通报行政机关负责人出庭应诉情况，督促行政机关负责人自觉出庭应诉，提升实质化解行政争议效率。

六是落实过错追究，形成倒逼效应。一些人员在具体的行政执法中知法犯法、严重违法、有错不纠等现象之所以频频发生、长期未能改观，与激励、惩戒机制不够健全、落实不够理想有直接关系，导致“明知违法也要去做”成为执法人员在追求行政效率、实现行政目标、规避自身责任多重考虑下“错误但理性”的选择。第一，建立依法行政激励机制。将行政执法、应诉、败诉、执行法院裁判、落实司法建议等情况纳入日常绩效考核、平安建设创建、文明单位评选，与单位和个人利益挂钩，引导执法人员自觉在法治的轨道内用权。第二，建立执法过错发现机制。对败诉案件较多的领域，重点进行跟踪，定期开展专项检查，及时掌握执法动态，发现重大违法行政事件线索，并通过行政的、组织的或者法纪的手段进行处理。第三，建立违法行政问责机制。对违法行政负责人和直接责任人员考核追责，在现行环境下，比简单否定行政机关行政行为的威慑力和实际效果更大。对于影响面宽、后果严重的重大违法行政问题，比如违法征收或拆迁房屋、征收土地、不守诚信等问题，应按照“谁决策谁负责、谁执法谁负责、谁复议谁负责”的原则，通过行政的、组织的或者监察的手段进行处理，做到有权必有责、用权受监督、违法要追究。

七是抓住重点领域，治理突出问题。据前述数据统计，败诉案件数量多、占比高的行政管理领域为“住房和城乡建设”“自然资源”“人力资源和社会保障”和“市场监督管理”。“人力资源和社会保障”领域突出问题主要涉及工伤保险法律政策掌握，行政机关应当依法准确认定工伤、退休时间，及时足额发放医疗、养老保险待遇等；“市场监督管理”涉及法律运用问题，行政机关应加强业务培训，妥善解决法律适用突出问题；市场主体登记时要严把审核关；接收有关食药品领域投诉后要依法及时处理，避免因不作为而引发行政争议。这些领域的工作与民生关系重大，对政府公信力影响最大，发生问题也最多，对此建议专项治理。

特别是土地征收补偿、房屋拆迁领域是行政机关败诉率最高、案件体量最大、群体性纠纷最多、矛盾最为集中的领域，应引起高度重视。①加大法律供给力度。以新的《土地管理法》实施为契机，修订完善河南省实施细则，根据河南省情，全面征求各方面人员包括实务部门的意见，对征地程序、征地补偿标准等实践中争议较大的问题进行明确，上升为地方性立法，为集体土地征收提供兼具权威性和可操作性依据，既依法保护被征地群众合法权益，又防止因为出现个别“钉子户”而导致重大公益项目等所需的征地工作难以推进。②严格执行征收程序。因建设需要使用集体土地时，要办理集体土地征收手续或者农用地转批手续，将集体土地转为国有土地，然后再将土地拍卖、出让。棚户区改造项目要符合国务院规定的棚户区改造的条件，对那些建成时间短、基础设施不完备、确需改造的居住小区要做好群众的思想教育与前期准备工作。在旧城改造中，对集体土地上的房屋，要在法律上先将集体土地转为国有土地，然后根据《国有土地上房屋征收与补偿条例》进行征收，避免对集体土地上的房屋直接进行征收，更不能不经任何征收程序，发布一个安置补偿方案公告或者旧城改造通告就开始实施“征收”。③规范强制拆除房屋行为。不经法律程序强行断电、扣押物品、拆房的行为，本质上是一种暴力侵权甚至犯罪行为，这种行为因政府机关的特殊地位，对社会造成的危害更大。强制拆除房屋应以达成补偿协议或者下发补偿决定为前提，并申请法院对是否准予强制执行进行裁定；实施“强拆”行为时还应当标明实施单位的身份，采取适当措施保存房屋内的物品、财产，保护被征收人及相关人员的人身财产安全。④着力解决补偿不公问题。注重评估机构选择的公开性，防止背后操纵评估机构，故意压低被征收房屋价值，保证补偿价值不低于市场价值；分批分段实施征收时，后实施征收适用的补偿标准不能低于之前的补偿标准；安置房应符合房屋建设工程质量要求，并且办理土地、建设规划等手续，具备或者基本具备办理房屋所有权证的条件；对缺乏规划或产权手续的“城中村”房屋，应比照城市房屋予以补偿，但对于严重违反规划的或者为应对征收临时搭建的房屋，应当按照违章建筑予以拆除。⑤切实遏制暴力拆迁现象。不经过法律程序就直接推倒房屋，看起来“效率很高”，但后遗症很大，产生的社会效应极差，亟待采取有效措施加以遏制。出现强拆行为、造成严重后果的，不仅要追究主要责任人的行政责任，构成犯罪的，要依法追究相关人员的刑事责任，提高违法行政的成本。⑥建立完善工作机制。解决好征地拆迁领域突出问题，建立“裁执分离”机制是不可或缺的一环。目前，几乎所有涉及强拆的案件行政机关均被判决败诉，很大程度上归因于缺乏一个能够把强拆纳入法治轨道、同时兼顾行政效率的有效机制。按照“裁执分离”模式，需要征地拆迁的，由行政机关提出申请，人民法院依法及时审查，符合法定条件的，裁定予以准许，由有关行政机关组织实施；不符合条件的，由相关机关改正完善，使之合法化。实行“裁执分离”，由人民法院进行司法审查，符合法院的“裁判者”定位，有利于督促行政机关严格按照法定程序、标准行使职权；而由行政机关组织实施，可以发挥行政机关的“执行者”优势，二者结合可以提高工作效率，有效破解征地拆迁领域的瓶颈性问题。

（二）执法司法相互配合协作——积极构建执法司法良性互动的行政争议化解机制

一是强化基层各类协调组织功能。将行政争议化解在萌芽状态。法治建设的基础在基层，工作重点也在基层。但基层往往成为法治建设的薄弱环节，也是社会矛盾的高发地和聚集区，80%以上的矛盾纠纷都发生在基层，解决了基层的社会治理问题，就解决了法治建设的主要问题。因此，要充分发挥村民委员会、社区委员会、人民调解委员会、公证机构、行业协会、仲裁机构等基层组织优势，利用和解、人民调解、行业调解、行政调解、仲裁等非诉讼方式解决纠纷，从源头上减少行政争议。

二是建立行政争议化解平台。坚持“政府主导、府院共建”，由各级政府牵头搭建工作平台，各级人民法院积极配合，促进行政纠纷系统治理、依法治理、综合治理、源头治理。1. 省市县三级分别成立行政争议实质化解工作领导小组。组长由各级政府常务副职担任，副组长由法院院长（副院长）、司法厅（局）厅（局）长担任，成员由行政执法部门的主要负责人组成，负责制定行政争议实质化解工作的政策，协调解决涉及一方发展稳定的重大争议。2. 在各级领导小组下设立“行政争议调处中心”，统筹协调各级涉诉、涉复议行政机关与人民法院开展行政争议协调调解工作，协调调解重大或者跨区域、跨领域行政争议，促进行政执法标准与司法裁判标准的统一；督促行政机关负责人出庭应诉、组织行政机关工作人员旁听庭审、督促落实司法建议等工作。3. 在市、县两级行政争议调处中心下设若干行政争议调解室，纠纷较多领域单独设立行政争议调解室，吸收人大代表、政协委员、退休法官、律师、人民调解员、社区工作者等，具体负责纠纷的调解化解工作。行政机关在行政复议过程中、行政诉讼立案前、审理行政案件过程中，对符合调解、和解条件的纠纷，委托行政争议调处中心进行调解，重大复杂案件，上下级行政争议调处中心联动调解。经调解达成协议的，由人民法院出具相关文书予以确认。

三是建立法律适用分歧沟通研讨机制。审判机关与涉诉较多的行政机关，要针对相关领域社会热点、难点问题，行政执法和行政诉讼中存在的法律疑难问题，以及行政机关和司法机关分歧较大的问题如工伤认定等，定期进行座谈研讨，就法律适用问题形成共识，共同遵照执行，为行政机关依法行政提供明确的指引。复议机关与审判机关要加强对接，统一复议标准和裁判标准，形成纠纷化解合力，尤其是复议机关要认真研究相关领域裁判规则、裁判尺度，推进复议标准与裁判标准相统一，提升行政复议权威，推动行政争议内部化解。

四是建立司法建议办理反馈制度。由于司法建议对建议对象没有法律约束力，部分行政机关及其执法人员特别是一些领导干部，对人民法院发出的司法建议缺乏重视，甚至不理不睬，导致管理漏洞无法及时堵塞，这也是行政机关败诉率居高不下的重要因素之一。建议按照国务院发布的《全面推进依法行政实施纲要》规定的“正确对待人民法院的司法建议”要求，健全司法建议研究办理与及时反馈机制，对司法建议和典型案件中涉及的个案问题，配合法院积极协调解决；对普遍存在的问题，积极查找原因，加强管理，完善制度，从源头上减少违法行政和社会矛盾的发生。

【优秀调研成果-案例类】一等奖

上市公司实际控制人指使从事违法行为的认定

赵　锋　张婷婷

【裁判要旨】

上市公司实际控制人滥用支配地位，授意、指挥上市公司从事信息披露违法行为，应当认定为《中华人民共和国证券法》（2014年修订）第一百九十三条第三款规定的“指使”行为。如果在案证据能够形成证据链条，并结合日常生活逻辑和经验法则，证明实际控制人存在“指使”情形，而该实际控制人又不能提供合理解释说明和反证，则可认定实际控制人实施了指使上市公司从事相关违法行为。

【案号】

一审：北京市第一中级人民法院（2019）京01行初670号。

【案情】

原告覃某诉称：其依法不具有《中华人民共和国证券法》（2014年修订，以下简称原证券法）第一百九十三条所规定的指使行为，不应对其进行处罚。该条款规定的“指使”，只能是实际控制人实施了“直接授意”“指挥”的行为或者“直接授意、指挥”行为人“隐瞒、不告知”应当披露信息的行为。

被告将“知悉”但“未予阻止”“默认”认定为“指使”，不符合“指使”的基本文义。覃某对宁波圣莱达电器股份有限公司（以下简称圣莱达）的具体业务没有决策权，也不参与日常经营管理。对于圣莱达 2015 年年报虚构业务、虚增利润事项，完全不知情，更不存在直接授意、指挥的情形。

被告中国证券监督管理委员会（以下简称中国证监会）辩称：覃某作为圣莱达实际控制人，虽然名义上未在公司任职，但通过微信等各类方式实际实施公司经营决策，参与公司管理。对圣莱达通过涉案版权转让和财政补助形式虚增利润事宜知情。覃某在知悉公司管理层财务造假时，未予以及时阻止、报告、改正并要求公告，是对公司管理层违法行为的默认。此外，版权转让造假所涉资金系通过“星美系”相关公司循环支付完成。覃某系“星美系”公司实际控制人，能够实现对上述公司的指令下达。且圣莱达 2015 年利润能否转正，对圣莱达股票价值具有巨大影响。结合圣莱达时任财务总监康某与覃某微信交流涉及的“与明天系转让圣莱达股权事宜”，覃某有很大的动力促使圣莱达 2015 年业绩转正。

法院经审理查明：原告覃某系圣莱达实际控制人。圣莱达在 2014 年度业绩亏损的情况下，为防止公司股票被特别处理（ST），在 2015 年会计年度期间，通过虚构影视版权转让业务、虚构财政补助的方式，虚增收入和利润，导致 2015 年年度报告存在虚假记载，构成信息披露违法行为。中国证监会认为：圣莱达的上述行为违反了原证券法第六十三条的规定，构成该法第一百九十三条所述信息披露违法行为。时任董事长胡某东、时任财务总监康某在具体操作涉案事项过程中向实际控制人覃某汇报，覃某对相关汇报内容点赞同意，知悉并授意涉案行为，构成原证券法第一百九十三条第三款所述情形。2018 年 8 月 30 日，被告中国证监会作出《行政处罚决定书》（〔2018〕89 号，以下简称被诉处罚决定），依据原证券法第一百九十三条第三款之规定，对覃某给予警告，并处以 60 万元罚款。覃某不服，向被告申请行政复议。2019 年 4 月 12 日，被告作出《行政复议决定书》（〔2019〕37 号），维持了该处罚决定。

法院还查明：1. 圣莱达的第一大股东为宁波金阳光公司；宁波金阳光公司是星美圣典全资子公司；覃某持有星美圣典 100% 股权。2. 覃某同时控制“星美系”多家公司，相关公司之间具有关联关系。3. 诉讼中，原告对其系涉案“星美系”公司实际控制人不持异议。

【审判】

北京市第一中级人民法院于2019年8月28日作出（2019）京01行初670号行政判决：驳回原告覃某的诉讼请求。宣判后，双方当事人均未提出上诉，判决已发生法律效力。

法院生效裁判认为：

一、关于圣莱达2015年度报告是否存在虚假记载，是否构成信息披露违法行为的问题

在案证据能够证明，被告有关圣莱达虚构影视版权转让业务、虚构政府补助，进而虚增收入和利润的认定事实清楚，证据充分。圣莱达将涉案两项收入确认为2015年度收入，并通过2015年度报告予以披露，构成原证券法第一百九十三条第一款所指信息披露违法行为。

二、关于原告是否实施了原证券法第一百九十三条第三款规定的“指使”行为的问题

由于实际控制人不是公司股东，而是通过投资关系、协议或者其他安排，能够实际支配公司行为的人，在实际控制人指使公司从事违法行为的案件中，往往更具隐蔽性。对此，如果在案证据能够形成证据链条，并结合日常生活逻辑和经验法则，证明实际控制人存在“指使”情形，而该实际控制人又不能提供合理的解释说明和反证，则可认定实际控制人实施了指使上市公司从事相关违法行为。

本案中，综合分析在案证据能够认定，原告作为圣莱达的实际控制人，指使圣莱达从事涉案信息披露违法行为。其一，原告对公司董事会及管理层具有控制权，并实际参与公司经营决策。其二，原告知悉圣莱达2015年业绩存在亏损并具有财务造假动机。其三，圣莱达涉案两项违法事实均发生在2015年年底财务确认收入前，目的均是通过虚构收入确保公司2015年度利润扭亏为盈，时间上具有一致性、重合性，应作为一个整体进行分析判断。

在案证据能够形成证据链条，共同证明原告对圣莱达财务造假具有实施指使的动机，其对涉案虚假收入知情，相关资金流转均经其实际控制的“星美系”公司调配、划转。再结合前述原告对圣莱达的实际控制和参与经营，

涉案两则财务造假行为发生的特殊时期和实际效果等事实，并遵循日常生活经验和逻辑法则，被告有理由认定原告指使圣莱达从事涉案违法行为。原告提出的被告没有直接证据证明“指使”、自己并未“指使”的相关理由不能推翻在案证据已经形成的证据链条，法院不予支持。

三、关于本案的行政程序是否合法的问题

原告在明知被告已经对圣莱达信息披露违法行为立案调查且需要原告配合调查、对原告本人立案调查的情况下，原告以身在国外为由不予配合；在收到处罚事先告知书后，亦未提出陈述申辩。现原告以被告未对其询问、未当面听取意见为由，主张被告处罚程序违法，缺乏事实和法律依据。

【评析】

从原证券法到新修订的证券法，始终没有放松对实际控制人滥用上市公司控制权的违法行为的规制。但上市公司实际控制人滥用支配地位指使上市公司从事违法行为，一直是证券市场监管的难点。一方面，实际控制人指使从事违法行为的情形屡有发生，广受诟病；另一方面，现行法律对此类违法行为的规定比较笼统，法律适用标准不够明晰，且相关的行为隐蔽性较强，执法机关取证难度大，导致违法行为追责难。本案的审理，即面临此类违法行为认定的核心问题——如何认定“指使”。

本案是实际控制人指使从事违法行为的典型案件。原告的行为方式、对此类违法行为认定面临的事实认定和法律适用方面的困难，在此案中均得以充分体现。本案裁判对于此类违法行为的判断、责任认定进行了较为系统的明晰，为类案认定与裁判提供了有效指导。

一、实际控制人“指使”行为的判断

原证券法关于实际控制人“指使”行为的规定，体现在第一百八十九条（欺诈发行）、第一百九十三条（信息披露）、第一百九十四条（擅自改变公开发行证券所募集资金的用途）。本案涉及的是第一百九十三条，该条第三款对实际控制人指使从事信息披露违法行为进行了规定。[1] 但是何种情况下构

---

① 2019年修订的证券法第一百九十七条对于实际控制人指使行为的规定，延续了原证券法的规定，且进一步强化了监管。由原证券法的“指使”，扩展为“组织、指使”“隐瞒相关事项导致”。

成“指使”并未予以明确。笔者查阅了关于证券法释义的相关出版物[①]，对于实际控制人“指使”行为的规定，均没有相应的释义解释。实践中，如何理解和认定“指使”，一直存在争议。

（一）证券法意义上的“指使”

从文义上看，“指使”，指的是出主意去叫别人做某事[②]。因此有观点认为，指使只能是积极的作为行为，不包括消极的不作为。虽然实践中存在很多通过非常隐蔽的“消极”手法影响公司决策，推动公司违法披露信息的情形，但行政处罚必须要有法律明确规定。在证券法仅规定“指使”的情况下，不能将诸如董事会依照与实际控制人之间的“默契”而从事的违法行为，归责为是实际控制人的“指使”行为。也有观点从实际控制人有报告相关信息、协助上市公司依法披露信息义务的角度，认为指使不仅包括积极的授意、指挥，也包括自己主动隐瞒应当披露的信息的行为。中国证监会制定的《信息披露违法行为行政责任认定规则》即明确：直接授意、指挥从事信息披露违法行为，或者隐瞒应当披露信息、不告知应当披露信息的，应当认定实际控制人指使从事信息披露违法行为。

我们认为，对于实际控制人“指使”的理解，应当回到证券法和公司法的立法本意及宗旨上来，如此，则前述第一种观点是偏颇的，第二种观点还有进一步解释完善的空间。

理解实际控制人“指使”，需要首先理解“实际控制人”。

在公司运行过程中，较为广泛地存在“虽然没有名分，但实际掌握控制权”的这一主体。较长时期中，法律没有对这一主体需要对公司承担何种义务作出设定，这就导致这些掌握公司控制权的人，“隐身”于公司治理结构之外，将公司变为谋取私利的工具，公司利益和投资者权益无法得到有效保障。20 世纪 80 年代，英国在“法律上董事”“事实上董事”之外，首次在其

---

① 如本书编写组编：《〈中华人民共和国证券法〉释义及实用指南》，中国民主法制出版社 2012 年版；《证券法释义》编写组：《中华人民共和国证券法释义》，中国法制出版社 2005 年版；全国人大常委会法工委编：《中华人民共和国证券法（修订）释义》，法律出版社 2005 年版；全国证券法修改起草工作小组：《中华人民共和国证券法释义》，中国金融出版社 2006 年版。

② 中国社会科学院语言研究所词典编辑室编：《现代汉语词典》，商务印书馆 2002 年版，第 1620 页。

公司法中提出“影子董事”这一概念①，将对外宣传自己不是公司董事，却实际操控公司决策的人，称之为“影子董事”，并赋予董事责任和义务。

2005年，为了解决掌握公司控制权却没有相关法律义务的这类主体的行为失范问题，实际控制人制度正式写入我国公司法和证券法。2005年修订的公司法明确，实际控制人，是指“虽不是公司的股东，但通过投资关系、协议或者其他安排，能够实际支配公司行为的人”。这实际是借鉴英国的“影子董事”制度。实际控制人对公司的实际控制，是通过影响、操控公司决策来实现的。尽管行为方式多种多样，但实质均是指向影响、控制公司决策。

公司法和证券法在关联关系、证券发行、买卖股份、信息披露等方面对实际控制人作出了专门的义务规定。在信息披露方面，证券法规定了民事上的连带赔偿责任、行政处罚罚则。证券法之所以对实际控制人指使行为进行规制，目的在于防范和惩治实际控制人滥用支配地位损害公司利益和投资者利益，维护证券市场公平、公开、公正的秩序。

其中，证券法关于实际控制人“指使”行为的规定，即是对实际控制人滥用支配权致使公司违反诚实信用原则、破坏证券市场公平、公开、公正秩序的规制。以原证券法第一百八十九条为例。从法律条文上看，该条第一款、第二款，规制的行为主体是“发行人、上市公司及其他信息披露义务人”，实际控制人不在此列。第三款则以“实际控制人指使从事前两款违法行为的”之表述，将罚则指引向第一款、第二款。从逻辑关系上看，这一条款，是对实际控制人滥用支配权，影响、控制公司从事信息披露违法行为的规制。

从实践看，实际控制人滥用支配权，操控公司违法经营的方式和途径多种多样，直接授意、指挥公司决策，因明显的违法性而往往不为实际控制人所采取，而是采取更为隐蔽的方式。如果将“指使”限定为是“直接授意”“指挥”，显然有违证券法这一条款的立法目的。

对于立法与实践之间的不协调，司法有责任从立法本意出发，在具体的案件中通过裁判予以弥合。就上述规定而言，无论是从法律解释的方式，还是从市场治理需要的角度，对于立法采用“指使”二字，均不宜仅作字面上的理解，而应紧紧抓住“滥用支配权”这一核心特征，对实际控制人所实施

---

① 郭大维：《“我国”公司法制对事实上董事及影子董事之规范与省思》，载《台北大学法学论丛》第96期。

的各种形态的行为进行甄别，将符合上述特征的行为纳入“指使”的范畴予以规制，这样才能真正实现对实际控制人违法行为的有效惩治与预防。

具体而言，符合“滥用支配权”特征的“指使”行为主要包含以下几种情形：一是主动组织违法行为，进行策划、分工、协调及指挥；二是授权或委托他人组织违法行为，进行策划、分工、协调及指挥；三是对于他人提出的违法行为实施方案予以肯定，在违法行为实施过程中进行协调或给予帮助，积极促成违法行为效果的实现。

（二）“指使”的证明标准

在行政处罚案件中，行政处罚机关应当对作出处罚具有事实依据承担证明责任，而原告对存在阻却事由承担证明责任。认定实际控制人的行为构成“指使”，需要行政处罚机关就存在“指使”行为予以证明，这是行政处罚的一般要义。

实际控制人实施“指使”行为，往往不会采取直接的指挥行为、不会留下“指使”的直接证据。行为人往往是通过采取各种隐蔽的方式将自己的意志表达给公司管理层，转化为公司决策行为，进而实现影响、控制公司的经营决策，让公司“执行”自己的意志实施相关违法行为。在行为已经完成的情况下，行政处罚机关很难采集到直接证据证明实际控制人“指使”。实践中，实际控制人本人事后不认可、被实际控制人“控制”的公司管理层甘当“背锅侠”的情形屡见不鲜。在实际控制人本人不承认“指使”的情况下，如果必须有直接证据证明“指使”，势必会让大量隐蔽的指使行为逃避处罚，原证券法第一百九十三条第三款的立法目的将在较大程度上被落空。

我们认为，虽然应由行政处罚机关证明行为具有应受处罚性，但在证明标准上，并不以排除合理怀疑为限。① 排除合理怀疑这一严格证明责任，适用于刑事处罚；在行政处罚中，则适用优势证据标准，这是理论和实务界已经形成的较为广泛的共识。优势证据标准适用到具体的案件，由行政处罚机关提供的证据初步证明涉案违法行为，至于具体的案件事实，还应当遵循举证便利原则，由掌握事实并具有举证便利的一方承担一定的证明责任。

具体到“指使”的证明标准上，证券法上关于实际控制人指使行为的认

① 欧阳振远：《行政处罚证明责任研究》，载微信公众号“行政执法研究”，最后访问日期：2016年5月17日；赵寒宇：《论行政处罚中的证明责任》，载《法制与社会》2008年第34期。

定，核心在于实际控制人滥用对公司管理决策的支配权，对于公司从事的违法行为，判断实际控制人意思的表达、特定信息的传递是否构成“指使”，应当依据所有证据进行综合客观认定，而不能以实际控制人本人认可“指使”、有人指认“指使”、有直接证据指向“指使”行为为据。综合在案证据，涉案行为不是上市公司、董事、监事、高管的独立意思表示，或者超出了董事、监事、高管的职责范畴以及公司意志范畴，相关事项需要实际控制人的作用发挥才能进行，那么从公司经营管理的实际、日常生活逻辑、经验法则，有理由认为涉案行为系实际控制人的指使行为。此时，应当认为，行政处罚机关初步尽到了证明责任。实际控制人应当作出合理说明或者提供反证，来阻却证据链条，否则可以认定实际控制人实施了指使行为。

（三）个案的具体认定

无论是从行为人的行为方式本身，还是本案的裁判来看，本案均可谓是实际控制人指使从事违法行为的一个典型案例。

本案中，虽然原告本人否认，也没有相应的书证、物证等证据直接证明原告实施了指使行为，甚至时任董事长胡某东在诉讼中还出庭作证自认。但是结合在案证据，对于圣莱达的经营决策，原告是参与的，具有决定权。公司董事会多名高管为原告所控制。两则虚构收入事项的进行，均超出了公司董事会以及董事、监事、高管的能力范畴。第一，虚构版权事项，相关款项经过多家与圣莱达无业务往来、无资金关系的公司循环支付完成。而这些公司，恰恰均是由原告本人所控制的公司。如果说没有原告的认可，圣莱达及胡某东就能调动这么多家公司的资金，不符合公司运营的基本常理。第二，虚构财政补助事项，系由圣莱达第一大股东宁波金阳光公司出面借用第二大股东洲际通商公司的资金，过桥给地方镇政府。宁波金阳光公司是原告100%控股公司，其时原告控制的“星美系”公司与“明天系”公司正在商谈并购合作事宜，洲际通商公司即属“明天系”公司。对于此项资金的调动，亦需要原告得到的许可。同时，圣莱达当时的经营状况处于亏损状态，2015年如果最终业绩为亏损，其股票将被特别处理（ST），这对于入主圣莱达的原告而言，是重大利益事项，原告有行为动机。且两则事项均发生在年底会计结算期末，两则事项所涉收入被确认后，圣莱达2015年的业绩扭亏为盈，从两项收入的取得时点和达成的结果高度异常。综合上述情况，有理由认为，系原告指使公司进行财务造假。原告仅提出未参与、不知情、被告没有直接证据证明这样的主张，没有提供反证，也没有对在案证据指向的事实作出合理说明。原告的主张不足以阻断已经形成的证据链条。因此，应当认定原告构成“指使”。

二、实际控制人“指使”行为的责任认定

原证券法第一百九十三条关于实际控制人指使行为的责任后果，规定为，“……指使从事前两款违法行为的，依照前两款的规定处罚”，而前两款中，分别对信息披露义务人和责任人员规定了罚则。由此，引发了关于实际控制人指使行为责任认定上的争议：实际控制人应当承担的是信息披露义务人的责任，还是相关责任人员的责任？

对此，我们采温某案[①]之标准。实际控制人应当承担什么责任，取决于实际控制人指使的行为内容。如果实际控制人指使的是管理层人员（高管），通过被指使的高管实施的是高管职权范围的行为，那么实际控制人的指使行为应当比照高管个人的行为承担责任，即“直接负责的主管人员”或者“其他负责的责任人员”责任。如果实际控制人指使的是公司，直接以公司意志的方式行为，那么就应当比照公司的责任来承担自己的法律责任。

事实上，回到实际控制人这一概念的源头来看，在英国，关于影子董事负有何种法律义务虽然一直存在争议，但总体认为，影子董事应与董事一样承担信义义务，并且还应当承担法律规定的个别义务。[②] 影子董事承担何种法律责任，需要区分影子董事控制的是公司还是董事个人。因此，原证券法第一百八十九条第三款的规定并非不明确，反而更为周延、准确。

与温某案类似，在本案中，原告所指使的造假行为，是公司意志决策下的造假行为，不是任何一个高管个人所能决策和实施的，因此，原告指使公司造假，应当比照公司责任承担相应的法律责任。

三、实际控制人指使行为认定的逻辑进路

就违法行为认定的逻辑而言，在众多证券违法行为中，实际控制人指使行为并不是特别的存在。无论是内幕交易、操纵市场、还是违法披露信息，司法审查的逻辑起点均是先假定行为人行为是合法的。行政处罚机关对于存

---

① 北京市第一中级人民法院（2017）京 01 行初 4 号行政判决书。

② See Imogen Moore：Duties of a Shadow Director：Recent Developments Considered，345Co. L. N. 1，2 (2013).

在证券违法行为的客观事实负有证明责任。但是举证到何种程度属于尽到了证明责任、能够认定行为人实施了特定违法行为这一客观事实，不能以行为人本人认可、明确的书证物证等直接证据为限。这需要回归到证券违法行为的行为特点上来，从行为本身的特征入手，综合分析在案证据。与殴打他人、盗窃等具有外化行为动作的治安违法行为不同，证券违法行为具有高度的隐蔽性。因此，对是否存在违法行为的举证，采优势证据标准，结合在案主客观证据进行综合判断。当在案主客观证据形成了证据链条，指向行为人实施了违法行为时，法官便能形成初步的内心确信。此时，行为人就需要举出反证，来斩断证据链条、阻却证据链条的闭合。这个认定违法行为客观事实的过程，实际是适用过错责任原则的体现。实践中有观点认为这是在进行过错推定，实为误解。而对于主观过错，则是采用过错推定，在已有客观行为事实的情况下，推定行为人存在过错。这就好比盗窃，在已有证据证明行为人从被害人的衣兜里拿走钱包的情况下，即推定行为人具有盗窃的故意，行为人需对自己不具有盗窃的故意予以举证。在认定证券违法行为客观事实的过程中，最重要的是要把握好尺度，既不能因为证明标准过高而导致违法行为逃脱制裁，也不能因为证明标准过低，造成行政处罚自由裁量权的滥用，进而误伤无辜之人。由行为人承担合理说明、提供反证之证明责任，体现了责任与过错相当之法律公平。

再回到实际控制人指使从事违法行为上来。实际控制人因其“隐身”于公司治理结构之外的身份，其指使从事违法行为隐蔽性比内幕交易、操纵市场要高得多，其滥用控制权实施违法行为的隐蔽性比公司董事、监事、高管实施违法行为的隐蔽性也要高得多。尽管如此，对于指使行为的认定，同样也要遵循过错责任原则，结合到具体个案，着眼行为内在的核心特征，从在案主客观证据的指向中探查行为踪迹。

实际控制人对于公司的控制，表现为在经营管理、重大事项决策方面支配、操控公司。通过操控股东会决议、董事会决议、操控公司法定代表人、职务代理人等公司管理层任免及履责行为等多种多样的方式，进而影响、操控公司意志的形成与外部意思表示。判断实际控制人在公司违法行为中发挥了何种作用、是否具有“指使”情形，应从实际控制人对公司控制权及其行使的途径、形态等公司治理实际入手。基于日常生活、公司治理的一般逻辑和经验，对于在案证据能够形成证据链条，共同指向实际控制人存在“指使”情形时，实际控制人如果不能提供合理的理解说明、不能举出反证，则足以让法官形成内心确信，认定该实际控制人实施了指使上市公司从事相关违法行为。这一认定逻辑与标准，并非背离“指使”一词的文义，相反，恰恰是着眼于“指使”的实质，抓住实际控制人实际支配公司行为这一核心特征，综合在案证据对实际控制人的涉案行为作出的评价。

新修订的证券法第一百九十七条在原证券法第一百九十三条的规定基础上调整为“实际控制人组织、指使从事……”，但立法旨趣并未改变，对于实际控制人的规制标准亦未改变。而在处罚力度上，则是有所加大。从法条的表述上看，不管实际控制人指使的是公司还是个人，均比照适用对公司的罚则。今后，实际控制人即便指使的是公司管理层中的个人，在罚则上，不再与被指使的公司管理层个人一般受到罚款处罚，而是会受到更高额度的罚款处罚。事实上，无论实际控制人具体指使的是公司还是公司管理层中的个人，最终均是在影响、操控公司决策，支配公司行为。从这个角度上讲，新修订的证券法更加注重实际控制人指使行为的破坏性，罚则的设定更具有威慑力。

（作者单位：北京市第一中级人民法院）

驾车时“浏览电子设备”的处罚定性与司法裁判

侯丹华　崔胜东

【裁判要旨】

道路交通地方性法规中规定的应按妨碍安全驾驶进行处罚的驾车时“浏览电子设备”的行为，应在其上位法律依据《中华人民共和国道路交通安全法实施条例》第六十二条第（三）项规定中使用的“观看”一词意涵内进行理解。“浏览电子设备”应有一定时间长度的要求，瞬间扫视尚不构成妨碍安全驾驶中应予处罚的“浏览”行为，一定时间内持续观看电子设备或在观看过程中用手操作电子设备，才应予处罚。

【案号】

一审：上海铁路运输法院（2018）沪7101行初149号。

【案情】

原告赵某诉称：事发当日驾车出发前，其将手机架设在车辆左侧空调出风口，但事发时其未使用手机，手机是黑屏，被告上海市公安局长宁分局交通警察支队（以下简称长宁交警支队）民警仅凭个人主观臆断，认定原告浏览电子设备并作出处罚，与事实不符，至于原告未及时停车，系因当时车窗紧闭，未听到民警指令。被诉处罚决定错误，其估计该处罚给其造成的经济损失为人民币500元（以下币种均为人民币），故请求撤销被诉处罚决定，赔偿其误工费、交通费共计500元。

被告长宁交警支队辩称：原告将手机架设在空调出风口并用纸遮挡，是为了便于浏览，民警在原告驾车掉头时看到其低头，处理过程中原告也确认了其浏览电子设备的事实，被诉处罚决定认定事实清楚，程序合法，适用法律正确，其赔偿请求不能成立，请求驳回原告的诉讼请求。

上海铁路运输法院经审理查明：2017 年 8 月 5 日 15 时 15 分许，原告赵某驾驶牌号为沪 GY2668 的小型轿车，在仙霞西路进平塘路东约 100 米实施了跨越道路中心单黄线掉头的行为。被告长宁交警支队巡逻民警发现后示意原告赵某停车，该车未停，民警拉响警报并拦停车辆。期间，原告赵某车辆车窗均为紧闭状态。查处过程中，原告赵某陈述其未看到民警示意，民警让原告赵某查看道路画线情况，该道路中心施划了单黄线。民警注意到原告赵某车辆前方空调出风口处架设手机，并用纸张对手机进行遮挡，遂向原告赵某释明自《上海市道路交通管理条例》（以下简称《上海道交条例》）修订实施后，就不允许把电子设备放在车辆前方查看了。原告赵某向民警解释称，其驾车出发前已将手机架设于空调出风口，用纸遮挡是怕反光，同时请求不要扣分。民警答复不论手机用于导航还是其他用途，都不允许放置于车辆前方，并拒绝了原告赵某提出不要扣分的请求。其后，民警认定原告赵某实施了两项交通违法行为，并当场作出下述两项处罚决定：编号为 1830935880 的《公安交通管理简易程序处罚决定书》，认定其实施了机动车违反禁止标线指示的违法行为，决定罚款 200 元；编号为 1830935891 的《公安交通管理简易程序处罚决定书》，认定原告赵某实施了驾车时浏览电子设备妨碍安全行车的违法行为，违反了《中华人民共和国道路交通安全法实施条例》（以下简称《道路交通安全法实施条例》）第六十二条第（三）项、《上海道交条例》第三十四条第（七）项的规定，根据《中华人民共和国道路交通安全法》（以下简称《道路交通安全法》）第九十条的规定，决定对其罚款 200 元。原告赵某对后一处罚决定不服，提起本案诉讼。

【审判】

上海铁路运输法院经审理认为：根据《道路交通安全法》第五条第一款规定，被告作为公安交通管理部门，具有对其辖区范围内的道路交通安全违法行为进行处罚的职权。被告民警在对原告进行检查时，认为其存在浏览电子设备的行为，适用简易程序当场对其作出罚款 200 元的处罚，执法程序合法。本案争点在于：被告认定原告在驾车过程中浏览电子设备妨碍安全行车并适用《道路交通安全法实施条例》第六十二条第（三）项、《上海道交条例》第三十四条第（七）项规定进行处罚，证据是否充分、适用法律是否正确。

浏览电子设备妨碍安全行车的规定，直接来源于《上海道交条例》第三十四条第（七）项。该项规定，驾驶机动车上道路行驶不得有“浏览电子设备等妨碍安全驾驶的行为”。就文义而言，“电子设备”较易界定，手机系电子设备的一种，但“浏览”系不确定法律概念，本意为大略地看，其中包含的时间长短是不确定的，瞬间扫视抑或一定时间内观看均可被视作“浏览”，该行为在法律上如何理解需要明确。而证据的固定、提交是以行政机关正确理解法律规范并据之按照法律事实构成要件采集证据材料为基础，因此本案最需厘清的是《上海道交条例》第三十四条第（七）项中的“浏览电子设备”的法律意涵。

《上海道交条例》系地方性法规，前述第（七）项规定上位法律规范依据是被诉处罚决定亦援引的作为行政法规的《道路交通安全法实施条例》第六十二条第（三）项。该项规定，驾驶机动车不得有“观看电视等妨碍安全驾驶的行为”。因此，如何在上位法框架内正确理解“浏览电子设备”殊为重要。从法律条文的逻辑结构以及立法目的分析，《上海道交条例》第三十四条第（七）项中的“浏览电子设备”是作为应予处罚的妨碍安全驾驶行为的一种。其上位法律规范依据《道路交通安全法实施条例》第六十二条第（三）项中使用了“观看”一词，其中隐含了特意、专注地看并看了一定长度时间的内涵，作为下位规定中的“浏览”亦应在前述范围内进行理解；同时，机动车驾驶人在驾车过程中需要瞬间扫视道路上的各种标志、交通显示屏及相关路况，不必然产生交通事故风险，且其本身更是安全驾驶的要求。因此，作为妨碍安全驾驶行为的“浏览”应有一定时间长度的要求，瞬间扫视不构成妨碍安全驾驶中应予处罚的“浏览”行为。申言之，从浏览的时间长度及危险程度来看，一定时间内持续观看电子设备或在观看过程中用手操作电子设备，显而易见将给驾驶安全带来较大风险，需通过道路交通处罚进行规制，属于《上海道交条例》第三十四条第（七）项中应按妨碍安全驾驶予以处罚的“浏览电子设备”的行为。

本案中，民警在巡逻过程中发现原告驾车跨越道路中心单黄线掉头，在截停原告后，作出认定原告违反禁止标线指示的处罚决定。在此过程中，民警查见原告在车辆空调出风口处架设手机并用纸张遮挡，告知不允许把电子设备放于车前，后认定原告实施了驾车时浏览电子设备妨碍安全行车并作出被诉处罚决定。民警的工作情况中称其是在原告驾车掉头过程中看到原告浏览手机，但从被告提供的执法记录视频中可见，原告驾车掉头时与民警擦身而过，时间较短，且原告车窗均为紧闭状态，同时在民警与原告的对话中，原告也未自认其浏览手机。因此，被告提供的证据尚不足以证明原告驾车掉头过程中浏览了手机，更无法查实原告是瞬间扫视手机抑或一定时间内持续观看手机。被告认定原告驾车过程中浏览电子设备妨碍安全行车并依据《上海道交条例》第三十四条第（七）项等规定进行处罚，主要证据不足，适用法律错误。原告同时提出赔偿请求，但自述仅系个人估计，未提供任何证据，不予支持。据此，法院依照《中华人民共和国行政诉讼法》第七十条第（一）项、第（二）项及《最高人民法院关于审理行政赔偿案件若干问题的规定》第三十三条规定，判决：一、撤销被告上海市公安局长宁分局交通警察支队于2017年8月5日作出的编号为1830935891的《公安交通管理简易程序处罚决定书》；二、驳回原告赵某其他诉讼请求。

宣判后，双方当事人均未上诉，判决现已生效。

【评析】

随着社会的发展，我国汽车保有量不断上升[①]，道路交通状况日渐复杂，各地也在不断加强道路交通整治，不断寻求法律治理。2016年12月29日修订、2017年3月25日实施的《上海道交条例》第三十四条第（七）项对以往规定进行了修订，规定为，驾驶机动车上道路行驶不得有“拨打接听手持电话、浏览电子设备等妨碍安全驾驶的行为”。由此，交警部门在执法时即运用此条对相关“浏览电子设备”的行为进行了处罚。本案即为一起典型案件，原告因对交警认定其驾车过程中“浏览电子设备”系妨碍安全驾驶的行为不服，提起诉讼。原告提出的诉讼请求有两项，第（二）项赔偿请求依附于第（一）项有关被诉处罚决定的合法性认定。就被诉处罚决定而言，有两方面需要关注：一方面是被告提供证据是否充分，另一方面是被告适用前述

---

① 据公安部统计，2018年全国新注册登记机动车3172万辆，机动车保有量已达3.27亿辆，机动车驾驶人突破4亿人，达4.09亿人。数据来源：公安部交通管理局官方微博。

第（七）项规定作出处罚是否正确。当然，证据的采集、固定可以说是建立在被告对法律规定的正确理解、把握的基础上，即只有准确理解法律规定，行政机关才能从最恰当的角度、用最恰当的方式收集证据。因此，本案核心法律争议在于如何准确理解、界定《上海道交条例》第三十四条第（七）项规定的法律意涵。

一、地方性法规的法律解释

根据前述第（七）项的规定，驾车过程中不得有“浏览电子设备”的行为，何为“浏览”？何为“电子设备”？这里就涉及到法律解释的问题。法律解释对裁判案件、处理法律问题非常重要，不进行解释就不能进行法律的适用，不能进行裁判。①

《上海道交条例》由上海市人大常委会通过，是地方性法规。而司法裁判过程中，对于地方性法律规范具体条文的理解必须遵守一个基本的法律适用原则：下位法不得违反上位法。现阶段，对于法律规范的备案审查力度日趋加强。全国人大常委会法工委统计显示，2018 年，全国人大常委会法工委共收到公民、组织涉及规范性文件的各类来信来函 4578 件，可以明确为审查建议的有 1229 件，而在近年来收到的审查建议中，有不少是针对道路交通管理的地方性法规和规章提出的；截至 2018 年年底，已总共修改 514 件、废止 83 件，还有 432 件地方性法规的修改、废止工作已列入立法工作计划中。②因此，无论是本案对于《上海道交条例》第三十四条第（七）项规定的理解，还是对其他地方性法律规范的解读，都必须放在上位法框架内进行把握。

至于具体方法，法律解释的方法有很多种，如文义解释、体系解释、立法解释、扩张解释、限缩解释等，需要根据个案情况运用不同解释方法。

二、作为妨碍安全驾驶行为的“浏览电子设备”的规范理解与实践把握

从文义的角度来看，“电子设备”的概念比较清楚，手机、电脑等均属其中。但就“浏览”而言，内涵、外延却难界定，眼睛粗略一扫而过可以是“浏览”，短时间内盯着某物看也可称之为“浏览”，即瞬间扫视抑或一定时间内观看均可被视作“浏览”。因此，仅从文义解释的角度，无法完全解决问题。

---

① 参见梁慧星：《裁判的方法》，法律出版社 2003 年版，第 50 页。

② 参见王琦：《备案审查有刚性　百姓关切有回应》，载新华网，http：//www. xinhuanet. com/legal/2019 -02/24/c_ 1124156138. htm，最后访问日期：2019 年 4 月 30 日。

从立法目的角度来看，因有委员提出，现实生活中驾驶机动车时浏览手机短信、微信等现象较为突出，存在较大安全隐患，建议增加相应的禁止性规定，[①] 所以拟定了前述第（七）项规定。据此，该规定是应对司机驾车过程中看短信、看微信的情况，但这种立法意图主要从看的内容角度来判断，显然实际执法中无法要求交警检查公民手机等电子设备所呈现的内容，同时，如果看的是导航，显然也不能就此武断地判断其是否违法，若简单地认为驾车过程中看导航即违法，显然过于荒谬。因此，从立法目的考虑，仍无法据此得出“看”到何种程度才能成为该项规定的规制对象。

所以，如前所述，还必须回归上位法的规定去理解该项规定。从法律条文的逻辑结构以及立法目的分析，第（七）项规定上位法律规范依据《道路交通安全法实施条例》第六十二条第（三）项。该项规定，驾驶机动车不得有“观看电视等妨碍安全驾驶的行为”。“观看”一词隐含了特意、专注地看并看了一定长度时间的内涵，作为下位规定中的“浏览”亦应在前述范围内进行理解。而且，虽然驾车过程中视线离开前行路线方向具有危险性，但交通规范同样要求机动车驾驶人必须关注道路旁的路牌、交通显示屏等，这也会分散视线，但这种视线分散相较于要求视线一刻不得离开前方路线，显然适时观察路况更能确保驾驶安全。

综合考量前述情况，法院最终给出了前述第（七）项规定的司法解读：作为妨碍安全驾驶行为的“浏览”应有一定时间长度的要求，瞬间扫视不构成妨碍安全驾驶中应予处罚的“浏览”行为。这种裁判观点实质上矫正了本案交警的执法认识，某种程度上也是为地方立法进行了澄清、释明。

为更准确地向各界阐明司法观点，也为行政机关提供可供参考的执法标准，法院进一步给出了实践操作说明，即一定时间内持续观看电子设备或在观看过程中用手操作电子设备，显而易见将给驾驶安全带来较大风险，属于《上海道交条例》第三十四条第（七）项中应按妨碍安全驾驶予以处罚的“浏览电子设备”的行为。

三、余论：关于一人执法的证据效力的发展

本案还涉及另一问题，即交警一人执法的证据效力问题。本案中，法院

---

① 参见王海燕：《历经3次审议，开门立法集中民智民意，昨由市人大常委会表决通过新交管条例85%以上条款为新修订》，载《解放日报》2016年12月30日，第2版。

未直接采信交警一人执法时所作证言，而是结合视频资料等在案证据，否定了执法交警有关看到原告浏览手机的证言效力。根据以往司法裁判观念，对于交警一人执法的证据效力，在排除交警与当事人有利害关系，且现场无其他证据印证的情况下，相较于相对人证言，交警证言系优势证据，应予采信。但笔者认为，前述规则来源于廖宗荣诉重庆市公安局交通管理局第二支队道路交通管理行政处罚决定案，但该案发生于2005年，最高人民法院于2007年将之作为公报案例进行发布，距今均已十余年。社会发展日新月异，根据公安部发布的《公安机关现场执法音频记录工作规定》等规定，现在交警执法必须佩带执法记录仪，很多地方业已进行配备，同时，现在道路上视频监控随处可见，因此，需要重新审视、发展前述规则。交通处罚案件中，原则上需要交警提供执法记录视频或现场监控视频，只有确实有更充分、合理、正当的理由，无法提供视频的，方可认可交警一人执法时的证言。当然，这不是本案核心法律争点，判决书中未作展开。

（作者单位：上海市高级人民法院、上海铁路运输法院）

拆迁补偿协议撤销与确认违法裁判方式的选择

韩锦霞

【裁判要旨】

1. 行政协议签订主体对合同相对性的突破。虽然拆迁补偿协议签订的双方主体系非政府一方的村委会与案外人闫某，但村委会系基于万全区政府的委托签订协议，故万全区政府系本案适格被告。拆迁补偿协议所涉的拆迁范围与补偿内容涉及并包括天富轮胎厂的补偿权益。非合同主体一方天富轮胎厂与拆迁补偿协议具有法律上的利害关系，具备本案诉讼原告主体资格。

2. 确认违法与撤销判决的选择适用。在缺失与补偿权益主体协商的情况下，万全区政府就包含天富轮胎厂补偿权益在内的范围一并与闫某签订拆迁补偿协议，该行政补偿行为明显不当，属于《中华人民共和国行政诉讼法》第七十条第（六）项规定应予判决撤销的情形。同时，拆迁补偿协议仅是协议当事人就拆迁补偿内容作出的行为，其撤销不会给公共利益造成重大影响，判决确认被诉拆迁补偿协议违法并责令万全区政府采取补救措施，属于适用法律错误。应选择适用撤销判决，判决撤销拆迁补偿协议，同时责令万全区政府就本案所涉补偿事宜重新依法作出处理。

3. 选择行政诉讼解决行政协议争议具有不可替代性。民事诉讼可能解决的是既定补偿款额在天富轮胎厂与闫某之间的分配问题，但涉及天富轮胎厂的具体补偿问题，除直接提起行政协议诉讼外，确无其他更为有效的途径予以保护。

【案号】

一审：河北省张家口市中级人民法院（2018）冀07行初119号。

二审：河北省高级人民法院（2019）冀行终324号。

【案情】

原告（上诉人）：万全县天富通用轮胎翻新厂（以下简称天富轮胎厂）。

被告（上诉人）：张家口市万全区人民政府（以下简称万全区政府）。

第三人：张家口市万全区宣平堡乡新窑子村民委员会（以下简称新窑子村委会）。

第三人：闫某。

2013 年 11 月 23 日，闫某作为甲方与乙方天富轮胎厂签订租赁协议，约定将甲方位于万全区新窑子村口 110 国道北二层楼院落一处租赁给乙方，用于生产经营，租赁期间为五年。为推进张呼铁路项目建设，万全区政府于 2014 年 6 月 30 日发布《张呼客专铁路建设项目征拆工作公告》，上述院落位于张呼铁路项目建设征地范围内。2016 年 6 月 27 日，新窑子村委会作为拆迁方与作为被拆迁方的闫某就上述院落签订《拆迁补偿协议》。该协议约定，拆迁闫某企业地表物及附属物，包括彩钢棚、宿舍、厂房等，拆迁补偿选择货币补偿方式，补偿金额标准以评估报告的货币补偿基准价为准，拆迁补偿费 3897840 元。该补偿协议所涉的拆迁范围包括天富轮胎厂所建的部分房屋及设施，补偿款亦包括对天富轮胎厂被拆除部分的建筑物及地上附着物、搬迁费用、停产停业损失、安置费、工人费用等补偿项目。上述拆迁补偿款已经足额给付闫某。另，新窑子村委会与闫某之间签订《拆迁补偿协议》系万全区政府授权新窑子村委会签订。

【审判】

天富轮胎厂于 2017 年 1 月 13 日向张家口市中级人民法院提起行政诉讼，该院作出（2017）冀 07 行初 10 号行政裁定，裁定驳回天富轮胎厂的起诉。天富轮胎厂不服向河北省高级人民法院提出上诉，河北省高级人民法院作出（2017）冀行终 510 号行政裁定，裁定撤销张家口市中级人民法院（2017）冀 07 行初 10 号行政裁定，指令该院继续审理。

河北省张家口市中级人民法院审理认为，《拆迁补偿协议》所涉的拆迁范围包括天富轮胎厂所建的部分房屋及设施，补偿款亦包括对天富轮胎厂被拆除部分的建筑物及地上附着物、搬迁费用、停产停业损失、安置费等补偿项目。天富轮胎厂经营场所被征收，涉及补偿项目，应当给予天富轮胎厂适当补偿，天富轮胎厂主体适格。万全区政府仅与第三人闫某签订的《拆迁补偿协议》并将补偿款足额给付第三人闫某，未将天富轮胎厂列入补偿范围，未尽到审慎审查义务。万全区政府作出该行政行为认定事实不清，根据《中华人民共和国行政诉讼法》第七十条之规定，应当予以撤销。但因建设张呼铁路是国家重点交通建设项目，涉及重大公共利益，撤销该行政行为会给公共利益造成重大损失，故对天富轮胎厂申请撤销第三人新窑子村委会于2016年6月27日与第三人闫某签订《拆迁补偿协议》的主张不予支持。依照《中华人民共和国行政诉讼法》第七十四条第一款第（一）项、第七十六条之规定，判决：一、确认万全区政府授权第三人新窑子村委会于2016年6月27日与第三人闫某签订《拆迁补偿协议》行政行为违法；二、责令万全区政府采取补救措施。

判决后，天富轮胎厂不服，提起上诉称：一审判决认定事实及适用法律均错误。本案拆迁补偿协议应当依法予以撤销。首先，拆迁补偿协议非法处分了天富轮胎厂的财产，万全区政府作出的拆迁补偿协议认定事实不清，而且本案土地尚未取得征地批复；其次，撤销拆迁补偿协议不会给公共利益造成重大损失。行政协议是新窑子村委会与闫某签订，相对人是有限的当事人，行政协议的内容是针对天富轮胎厂所在区域的房屋等拆迁补偿，不会发生给公共利益造成重大损失的后果，也不会对张呼铁路建设造成任何影响。请求撤销一审判决，改判撤销被诉拆迁补偿协议。

万全区政府不服，提起上诉称：一、天富轮胎厂主体资格不适格。万全区政府委托的征收单位与建筑物所有权人闫某自愿达成协议，合法、合规。天富轮胎厂不是补偿协议涉及的建筑物所有权人，也不是协议的当事人，无权干涉协议双方的自由意愿，不具有提起行政协议无效、撤销诉讼的主体资格。二、天富轮胎厂所诉拆迁补偿协议不存在违法情形。新窑子村委会作为征收实施单位具有签订补偿协议的主体资格，本案拆迁补偿协议所涉建筑物及土地是在张呼铁路建设范围内，是基于公共利益的需要，根据《国有土地上房屋征收与补偿条例》的相关规定，房屋征收部门与被征收人可以订立补偿协议。闫某是涉案拆迁补偿协议房屋所有权人和土地使用权人，万全区政府经过清登、评估等程序，在与闫某平等协商的基础上签订的被诉协议。三、一审法院认为万全区政府未尽到审慎审查义务，未将天富轮胎厂列入补偿范围与事实不符。被诉协议是在双方协商并经专门评估机构评估后签订的，涉案房屋、搬迁、经营损失等补偿均已包含在内。天富轮胎厂与闫某之间的分配纠纷应由民事诉讼解决，被诉协议对天富轮胎厂合法权益不产生实际影响。综上，请求撤销一审判决，驳回天富轮胎厂的上诉请求。

河北省高级人民法院审理认为，行政协议是行政主体为实现公共利益或者行政管理目标，在法定职责范围内，与公民、法人或者其他组织协商订立的具有行政法上权利义务内容的协议。本案被诉《拆迁补偿协议》是万全区政府在张呼铁路建设项目征收补偿过程中与被征收人协商达成的补偿协议，属于行政协议。一、关于本案诉讼主体资格问题。虽然《拆迁补偿协议》签订的双方主体系新窑子村委会与闫某，但万全区政府自认是其授权新窑子村委会签订的上述补偿协议，并对该协议表示认可，故万全区政府系本案适格被告。《拆迁补偿协议》所涉的拆迁范围除闫某的建筑物及附属物外，还包括实际使用人天富轮胎厂所建的部分房屋及设施，补偿款亦包括对天富轮胎厂被拆除部分建筑物及地上附着物、搬迁费用、停产停业损失、安置费、工人费用等补偿项目。故天富轮胎厂与被诉《拆迁补偿协议》具有法律上的利害关系，具备本案诉讼原告主体资格。二、关于《拆迁补偿协议》是否应予撤销问题。万全区政府作为案涉征收补偿主体，应当依照相关法律规定及相应补偿标准对被征收人进行合法、合理、适当的补偿。万全区政府明知补偿协议涉及天富轮胎厂的相关权益，在未与天富轮胎厂协商并达成一致的情况下，直接与闫某签订被诉《拆迁补偿协议》，处置了天富轮胎厂的权益，对天富轮胎厂造成了实际权利义务影响。具体说，天富轮胎厂被拆除部分建筑物及地上附着物、搬迁费用、停产停业损失、安置费、工人费用等项目的补偿标准及具体数额等，这些均直接影响天富轮胎厂最终获得补偿权益的多少，在缺失与补偿权益主体协商的情况下，万全区政府就包含天富轮胎厂补偿权益在内的范围一并与闫某签订《拆迁补偿协议》，该行政补偿行为明显不当，属于《中华人民共和国行政诉讼法》第七十条第（六）项规定应予判决撤销的情形。同时，被诉《拆迁补偿协议》仅是协议当事人就拆迁补偿内容作出的行为，其撤销不会给公共利益造成重大影响，一审判决确认被诉《拆迁补偿协议》违法并责令万全区政府采取补救措施，属于适用法律错误，依法应予撤销。另外，关于万全区政府有关天富轮胎厂与闫某之间的补偿款分配纠纷应由民事诉讼解决的主张，民事诉讼可能解决的是既定补偿款额在天富轮胎厂与闫某之间的分配问题，但涉及天富轮胎厂的补偿问题，除直接提起行政协议诉讼外，确无其他更为有效的途径予以保护，故万全区政府的该项主张不能成立。综上，上诉人天富轮胎厂的上诉理由成立，法院予以支持。上诉人万全区政府的上诉理由不成立，法院不予支持。依照《中华人民共和国行政诉讼法》第八十九条第一款第（二）项、第七十条第（六）项的规定，判决如下：

一、撤销张家口市中级人民法院 2018 年 9 月 30 日作出的（2018）冀 07 行初 119 号行政判决；

二、撤销张家口市万全区人民政府授权张家口市万全区宣平堡乡新窑子村民委员会于 2016 年 6 月 27 日与闫某签订的《拆迁补偿协议》；

三、责令张家口市万全区人民政府就本案所涉补偿事宜重新依法作出处理。

【评析】

本案涉及行政协议案件司法审查中的多个理论问题。一是行政协议案件适格原告与被告的确定，体现了行政协议签订主体对合同相对性的突破。二是行政协议案件裁判方式在确认违法与撤销判决中的选择适用。三是以实证角度证明了通过行政诉讼解决行政协议案件的不可替代性。二审法院对行政协议案件司法审查所涉法律问题进行了深入细致的分析论证，准确适用撤销判决并责令重作补偿行为的裁判方式，最大化保障了被征收人依法获得合理补偿的权益。同时要求行政机关结合现实情况，遵循诚实信用原则，在实现公共利益同时充分保护被征收人的合法权益。本案对探讨行政协议案件司法审查具体规则，同时推进法治政府、诚信政府建设具有典型意义。

一、行政协议签订主体对合同相对性的突破

行政协议双方当事人以外的第三方主体是否可以提起行政协议之诉？基于我国行政诉讼原告资格之“利害关系”角度考虑，如果行政协议以外的第三人因行政协议对其造成直接的实际的影响，具有诉的利益，且除了提起行政协议之诉一般不能得到有效救济，那么非行政协议签订主体的第三人也当然具有该协议之诉的原告资格。不论何种情形，判断非协议主体是否能够成为行政协议诉讼适格原告的标准仍然应当遵循“利害关系”标准。即只要某

一主体基于行政协议的订立或未订立，履行或未履行，其主张的某一种合法权益将可能受到损害，而该种损害与行政协议行为具有直接的因果关系，且该种权益应是行政行为作出时应当予以考虑的，同时，除直接提起行政协议诉讼外又无其他更为有效的途径予以保护时，那么，该非协议主体一定是行政协议诉讼之适格原告。同样，行政协议适格被告的考量，亦未囿于行政协议的实际签订主体。行政诉讼适格被告的识别确认规则对于行政协议诉讼来讲，同样适用。委托其他机关或组织签订行政协议的行政机关是行政协议案件的适格被告。该案亦可以印证非行政协议主体特定条件下可成为适格被告的结论。

本案中，虽然《拆迁补偿协议》签订的双方主体系新窑子村委会与闫某，但万全区政府自认是其授权新窑子村委会签订的上述补偿协议，并对该协议表示认可，故万全区政府系本案适格被告。《拆迁补偿协议》所涉的拆迁范围包括实际使用人天富轮胎厂所建的部分房屋及设施，补偿款亦包括对天富轮胎厂被拆除部分建筑物及地上附着物的补偿、停产停业损失等项目。万全区政府明知补偿协议涉及天富轮胎厂的权益，在未与天富轮胎厂协商并达成一致的情况下，直接与闫某签订被诉拆迁补偿协议，处置了天富轮胎厂的权益，对天富轮胎厂造成了实际权利义务影响。故天富轮胎厂与被诉《拆迁补偿协议》具有法律上的利害关系，具备本案诉讼原告主体资格。

二、确认违法与撤销判决的选择适用

关于《拆迁补偿协议》是否应予撤销的问题。万全区政府作为案涉征收补偿主体，应当依照相关法律规定及相应补偿标准对被征收人进行合法、合理、适当的补偿。万全区政府明知补偿协议涉及天富轮胎厂的相关权益，在未与天富轮胎厂协商并达成一致的情况下，直接与闫某签订被诉《拆迁补偿协议》，处置了天富轮胎厂的权益，对天富轮胎厂造成了实际权利义务影响。具体说，天富轮胎厂被拆除部分建筑物及地上附着物、搬迁费用、停产停业损失、安置费、工人费用等项目的补偿标准及具体数额等，这些均直接影响天富轮胎厂最终获得补偿权益的多少，在缺失与补偿权益主体协商的情况下，万全区政府就包含天富轮胎厂补偿权益在内的范围一并与闫某签订拆迁补偿协议，该行政补偿行为明显不当，属于《中华人民共和国行政诉讼法》第七十条第（六）项规定应予判决撤销的情形。同时，拆迁补偿协议仅是协议当事人就拆迁补偿内容作出的行为，其撤销不会给公共利益造成重大影响，判决确认被诉拆迁补偿协议违法并责令万全区政府采取补救措施，属于适用法律错误。应选择适用撤销判决，判决撤销拆迁补偿协议，同时责令万全区政府就本案所涉补偿事宜重新依法作出处理。只有选择撤销判决才能真正保护被征收人受损权益，并最终获得对其补偿权益的实质性保障。

三、选择行政诉讼解决行政协议争议具有不可替代性

司法实践中，很多当事人明知涉案协议为行政协议仍愿意对其提起民事诉讼寻求解决，认为民事诉讼解决协议纠纷更具专业性。殊不知，行政诉讼对于行政协议争议的解决深具不可替代性。就本案来讲，关于万全区政府有关天富轮胎厂与闫某之间的补偿款分配纠纷应由民事诉讼解决的主张，民事诉讼可能解决的是既定补偿款额在天富轮胎厂与闫某之间的分配问题，但涉及对天富轮胎厂的具体补偿问题，是否应予补偿、补偿标准的高低与数额的多少，除直接提起行政协议诉讼外，确无其他更为有效的途径予以保护。故万全区政府的该项主张不能成立。由此可见，行政审判的专属职能即是对行政行为的审查，行政协议行为作为行政行为种类之一，理应包括在内；同时，民事审判对行政协议中行政权力因素的审查无能为力。行政协议的行政诉讼审查模式，与其说是立法的选择，毋宁说更是司法实践的选择。

（作者单位：河北省高级人民法院）

交警强制检验血液行为属于行政诉讼受案范围

李国宁　管筱笛

【裁判要旨】

交警根据《中华人民共和国道路交通安全法实施条例》第一百零五条规定，对酒后驾驶当事人实施的强制检验血液行为，是公安机关判定案件能否进入刑事立案的基础性调查行为，属于公安机关为了固定证据所实施的行政强制措施，并非公安机关依照刑事诉讼法的明确授权实施的行为，应属于人民法院行政诉讼的受案范围。并且，交警实施的强制检验血液行为应严格遵循《中华人民共和国行政强制法》所规定的法定程序，以保护相对人的实体和程序权益。

【案号】

一审：山东省青岛市黄岛区人民法院（2019）鲁0211行初76号。

二审：山东省青岛市中级人民法院（2019）鲁02行终569号。

【案情】

原告高某诉称：2018年10月26日23时30分许，原告驾驶小型普通客车在青岛市黄岛区榕江路江山丽城北门处发生交通事故。被告现场处理人员认为原告涉嫌酒后驾驶机动车，遂决定对原告实施检验血液的行政强制措施，并在2018年10月27日凌晨1点30分将原告带至开发区医院抽取血样。被告在实施前述检验血液的行政强制措施时，未当场制作法律文书。直到2018年11月2日，被告才制作了《公安交通管理行政强制措施凭证》并送达原告。

被告在对原告实施前述检验血液行政强制措施时，未遵循《中华人民共和国行政强制法》第十八条等法律、行政法规的规定，存在一系列的严重违法情形。故该检验血液的行政强制措施，根据《中华人民共和国行政诉讼法》第七十条、第七十四条之规定，应确认违法，并予以撤销。故请求：1. 确认被告 2018 年 10 月 26 日对原告实施的检验血液行政强制措施违法，并判令撤销；2. 判令被告承担本案全部诉讼费用。

被告青岛市公安局交通警察支队黄岛大队辩称：一、原告危险驾驶一案的基本情况。2018 年 10 月 26 日，接分局指挥中心通报，在黄岛区榕江路江山丽城路段路北一辆出租车与轿车相剐。被告到场后发现是原告驾驶轿车与出租车追尾，原告身上有浓重的酒味，明显是醉酒状态。现场询问时原告不承认是轿车驾驶员，拒不出示证件、不讲姓名，遂将其带至警车上进一步询问，原告仍不出示证件，也不承认喝酒。后被告将原告带至开发区医院采血，经多次警告，原告才同意采血，但在登记采血单时仍不告知真实姓名，在签名处也只画了一个圈。采血完成后被告将原告带回中队落实身份，因原告称其妻子出差，家中孩子有晕倒经历，民警让原告先回家照顾孩子，当天早晨携带有效身份证件到被告单位接受处理。期间经电话联系，原告不予配合，也未到被告单位接受处理。10 月 31 日，原告的酒检报告显示其血液中乙醇含量为 148mg/100ml，民警联系原告，其仍然未到交警队接受处理，直至 11 月 2 日，民警称如不来处理就把酒检报告寄送至原告单位，原告才到交警队接受处理。2018 年 11 月 3 日，原告危险驾驶案被青岛市公安局开发区分局立案侦查，2019 年 1 月 9 日，原告被取保候审。目前，原告危险驾驶案已移送检察院审查起诉。二、原告所诉行为属刑事侦查行为，是公安机关刑事司法工作职责，不属于行政诉讼受案范围。公安机关作为兼具行政执法和刑事司法职能的机关，只有在行使行政职权时的行为，才能作为行政诉讼的受案范围，刑事司法职能的工作，不应列入行政诉讼范围。本案已经刑事立案进入刑事侦查程序，原告所述行为是被告开展的刑事侦查工作，不属于行政诉讼受案范围。

一审法院经审理查明：2018 年 10 月 26 日 23 时 58 分许，青岛市公安局青岛经济技术开发区分局指挥中心接到“陈先生”报警，称出租车与轿车相剐，轿车驾驶员酒驾。被告单位民警接指挥中心通报后到现场处理，发现原告涉嫌醉酒驾驶轿车与出租车追尾。后民警将原告带至警车上询问，原告承认其酒后驾驶机动车。被告将原告带至医院抽取血样，开始原告并不配合，后经警告后同意抽血。2018 年 11 月 2 日，被告针对前述采血行为作出《公安交通管理行政强制措施凭证》，决定对原告 10 月 26 日的违法行为采取扣留机动车、检验血液/尿样。另查明，2018 年 10 月 31 日，经青岛市公安局刑事警察支队技术处检测认定，被告的血样中乙醇含量为 148mg/100ml。2018 年 11 月 3 日，青岛市公安局青岛经济技术开发区分局决定对原告危险驾驶案立案侦查，11 月 9 日，原告因涉嫌危险驾驶罪被青岛市公安局青岛经济技术开发区分局取保候审，该案已移送至检察机关审查起诉。

【审判】

青岛市黄岛区人民法院于 2019 年 6 月 26 日作出（2019）鲁 0211 行初 76 号行政判决，确认被告青岛市公安局交通警察支队黄岛大队在 2018 年 10 月 26 日对原告实施的强制检验血液行为违法。宣判后，青岛市公安局交通警察支队黄岛大队（以下简称黄岛交警队）向青岛市中级人民法院提起上诉。青岛市中级人民法院于 2019 年 10 月 28 日作出（2019）鲁 02 行终 569 号行政判决，驳回上诉，维持原判。

法院生效裁判认为：

第一，上诉人对被上诉人所实施的强制检验血液行为是行政强制措施还是刑事侦查行为，是否是行政诉讼的受案范围。

《中华人民共和国道路交通安全法》第九十一条规定，饮酒后驾驶机动车的，处暂扣六个月机动车驾驶证，并处一千元以上二千元以下罚款。因饮酒后驾驶机动车被处罚，再次饮酒后驾驶机动车的，处十日以下拘留，并处一千元以上二千元以下罚款，吊销机动车驾驶证。醉酒驾驶机动车的，由公安机关交通管理部门约束至酒醒，吊销机动车驾驶证，依法追究刑事责任；五年内不得重新取得机动车驾驶证。另外，《最高人民法院、最高人民检察院、公安部〈关于办理醉酒驾驶机动车刑事案件适用法律若干问题的意见〉》第一条第一款的规定，行为人血液中酒精的含量达到 80mg/100ml，属于醉酒驾驶机动车，应当以危险驾驶罪定罪追究其刑事责任。据此，只有驾驶人血液中酒精的含量达到 80mg/100ml，属于醉酒驾驶机动车才追究刑事责任，否则只处行政处罚。

2018 年 10 月 26 日 23 时 58 分许，被上诉人涉嫌酒后驾驶车辆，上诉人为确定被上诉人体内酒精含量，强制被上诉人到医院提取血样以备酒精含量检测。依照前述规定，是否对被上诉人追究刑事责任，取决于被上诉人是否为醉驾，应当与检测结果相关联，确有可能对当事人仅处以行政处罚。《公安机关办理行政案件程序规定》（2012 年修订）第五十一条规定：公安机关对发现或者受理的案件暂时无法确定为刑事案件或者行政案件的，可以按照行政案件的程序办理。在办理过程中，认为涉嫌构成犯罪的，应当按照《公安机关办理刑事案件程序规定》办理。据此，上诉人应当按照行政案件的程序办理相关检测。上诉人也于 2018 年 11 月 2 日对被上诉人作出了《公安交通管理行政强制措施凭证》，该凭证明确记载“……根据相关法律法规规定（依据见附页），采取行政强制措施……检验血液/尿样……”。只是在 2018 年 10 月 31 日，鉴定机构确认被上诉人血样中乙醇检测含量为 148mg/100ml，青岛市公安局青岛经济技术开发区分局后于同年 11 月 3 日决定对被上诉人以危险驾驶案立案侦查。综上，上诉人涉案强制检测行为应该界定为行政强制行为。

《最高人民法院关于适用〈中华人民共和国行政诉讼法〉的解释》第一条第二款第（一）项规定，公安、国家安全等机关依照刑事诉讼法的明确授权实施的行为，不属于人民法院行政诉讼的受案范围。涉案强制检测行为显然不属于依照刑事诉讼法明确授权实施的行为，不属于该排除事项，原审法院将其作为行政诉讼的受案范围并无不当。

第二，上诉人对被上诉人采取的强制检验血液行为是否符合法定程序。

《中华人民共和国行政强制法》第十八条规定：“行政机关实施行政强制措施应当遵守下列规定：（一）实施前须向行政机关负责人报告并经批准；……（五）当场告知当事人采取行政强制措施的理由、依据以及当事人依法享有的权利、救济途径；（六）听取当事人的陈述和申辩；……”第十九条规定：“情况紧急，需要当场实施行政强制措施的，行政执法人员应当在二十四小时内向行政机关负责人报告，并补办手续……”第二十条规定：“依照法律规定实施限制公民人身自由的行政强制措施，除应当履行本法第十八条规定的程序外，还应当遵守下列规定……（二）在紧急情况下当场实施行政强制措施的，在返回行政机关后，立即向行政机关负责人报告并补办批准手续……”

上诉人作为履行交通管理职能的行政机关，其在对被上诉人实施行政强制措施时，依法应当报行政机关负责人批准，并当场告知采取行政强制措施的理由、依据及当事人依法享有的权利、救济途径，同时还应当听取当事人的陈述或申辩。从上诉人提交的证据看，其并没有严格按照前述法定程序进行，其也没有在作出涉案行政强制措施的二十四小时内补办相关手续，只是在2018年11月2日才向被上诉人作出了《公安交通管理行政强制措施凭证》，明显超过了前述法律规定的补办手续时间，原审确认程序违法并无不当。

【评析】

公安机关作为兼具行政管理和刑事司法职能的国家机关，其作出的权力行为可能涉及行政强制措施或刑事侦查行为，由于执法实践的多样性、行为表象的相近性和职能履行的衔接性，相对人甚至法律工作者往往难以将二者甄别开来。而《最高人民法院关于适用〈中华人民共和国行政诉讼法〉的解释》第一条第二款第（一）项规定，公安等机关依照刑事诉讼法的明确授权实施的行为不属于人民法院行政诉讼的受案范围，因此，确定某一行为是行政强制措施还是刑事侦查行为，关系到当事人能否获得相应的法律救济，以及应当选择何种救济途径。

一、行政强制措施与刑事侦查行为的区别

行政强制措施，是指行政机关在行政管理过程中，为制止违法行为、防止证据损毁、避免危害发生、控制危险扩大等情形，依法对公民的人身自由实施暂时性限制，或者对公民、法人或者其他组织的财物实施暂时性控制的行为。具有强制性、预防性、暂时性、非制裁性等特征。

刑事侦查行为，是指公安等侦查机关在刑事案件立案之后，依照法定程序进行的各种专门调查工作，包括收集证据、证实犯罪、查获犯罪人及对犯罪嫌疑人采取必要强制措施的诉讼活动。具有强制性、专门性、保密性、及时性等特征。

两者的区别主要有以下几个方面：

（一）相对人违法程度不同

在同针对相对人违法行为的情况下，这是行政违法和刑事犯罪的本质区别，涉及相对人违法情节的轻重，社会危害的大小。行政违法行为虽违反国

家法律、法规，但违法情节较轻，尚未构成犯罪，一般被处以行政处罚或其他行政处理。刑事犯罪则是已经触犯刑法，违法情节较重，社会危害程度较重的行为，通常会被司法机关处以刑罚。

（二）法律依据不同

行政强制措施依据的是有关行政管理的法律规范，主要是行政强制法和有权设定行政强制措施的专门法律、行政法规和地方性法规，需要遵守行政行为的一般程序规定。刑事侦查行为依据的是刑事诉讼法等有关刑事诉讼活动的法律规定，侦查程序属于刑事诉讼中的一项独立程序。

（三）时间界点判定

由于公安机关的双重职能，其行政强制行为和刑事司法行为有一定延续和衔接，因相对人过错程度、定量检测结果、危害后果程度需要进一步确定，有些情形就存在行政案件向刑事案件的转化，而刑事立案就是重要的界点。例如，对于酒后驾车情形，饮酒驾车是指车辆驾驶人员血液中的酒精含量大于或者等于20mg/100ml，小于80mg/100ml的驾驶行为，仅需进行行政处罚；醉酒驾车是指车辆驾驶人员血液中的酒精含量大于或者等于80mg/100ml的驾驶行为，需要追究刑事责任。故在血液酒精含量检测结果之前，案件性质处于待定状态，为此《公安机关办理行政案件程序规定》（2018年修订）第六十五条规定，公安机关对发现或者受理的案件暂时无法确定为刑事案件或者行政案件的，可以按照行政案件的程序办理。

更为明确的是，根据刑事诉讼法的规定，立案是刑事诉讼程序的第一阶段，只有正式立案后，刑事诉讼的程序才正式启动，而侦查是刑事案件立案之后进行的各种专门调查工作。因此，即使当事人最终被认定为犯罪，公安机关此前的强制行为也并非一概认定为刑事侦查行为。公安机关在刑事立案前所采取的调查行为或强制措施是判定案件是行政案件或刑事案件、能否进入刑事诉讼的基础性行为，应当认定为公安机关行使行政管理职能的行政行为。

（四）救济途径不同

行政强制措施作为行政行为的一类，救济途径较为宽泛，受害人除可以要求有关部门进行监督外，还可以提起行政复议、行政诉讼，获得国家赔偿。而当刑事侦查行为侵害当事人合法权益时，受害人可以要求检察机关或者上级公安机关进行监督纠正，也可以通过刑事赔偿来获得事后救济，但不能提起行政复议或行政诉讼。

二、本案强制检验血液行为属于行政强制措施

（一）被诉强制检验血液行为符合行政强制措施的特点

黄岛交警大队接警后到现场处理时发现高某涉嫌酒后驾驶，为固定相关证据，防止血液中的酒精含量随时间推迟而发生变化，遂依据《中华人民共和国道路交通安全法实施条例》第一百零五条规定，作出对高某实施强制检验血液的决定，并以检验结果作为最终处理的依据，该行为符合如前所述行政法规规定的为防止证据损毁所采取的强制性、暂时性、非最终制裁性的行政强制措施行为特点，当属行政强制措施范畴。故，对交警大队关于抽取血样进行鉴定只是调查取证的一种措施，不符合行政强制措施的特征的上诉理由，不予支持。

（二）被诉强制检验血液行为在刑事立案之前，且检验结果决定案件性质

青岛市公安局青岛经济技术开发区分局于 2018 年 11 月 3 日才对高某醉驾进行刑事立案，故只有在 2018 年 11 月 3 日之后的行为才应界定为刑事侦查行为。本案黄岛交警大队对高某采取的强制检验血液行为发生在 2018 年 10 月 26 日晚至 2018 年 10 月 27 日凌晨，虽然该行为在一段时间内具有持续性，但交警大队采取该行为的时间发生在刑事立案之前，不仅如此，涉案强制检验血液行为的结果关系到该案是否属于刑事案件、能否进入刑事诉讼，故其并不是公安机关刑事立案后依照刑事诉讼法明确授权实施的行为，故交警大队主张该行为性质上属于刑事侦查行为，于法无据。

（三）被诉强制检验血液行为有明确事实证据

2018 年 11 月 2 日黄岛交警大队对高某作出了《公安交通管理行政强制措施凭证》，该凭证明确记载“……根据相关法律法规规定（依据见附页），采取行政强制措施……检验血液/尿样……”。该证据作为公安机关盖章出具的法律凭证，明确载明被诉强制检验血液行为属于行政强制措施。

三、将强制检验血液行为定性为行政强制措施的意义

对酒后驾车当事人实施的强制检验血液行为，是公安机关判定案件性质的基础性调查行为，不仅行为当时具有行政强制性，而且检验结果直接影响对当事人的最终处理。定性为行政强制措施的强制检验血液行为，并非公安机关在刑事立案后依照刑事诉讼法的明确授权实施的行为，应当属于人民法

院行政诉讼的受案范围，能够通过司法途径予以救济。并且，本案的指导意义还在于明确了行政机关行使权力应严格遵循法定程序，强制检验血液行为应履行《中华人民共和国行政强制法》的程序规定，在规范和制约行政权的合法行使中，体现对相对人的程序性保障和对公平正义的维护，以践行法制政府和依法行政的理念。

（作者单位：山东省青岛市中级人民法院）

行政相对人的利益期待依法应予保护

李继红　王　宁

【裁判要旨】

行政允诺一旦作出，行政相对人即有了一种利益期待，承诺方不履行或不完全履行承诺，对行政相对人的利益产生直接不利影响的，应当依法予以补偿。

【案号】

一审：河南省鹤壁市中级人民法院（2018）豫06行初40号。
二审：河南省高级人民法院（2018）豫行终3876号。

【案情】

2008年8月15日，濮阳市政府规划建设联席会议研究通过了子路坟城中村建设改造项目的申请，将位于濮阳市京开大道西、古城路北、中房锦绣花园东的土地29.73亩，规划用于村民住宅安置和建设开发。其中，村民安置用地14.218亩，用于建设4栋6层住宅；综合开发用地15.518亩，用于建设4栋7层住宅。村民安置费用和开发建设费用均由开发企业承担，开发企业依规划在综合开发用地上进行房地产开发销售。2011年，木林公司承接上述项目的建设开发，单方投资建成村民安置住宅楼及配套设施，并承担了折迁、安置补偿、建设等各项费用。2015年12月9日，濮阳市城乡规划委员会召开会议形成会议纪要，对子路坟村开发用地规划方案进行了调整。即“将原规划方案的4栋住宅楼调整为3栋，较原方案减少建筑面积约5600平方米”，并同意“因方案调整给建设方造成的损失应以适当方式给予补偿”。

2016年8月23日，建设路办事处就解决子路坟城中村改造项目因规划调整给建设方造成的经济损失及评估问题，向华龙区政府提出请示。根据华龙区财政局的授权，同年10月27日，建设路办事处委托远东评估公司对经济损失进行评估。12月22日，建设路办事处与远东评估公司签订《资产评估业务约定书》并交纳了评估费。12月27日，远东评估公司作出《评估报告》，最终确定评估对象在评估基准日（2015年12月9日）因规划调整给开发商造成的损失价值为34216642元。

2018年3月14日，木林公司向濮阳市政府和华龙区政府提出补偿申请。2018年3月16日，濮阳市政府收到木林公司邮寄的特快专递，未作明确答复。2018年5月10日，华龙区政府作出行政补偿申请答复书，同意并支持给予木林公司合理补偿，但补偿范围仅限于直接经济损失。木林公司对此不服，提起行政诉讼，请求判令濮阳市政府和华龙区政府补偿木林公司34216642元及利息（自2015年12月9日起至付清之日止按年利率24%计算）。

【审判】

河南省鹤壁市中级人民法院2018年10月23日作出（2018）豫06行初40号行政判决：濮阳市人民政府、濮阳市华龙区人民政府于判决生效之日起六十日内补偿濮阳市木林置业有限公司34216642元及利息。

宣判后，濮阳市政府和濮阳市华龙区政府均不服一审判决，提起上诉。河南省高级人民法院2019年3月28日作出（2018）豫行终3876号行政判决：驳回上诉，维持原判。

法院生效裁判认为：本案中，濮阳市政府规划建设联席会议通过了子路坟城中村改造项目，可视为濮阳市政府为鼓励房地产开发企业参与城中村改造而作出的行政允诺。该允诺不违反法律、行政法规的强制性规定，合法有效。行政允诺一旦作出，行政相对人即有了一种利益期待，承诺方不履行或不完全履行承诺，对行政相对人的利益会产生直接不利影响。本案中，木林公司在对涉案项目进行投资成本和可获利益的权衡考量后，对濮阳市政府的承诺作出回应，如约完成了村民安置住宅楼建设，并对四栋商品住宅楼的利润产生了合理的利益期待。濮阳市政府亦应按照允诺事项全面履行自己的义务，给予开发企业所期待的利益。但因原规划方案不能满足日照、消防、绿地率、停车位等相关规范要求，濮阳市城乡规划委员会依法对子路坟城中村改造项目进行调整，较原规划减少了一栋商品住宅楼，木林公司即相应减少了一栋商品住宅楼的履行利益。参照《中华人民共和国行政诉讼法》第七十八条的规定，木林公司的损失应当得到补偿。濮阳市政府和华龙区政府辩称应对木林公司的直接损失予以补偿，但涉案项目历时 8 年，该方法未考虑收集资金支出账目的难度和木林公司垫资建设所付出的时间成本，更忽略了政府的承诺事项，故对濮阳市政府和华龙区政府的抗辩理由，不予采信。

本案涉案评估报告系远东评估公司作出，该评估公司及其资产评估师具备资产评估资质，且由双方共同参与选定，从资料收集、现场调查到对数据的分析、得出结论，整个评估程序符合法律规定。《评估委托书》《资产评估业务约定书》、评估交费发票及评估公司的陈述等证据能够证明远东评估公司接受建设路办事处委托而启动评估程序的事实，该评估报告应当作为补偿的参考依据。该评估报告采用收益法对损失作出评估，符合信赖保护原则。

【评析】

本案涉及一个法律问题，就是行政相对人基于行政允诺所产生的利益期待是否应予支持？笔者认为行政相对人合法的利益期待，包括直接损失和预期利益都符合信赖保护原则，都应予以保护。

1. 信赖保护原则在我国法律体系中源于《中华人民共和国行政许可法》第八条的规定，公民、法人或者其他组织依法取得的行政许可受法律保护，行政机关不得擅自改变已经生效的行政许可。行政许可所依据的法律、法规、规章修改或者废止，或者准予行政许可所依据的客观情况发生重大变化的，为了公共利益的需要，行政机关可以依法变更或者撤回已经生效的行政许可。由此给公民、法人或者其他组织造成财产损失的，行政机关应当依法给予补偿。该条的规定标志着我国法律首次对信赖保护原则的确认，有利于构筑诚信政府、树立法律的信仰，意味着行政诉讼中对授益性行政行为的审查，将更多遵循社会公益和个人权益之间的利益衡量，同时，信赖保护原则的确认，意味着行政补偿的法律确认，行政补偿的范围、补偿请求人和补偿义务机关、补偿程序、补偿的方式和计算标准等问题都成为人民法院进行裁判时的考量因素。

2. 信赖保护原则是指行政管理相对人对行政权力的正当合理信赖应当予以保护，行政机关不得擅自改变已生效的行政行为，确需改变行政行为的，对于由此给相对人造成的损失应当给予补偿。主要内容包括四个方面：第一，行政行为一经作出，非有法定事由和非经法定程序不得随意撤销、废止或改变，即行政行为具有确定力和公定力。第二，行政机关对行政相对人作出授益行政行为后，即使发现有违法情形，只要这种违法情形不是相对人的过错（行贿或提供虚假资料、信息等）造成的，行政机关亦不得撤销或改变，除非不撤销或改变此种违法行政行为会严重损害国家、社会公共利益。第三，行政行为作出后，如事后据以作出该行政行为的法律、法规、规章修改或废止，或者据以作出该行政行为的客观情况发生重大变化，为了公共利益的需要，行政机关可以撤销、废止或者改变已作出的行政行为。但只有通过利益衡量，认定撤销、废止或改变已作出的行政行为所获得的利益确实大于行政相对人将因此损失的利益时，才能撤销、废止或者改变相应行政行为。第四，行政机关撤销或改变违法作出的行政行为，如这种情形不是因相对人的过错造成的，要对相对人因此受到的损失予以赔偿或者补偿。

3. 信赖保护原则的法理基础是基于公众对国家权力的信任，信任利益应予保护，目的在于维护法的安定性。行政许可法中的规定虽然不能扩展适用到其他行政行为的信赖保护争议案件中，其他信赖保护案件实际上没有成文法依据，但这并不等于信赖保护没有客观的司法实践需要。目前在行政诉讼实践中，行政行为相对人援引信赖保护原则来对抗行政机关作出的行政行为，行政机关根据信赖保护的条件进行答辩回应，人民法院根据信赖保护的原则原理进行裁判，在司法实践中已经屡见不鲜。

4. 信赖保护应当遵循无过错原则，就是说除非行政机关能够证明行政相对人存在过错，原则上其合法权益均应予以保护。理论上行政相对人的信赖不应被保护的有三种情形：第一，行政相对人以欺诈、胁迫或贿赂方法取得的利益；第二，行政相对人以严重不正确或不完整的陈述取得的利益；第三，行政机关明知或者因重大过失造成该行政行为违法的。按照现行行政诉讼的举证规则，除了行政赔偿案件损失的举证之外，行政机关有责任举证证明行政行为的合法性和合理性。信赖保护原则并非法律规定的行政机关在作出行政行为时所应考虑的因素，所以行政机关的行政行为和诉讼答辩一般不会主动涉及信赖保护。因此，看似合法的行政行为损害了行政相对人的权益，而行政相对人却很难在法律上找到其他有力的对抗理由。从公平的角度而言，对于有必要保护相对人信赖利益的案件，如果不予保护是违背公平原则的，也不符合司法救济权利的职能。所以在行政诉讼实务中，除了基于行政相对人的主张，很多时候也需要法官基于案情去主动审查发现值得保护的信赖利益，并适用信赖保护原则对其进行保护。

5. 对于行政主体方来说，行政主体行使权力必须以一种明示的方式进行，以便行政相对人可以清晰地预知可见的未来。只有如此，行政相对人方能合理地安排自己的活动，社会才得以稳定和谐。法律规范之所以是社会的稳定器，就是因为法律规范具有预测功能。这种预测功能无论是对法律规范的适用，还是对法律规范的遵守，都具有重要的意义。行政法律关系主体双方遵守了法律规范，就会得到应有的利益，违反了法律规范，就会受到相应的处置。行政主体若违反了法律规范而造成相对人合法预期利益的损失或损害，就必须予以相应的补偿或赔偿。这个补偿不仅包括直接损失，也要包括预期利益。合法预期利益的保护是现代行政法规范行政行为、保障行政相对人权益的必然要求，也是现代法治实现法的安定性的必然要求。

6.《中华人民共和国行政诉讼法》第七十八条第二款规定：被告变更、解除本法第十二条第一款第（十一）项规定的协议合法，但未依法给予补偿的，人民法院判决给予补偿。从立法层面来讲，预期利益的保护符合立法精神。本案中，木林公司在签订协议后如约完成了村民安置住宅楼建设，并对四栋商品住宅楼的利润产生了合理的利益期待。濮阳市政府亦应按照允诺事项全面履行自己的义务，给予开发企业所期待的利益。但濮阳市城乡规划委员会对涉案项目进行调整，较原规划减少了一栋商品住宅楼，木林公司即相应减少了一栋商品住宅楼的应得利益，木林公司的损失应当得到补偿。木林公司是基于对政府的信赖而承建涉案项目，其目的就在于获得预期的履行利益，木林公司因行政允诺被变更而产生的损失，是一栋商品楼的合理利润。因此，其得到的补偿不应低于政府最初向其承诺的利益。对于木林公司合法的预期利益进行保护，有助于促进诚信政府和法治政府建设，建立起政府与公民、法人和其他组织之间的和谐合作、良性互动关系，也符合党的十八届四中全会决定中关于建设守法诚信法治政府的相关要求。

（作者单位：河南省高级人民法院）

【优秀裁判文书】一等奖

大庆兴璞华侨建筑安装工程有限公司诉大庆市住房和城乡建设局拆迁裁决及安置补偿案

承办人：程雪飞

【裁判要旨】

人民法院审理行政裁决案件，认为行政机关对款额的确定确有错误的，依法享有司法变更权。人民法院判决被告重新作出行政行为的，被告不得以同一事实和理由作出与原行政行为基本相同的行政行为。大庆市住建局依据相同事实理由作出与被撤销的行政裁决内容一致的行政裁决不当，应予纠正。案涉被拆除房屋的补偿问题不应再通过责令大庆市住建局重新作出行政裁决的方式予以救济，人民法院应直接判决具体补偿数额。

【案情介绍】

2007 年 11 月 8 日，大庆市住房和城乡建设局（以下简称大庆市住建局）发出拆迁公告，大庆兴璞华侨建筑安装工程有限公司（以下简称兴璞公司）的房屋在拆迁范围内。因大庆市国土资源收购储备中心（以下简称收储中心）与兴璞公司未达成补偿协议，2008 年 5 月 15 日，大庆市住建局作出（2008）316 号拆迁裁决书，裁决收储中心向兴璞公司支付 2530150 元拆迁补偿款。其后，案涉房屋被强制拆除。2008 年 8 月 26 日，大庆市住建局主动撤销（2008）316 号裁决，后分别作出（2009）6 号、（2011）62 号、（2014）

1号行政裁决，均被法院判决撤销并责令重作。2017年7月25日，大庆市住建局作出（2017）6号拆迁裁决，兴璞公司不服提起本案诉讼，请求撤销拆迁裁决并赔偿损失。

【裁判文书】

黑龙江省大庆市中级人民法院
行政判决书

（2019）黑06行终18号

上诉人（原审原告）：大庆兴璞华侨建筑安装工程有限公司。

被上诉人（原审被告）：大庆市住房和城乡建设局（原大庆市房产管理局）。

原审第三人：大庆市国土资源收购储备中心。

上诉人大庆兴璞华侨建筑安装工程有限公司（以下简称兴璞公司）因诉被上诉人大庆市住房和城乡建设局（以下简称大庆市住建局）、原审第三人大庆市国土资源收购储备中心（以下简称市国土收储中心）房屋拆迁裁决及请求拆迁安置补偿一案，不服大庆市龙凤区人民法院（2017）黑0603行初97号行政判决，向本院提起上诉。本院依法组成合议庭，公开开庭进行了审理。上诉人兴璞公司的委托代理人、被上诉人大庆市住建局的负责人及其委托代理人、原审第三人市国土收储中心的委托代理人均到庭参加了诉讼。本案现已审理终结。

原审判决认定以下事实：2014年4月10日，被告作出庆房拆裁字[2014]第1号房屋拆迁裁决书，对坐落于大庆市萨尔图区东风新村纬二路商服B的原告房屋拆迁补偿做出裁决，裁决如下：（一）被申请人如选择货币补偿，结果如下：被申请人兴璞公司货币补偿总金额3302991元。其中（1）具有合法产权手续房屋建筑面积为490平方米、混合结构，评估价格3123420元。（2）装饰装修评估价格83989元。（3）搬家费5582元。补偿依据：1. 大庆市庆基房地产估价咨询有限公司作出的庆庆基评报字（2007）第100号评估报告。2. 大庆市房地产评估专家委员会房屋拆迁评估鉴定报告

2008第4号。（二）被申请人如选择产权调换，结果如下……原告兴璞公司不服该裁决，向法院提起诉讼，要求撤销行政裁决并赔偿各项损失。龙凤区法院经审理，认为根据《城市房屋拆迁估价指导意见》第六条规定，拆迁估价机构采取被拆迁人投票或拆迁当事人抽签等方式选定，而根据大庆市萨尔图区公证处（2007）庆萨证内民字2320号公证书的内容，大庆市庆基房地产估价咨询有限公司是由被告大庆市房产管理局的工作人员抽签选定的，不是拆迁当事人抽签选定的，抽签主体违反法律的规定，被告大庆市房产管理局依据大庆市庆基房地产估价咨询有限公司出具的估价报告而作出的拆迁裁决，应属于主要证据不足，依法应当予以撤销。原告选择了货币补偿，要求第三人赔偿各项经济损失，计算损失的主要依据为2009年7月7日哈尔滨明天资产评估有限责任公司出具的哈明评鉴字（2009）3号司法鉴定书，因哈尔滨明天资产评估有限责任公司不具备房地产价格评估资质，不是省建设行政主管部门许可的房地产评估机构，其鉴定人员不是专职注册房地产估价师，其评估时点不是房屋拆迁许可证载明的拆迁期限的起始日，故其出具的评估报告不能作为原告主张赔偿的有效证据。经法院释明，原告于2015年7月10日出具书面意见，不同意重新鉴定，被拆迁房屋评估价格无法得到确认，依据《最高人民法院关于行政诉讼证据若干问题的规定》第三十一条的规定，原告应当承担举证不能的法律后果，故对原告要求按照哈明评鉴字（2009）3号司法鉴定书的鉴定意见予以补偿的诉讼请求不予支持。2015年12月30日，龙凤区法院做出（2014）龙行初字第118号行政判决书，判决如下：一、撤销被告大庆市房产管理局于2014年4月10日，作出庆房拆裁字［2014］第1号房屋拆迁裁决书；二、大庆市房产管理局于本判决生效之日起的一个月内重新作出具体行政行为；三、驳回原告大庆兴璞华侨建筑安装工程有限公司的其他诉讼请求。原告不服，向大庆市中级人民法院提出上诉。大庆市中级人民法院于2016年10月31日做出（2016）黑06行终146号行政判决书，判决驳回上诉，维持原判。2017年7月25日，被告大庆市房产管理局再次根据国务院令第305号《城市房屋拆迁管理条例》第十六条、第十七条，《大庆市城市房屋拆迁管理办法》第十四条、第十五条的规定，裁决如下：（一）被申请人如选择货币补偿，结果如下：被申请人大庆兴璞华侨建筑安装工程有限公司货币补偿总金额3302991元。其中：（1）具有合法产权手续房屋建筑面积为490平方米、混合结构，评估价格3123420元。（2）装饰装修评估价格 83989 元。(3) 搬家费 5582 元。补偿依据：1. 大庆市庆基房地产估价咨询有限公司作出的庆庆基评报字（2007）第 100 号评估报告。2. 大庆市房地产评估专家委员会房屋拆迁评估鉴定报告 2008 第 4 号。（二）被申请人如选择产权调换，结果如下……该裁决与被撤销的庆房拆裁字［2014］第 1 号房屋拆迁裁决书作出的裁决一致。原告不服，再次向龙凤区法院提起诉讼，要求撤销庆房拆裁字［2017］第 6 号房屋拆迁裁决书并赔偿各项损失。

原审法院认为，被告作为房屋拆迁管理部门，主体适格。依据《中华人民共和国行政诉讼法》第七十一条之规定，人民法院判决被告重新作出行政行为的，被告不得以同一的事实和理由作出与原行政行为基本相同的行政行为。本案中，原告于 2014 年 9 月 18 日向法院提起诉讼，要求撤销被告于 2014 年 4 月 10 日作出庆房拆裁字［2014］第 1 号房屋拆迁裁决书，法院经审理，认为被告依据大庆市庆基房地产估价咨询有限公司出具的估价报告而作出的拆迁裁决，主要证据不足，判决撤销该裁决书，并责令被告于判决生效之日起的一个月内重新作出具体行政行为。大庆市中级人民法院作出（2016）黑 06 行终 146 号行政判决书，维持原判。被告于 2017 年 7 月 25 日作出庆房拆裁字［2017］第 6 号房屋拆迁裁决书，该裁决书与被撤销的庆房拆裁字［2014］第 1 号房屋拆迁裁决书均根据国务院令第 305 号《城市房屋拆迁管理条例》第十六条、第十七条，《大庆市城市房屋拆迁管理办法》第十四条、第十五条的规定，依据大庆市庆基房地产估价咨询有限公司作出的庆庆基评报字（2007）第 100 号评估报告及大庆市房地产评估专家委员会房屋拆迁评估鉴定报告（2008）第 4 号，作出货币补偿金额 3302991 元的裁决。被告在其行政行为被撤销后又依据相同的事实及理由作出相同的行政行为，属于行政行为违法，依法应当予以撤销。关于原告请求认定哈明评鉴字（2009）3 号司法鉴定书的有效性问题，因鉴定机构出具的司法鉴定书并非行政机关作出的行政行为，故不属于行政诉讼案件受案范围。关于原告被拆迁房屋的补偿问题，2018 年 8 月 22 日，第三人市国土收储中心向法院提出重新评估申请并提交相关证据，要求对涉案房屋每平方米的价格进行评估，评估范围为以庆基评估公司的统计表补偿的项目为准，此表外的建筑物或其他附着物不应予以补偿，故不申请评估。原告对第三人提出的评估范围不予认可，认为第三人提交的证据的评估范围不全，被拆迁的车库、办公室及水泥地面等均应依照补偿方案进行补偿，故当庭表示不同意评估鉴定，并拒绝提交涉案房屋及其他被拆迁建筑物及附着物的相关证据。依据《原供应技校区域土地储备拆迁补偿方案》三、房屋及附属物、构筑物、土地补偿标准4. “对持有宅基地证但未办理产权手续的房屋，房屋在宅基地审批标准控制范围内的，主房（一处）按评估金额的95%给予补偿，其他房屋按评估额的80%给予补偿”，故被拆迁的附属物及建筑物应当予以评估并补偿，第三人申请的评估范围不全。经法院释明，原告拒绝提出重新评估申请，且不同意第三人的评估申请，并拒绝提交涉案房屋及其他被拆迁建筑物及附着物的相关证据，故第三人所提出的评估申请无法确定评估范围，无法重新进行评估，被拆迁房屋价格无法得到确认。原告请求判令被告按照哈明评鉴字（2009）3号司法鉴定书的鉴定结果重新作出行政行为，即给付原告拆迁补偿5776624元，扣除3301167.48元，支付余款2475456.52元，同时给付赔偿款项的问题，本院认为，鉴定机构哈尔滨明天资产评估有限责任公司所作出的哈明鉴字（2009）第3号司法鉴定被大庆市中级人民法院作出的已生效的（2014）庆行终字第1号行政判决认定违反了《黑龙江省城市房屋拆迁管理条例》、建设部《城市房屋拆迁估价指导意见》的相关规定，故原告要求以该评估报告作为补偿及赔偿依据于法无据，本院对原告要求按照哈明评鉴字（2009）3号司法鉴定书的鉴定结果给予补偿及给付赔偿款项的诉讼请求不予支持。综上，依据《中华人民共和国行政诉讼法》第七十一条之规定，判决如下：一、撤销被告大庆市房产管理局于2017年7月25日作出庆房拆裁字［2017］第6号房屋拆迁裁决书；二、大庆市房产管理局于本判决生效之日起的一个月内重新作出具体行政行为；三、驳回原告大庆兴璞华侨建筑安装工程有限公司的其他诉讼请求。案件受理费50元，由被告大庆市房产管理局承担。

上诉人兴璞公司上诉称，被上诉人拒绝采用省高院委托鉴定机构出具的司法鉴定报告，继续沿用已经被法院认定违法的评估结果进行裁决，违反“被告不得以同一事实和理由作出与原行政行为基本相同的行政行为”的法律规定。一审法院对上诉人提供的证据不予采信，并且超出上诉人诉讼请求进行审理。理由如下：1. 省高院（2011）黑行再字第12号判决书中已对司法鉴定给出了明确认定“对司法鉴定结论不予采纳适用法律不当”，省高院庭审笔录证明被上诉人就司法鉴定机构的资质和鉴定时点在庭审中已提出，但省高院还是做出了上述判决。(2017）黑行申121号行政裁定书也未对司法鉴定予以否定。2. 根据相关法律规定，法院应在评估机构作出评估报告后5

日内发送当事人及其他利害关系人，对报告有异议的，可在收到后10日内向法院提出，如果鉴定基准日期的起始点、资质等存在问题，被上诉人应该在收到鉴定书之日起10天内向法院提出修正意见，而被上诉人在2个月内没有提出意见，应该视为认同司法鉴定的有效性。被上诉人先行签字认定司法鉴定机构后再反悔，拒不履行到鉴定现场被司法鉴定记录在案，在法定时限内不提出修订鉴定意见，应承担相应的法律责任和后果，因被上诉人放弃履行法定义务，已没有权利和理由对司法鉴定提出异议。3. 一审法院对上诉人提供的实施拆迁的公司已注销和违规下发拆迁许可证的证据不予采信，二审中上诉人将再次举证。4. 本次诉讼中上诉人没有提出重新评估的诉求。在2018年10月30日庭审中双方当事人一致表示不更改诉讼请求，即使第三人用“新证据”提出重新评估的请求，上诉人也没有配合的义务，更谈不上举证不能。5. 一审判决认为鉴定机构出具的司法鉴定书并非行政机关作出的行政行为，上诉人请求法院认定司法鉴定的有效性不属于行政诉讼案件受案范围，可其后又称哈尔滨明天资产评估公司作出的司法鉴定被大庆中院（2014）庆行终字第1号行政判决认定违反了《黑龙江省城市房屋拆迁管理条例》、建设部《城市房屋拆迁估价指导意见》的相关规定，故上诉人要求按司法鉴定作为补偿及赔偿依据于法无据，一审判决自相矛盾。6. 一审判决第三项“驳回原告其他诉讼请求”严重侵害了上诉人的合法权益。上诉人要求被上诉人赔偿按照司法鉴定后的房屋余款、分阶段的银行贷款利息、土地出让金、司法鉴定费等，应得到支持。请求二审法院判决：1. 撤销龙凤区人民法院作出的（2017）黑0603行初97号行政判决，依据省高级人民法院（2011）黑行再字第12号判决给予判决；2. 按照相关法律，判令被上诉人支付上诉人一审诉求的各项款项。

被上诉人大庆市住建局答辩称，1. 黑龙江省高级人民法院（2011）黑行再字第12号判决书中只是认定司法鉴定结论不采纳属于适用法律不当，并非认定司法鉴定结论有效。该司法鉴定本身存在评估时点错误、无鉴定资质等明显瑕疵，依法不应予以采纳并作为拆迁补偿依据。原审中第三人已经申请进行重新鉴定，但上诉人却拒不配合，导致无法进行评估，由此造成的后果应由上诉人自行承担。2. 上诉人在2011年时已经领取了补偿款，应视为对评估结果的认可。后该裁决被法院撤销，那么上诉人领取该补偿款就失去了合法依据，若上诉人拒不返还，上诉人就无权再就拆迁补偿事宜主张权利。

3. 法院判决撤销案涉房屋拆迁裁决的理由是评估单位抽签时不是拆迁人的工作人员，但是在原审中被上诉人已经举出公证处的说明，证明了当时评估单位抽签时就是由拆迁人的工作人员进行抽签。在这种情况下，原评估结果并不存在违法之处，案涉房屋拆迁裁决合法有效，应予以维持。

原审第三人市国土收储中心述称，同意被上诉人的答辩意见。

二审中，上诉人兴璞公司向本院提交了如下证据：

1. 2008 年 2 月 3 日大庆市庆基房地产估价咨询有限公司出具的房地产估价评估报告书（2007）第 100 – 58 号（加盖萨区法院档案室公章，提交复印件，加盖档案室公章的退回给上诉人），欲证明一审中原审第三人提出评估鉴定申请是以出现新证据为由提出的，但是该证据在 2008 年的时候就已经存在，不属于新证据，所以重新鉴定申请的理由不成立。

2. 拆迁公告和房屋拆迁许可证（复印件）、大庆市安合迅拆迁有限公司注销手续的复印件（出示加盖大庆市工商行政管理局让胡路区分局档案查询专用章的复印件，核对后将加盖大庆市工商行政管理局让胡路区分局档案查询专用章复印件退回给上诉人）、2007 年 11 月 8 日拆迁通知书（出示原件，提交复印件，原件核对无异后退还上诉人），欲证明房产局指定的拆迁实施单位大庆市安合迅拆迁有限公司已经被工商局注销，是没有资质的拆迁公司，上诉人的资产是被该公司强拆的。

3. 2008 年第 316 号房屋拆迁裁决书、2008 年 7 月 25 日大庆市人民政府延期审理通知书、2008 年 8 月 26 日大庆市房产管理局撤回（2008）316 号拆迁裁决书的决定、2009 年 3 月 12 日大庆市房产管理局作出的（2009）第 6 号房屋拆迁裁决（提交复印件，出示原件，核对无异，原件退回），欲证明被上诉人在 2008 年 5 月 15 日下达了拆迁裁决，2008 年 5 月 28 日上诉人申请行政复议，被上诉人在行政复议期间进行强拆，被上诉人的强拆行为违法。

4. 2008 年 3 月 28 日大庆市房地产评估专家委员会出具的对（2007）100 号估价报告书的意见（复印件）、估价技术鉴定报告（复印件），欲证明庆基公司出具的评估报告系被上诉人单方委托，程序违法，该份证据不应被采信，专家启动程序应有被拆迁人参与，上诉人没有要求重新启动专家鉴定程序，时间上不对，程序违法。

5. 2011 年 10 月 20 日省高院开庭笔录（加盖省高院查档证明材料专用章，提交复印件，核对无异，将加盖省高院查档证明材料专用章复印件退回上诉人)，欲证明省高院通过庭审质证对鉴定机构的资质、鉴定时间点都进行了审定，支持了上诉人的观点，作出对司法鉴定结论不予采纳适用法律不当的再审判决。

6. 2018年10月30日龙凤区人民法院审理本案的庭审笔录（复印件加盖档案室公章)，欲证明被上诉人对上诉人房屋拆迁时间和评估时点无异议，应依法确定，庭审笔录中记载双方不更改诉讼请求，没有重新评估这一说法，证据5、6两份庭审笔录可以证明哈尔滨明天公司出具的司法鉴定应当予以采信，不存在被上诉人主张的鉴定机构资质和评估时点的瑕疵问题。

7. 影像资料（光盘一张)，欲证明评估报告对资产评估不全面，上诉人的房屋在7月是完好的，上诉人对鉴定时点无异议，该份证据不代表上诉人同意进行重新评估。

二审中，原审第三人市国土收储中心向本院申请重新鉴定，对坐落于大庆市萨尔图区东风新村纬二路的商服B#（有产权证、面积490平方米）及室内装修、车库48.5平方米（无证)、办公室48.5平方米（无证)、水泥地面500平方米进行司法评估。2020年5月22日，大庆景泽房地产评估有限公司出具景泽（2020）房估司鉴字2号司法鉴定意见书，鉴定基准日为2007年11月8日，鉴定结论为商服楼评估价值3906770元、车库评估价值92296元、办公室评估价值49422元、水泥地面40000元、装饰装修93765元，合计4182253元。

二审中，本院依法调取了大庆市萨尔图区人民法院（2011）萨法执字第0157号执行卷宗材料，包括执行申请书、执行通知书、送达回证、协助扣划通知书、吕桂有出具的收据、执行裁定书、结案报告、送达回证，欲证明2011年1月4日上诉人兴璞公司通过萨尔图区法院强制执行，收到拆迁补偿款本金3213704元、装修补偿款87463元、搬家费5582元，共计3306749元。

经庭审质证，被上诉人对上诉人提交证据1的真实性无异议，对证明的问题有异议，因在一审程序中，庆基公司和哈尔滨明天公司出具的评估报告都已经被法院否定，按照民事诉讼法的规定，应当是谁主张谁举证，所以在一审庭审中法庭向上诉人释明上诉人重新提出鉴定申请，遭到上诉人的拒绝，在这种情况下，为了有效审理本案解决实际问题，原审第三人才提出重新鉴定申请，而并不是上诉人所说的发现新证据而提出的评估申请；对证据2的真实性无异议，对证明问题有异议，该拆迁许可证与本案拆迁裁决属于两个独立的法律行为，上诉人如有异议，应当另行起诉主张，与本案无关，不属于本案审理范围；对证据3的真实性无异议，但对证明问题有异议，上诉人所要证明强拆的违法性不属于本案审理范围，与本案无关；对证据4的真实性无异议，对证明问题有异议，该鉴定报告维持了（2007）100号估价报告，能够证明涉案裁决所依据的评估结果是正确合法的，拆迁人向专家鉴定委员会申请鉴定，对评估结果进行审核并不违法，更有利于确认评估结果的合法性和有效性；对证据5真实性无异议，省高院判决中对于司法鉴定结论的认定只是从法律适用上进行的论述，不能作为认定司法鉴定结论合法的依据；对证据6的真实性无异议，对证明问题有异议，在笔录中被上诉人在答辩时已经明确表示司法鉴定存在瑕疵，而且原审第三人在笔录第13页对评估时点的意见也是应依法确定，并未认可司法鉴定评估时点是合法的，因此该证据不能证明上诉人所要证明的问题；对证据7的真实性有异议，上诉人应当提供公证书及天誉评估公司的评估报告作为辅助证据来证明该视频的真实性和完整性，上诉人单方委托公证评估机构对房屋进行现场勘察，系在被上诉人没有参与的情况下进行的，被上诉人不认可该视频中所要证明的问题和相关数据。原审第三人对上诉人提交证据1－4、7的质证意见同被上诉人质证意见；对证据5的真实性无异议，对证明的问题有异议，认为庭审笔录不具有判决的效力，法院审理案件必须依据事实和法律依据；对证据6的真实性无异议，对证明的问题有异议，庭审笔录的意思表达是具有连贯性的，而且原审第三人在庭审笔录中明确表述对拆迁时间无异议，评估时点应依法确定，并不是上诉人举证所称的被上诉人和原审第三人对拆迁时间和评估时点均无异议。

上诉人兴璞公司不同意重新鉴定，坚持要求法院按照哈明评鉴字（2009）3号司法鉴定书进行判决，认为大庆景泽房地产评估有限公司出具景泽（2020）房估司鉴字2号司法鉴定意见书完全是应被上诉人单方申请作出，且该鉴定书对上诉人490平方米的商服鉴定单价低于同地块商服价格15300元/平方米，也低于当年开发商同意原址住户回迁所享受的保障价8800元/平方米，鉴定标准明显过低。被上诉人大庆市住建局和原审第三人市国土收储中心对（2020）房估司鉴字2号司法鉴定意见书的真实性、合法性、关联性均无异议。

上诉人兴璞公司对本院依法调取的大庆市萨尔图区人民法院（2011）萨法执字第0157号执行卷宗材料的真实性、合法性、关联性均无异议；被上诉人大庆市住建局和原审第三人市国土收储中心对执行卷宗材料的真实性及证明的问题均无异议。

本院对上述证据认证如下：因被上诉人、原审第三人对上诉人提交证据1－6的真实性无异议，本院对证据1－6的真实性予以采信；对于上诉人提交的证据7，因被上诉人、原审第三人均有异议，且上诉人未提交其他证据相佐证，本院对证据7的真实性不予采信。因大庆景泽房地产评估有限公司具备房地产价格评估资质，系由黑龙江省住房和城乡建设厅审定的房地产估价机构，该鉴定报告由专职注册房地产估价师签字，其评估时点是房屋拆迁许可证载明的拆迁期限的起始之日，该鉴定机构资质合法，符合建设部《城市房屋拆迁估价指导意见》《黑龙江省城市房屋拆迁管理条例》《黑龙江省城市房屋拆迁补偿估价管理办法》以及《最高人民法院关于行政诉讼证据若干问题的规定》第三十二条的相关规定，本院对大庆景泽房地产评估有限公司出具景泽（2020）房估司鉴字2号司法鉴定意见书的真实性、合法性、关联性均予以采信。因各方当事人对于大庆市萨尔图区人民法院（2011）萨法执字第0157号执行卷宗材料的真实性均无异议，本院予以采信。

本院经审理查明的事实与原审查明的事实基本一致。另查明，1999年12月2日，兴璞公司取得了坐落于大庆市萨尔图区东风新村纬二路商服B，建筑面积490平方米房屋的产权证。2007年7月23日，大庆市发展和改革委员会下发了庆发改发（2007）212号文件，拟对供应技校区域总面积19368.8平方米土地进行地上建筑物及附属物拆迁、土地平整等工作。2007年9月18日，大庆市规划局给市国土收储中心颁发了建设用地规划许可证。2007年9月20日，市国土收储中心向大庆市萨尔图区公证处申请选择评估单位进行抽签现场监督公证，抽签结果确定大庆市庆基房地产估价咨询有限公司中签。2007年11月5日，市国土收储中心下发了拆迁补偿方案，向大庆市房产管理局申请拆迁。该拆迁补偿方案第三条规定："房屋及附属物、构筑物、土地补偿标准：1. 被拆迁房屋有合法产权手续的，由评估单位依法评估后，我中心按评估结果对被拆迁人进行补偿。2. 被拆迁房屋无产权手续，但经大庆市历史遗留权属确认小组确认后属于历史遗留房屋的，按有合法产权手续房屋给予补偿。3. 被拆迁房屋属公益事业且有合法产权手续或经大庆市历史遗留权属小组确认属历史遗留房屋的，由评估单位按重置成本法作价后给予补偿。4. 对持有宅基地证但未办理产权手续的房屋，房屋在宅基地审批标准控制范围内的，主房（一处）按评估额的95%给予补偿，其他房屋按评估额的80%给予补偿。5. 在合法土地使用审批范围内的房屋附属物、构筑物（包括围墙、大门、沉井、化粪池、烟囱等），我中心按评估结果补偿。6. 有合法产权手续的房屋装饰装修补偿由评估单位进行评估，我单位按评估结果补偿。7. 拆迁范围内有合法审批手续的独立构筑物（包括高空广告、标志等），结合批准使用的剩余年限由评估单位评估后，我中心给予补偿。8. 涉及被拆迁房屋所有权人占用的土地，由大庆市国土资源局确认是否补偿后，按土地补偿有关政策给予补偿。9. 拆迁范围内不属于上述1、2、3、4、5、6、7的房屋及附属物、构筑物，一律无偿拆除。”2008年5月15日，因在规定的搬迁期限内市国土收储中心与兴璞公司不能达成拆迁补偿协议，大庆市房产管理局根据市国土收储中心的申请下达了庆房拆裁字（2008）第316号拆迁裁决书，裁决市国土收储中心向兴璞公司支付2530150元拆迁补偿款。兴璞公司不服裁决结果，向大庆市人民政府申请行政复议。2008年5月31日，大庆市房产管理局向大庆市人民政府提交了东风新村原供应技校区域土地整理拆迁改造项目行政强制拆迁申请。2008年6月6日，大庆市人民政府下发了《关于东风新村原供应技校区域土地整理拆迁改造项目行政强制拆迁请示的答复》[庆证函（2008）9号]，由大庆市城市管理行政执法局按照规定组织实施。2008年7月14日，兴璞公司的房屋被强制拆除。2008年8月26日，因庆房拆裁字（2008）第316号拆迁裁决中认定的房屋面积有纠纷，大庆市房产管理局主动撤回拆迁行政裁决，待兴璞公司的房屋面积有结论后再根据实际情况作出新的裁决。

2009年3月12日，大庆市房产管理局重新作出（2009）第6号拆迁裁决书，裁决补偿兴璞公司2530150元。2009年4月13日，兴璞公司向大庆市萨尔图人民法院提起诉讼，请求撤销庆房拆裁字（2009）第6号拆迁裁决书并要求判决市国土收储中心赔偿兴璞公司房屋等各项财产损失及利息。在诉讼中，经兴璞公司申请司法鉴定，哈尔滨明天资产评估有限责任公司对兴璞公司位于萨尔图区东风新村纬二路B#商服（建筑面积490平方米）、院内车库及车库上层简易办公室、院内500平方米水泥地面的市场现值及2007年7月至2009年6月的商服楼租金进行司法评估。2009年7月7日，哈尔滨明天资产评估有限责任公司出具了哈明评鉴字（2009）3号司法鉴定书，鉴定基准日为2008年7月31日，鉴定结论为商服楼评估价值为5282175元、车库评估价值250639元、办公室评估价值21656元、水泥地面评估价值29596元、房租评估价值192558元，合计5776624元。2010年7月10日，大庆市萨尔图区人民法院作出（2009）萨行初字第16号行政判决书，判决：一、撤销大庆市房产管理局2009年3月12日作出的庆房拆裁字（2009）第6号房屋拆迁裁决书；二、大庆市国土资源收购储备中心给付兴璞公司房屋拆迁补偿款3213704元、装修补偿款87463元，搬家费5582元，合计3306749元。三、驳回兴璞公司的其他诉讼请求。兴璞公司不服，上诉至大庆市中级人民法院。大庆市中级人民法院作出（2010）庆行终字第48号行政判决书，驳回上诉，维持原判。兴璞公司不服，向黑龙江省高级人民法院申请再审，理由为司法鉴定应予采纳，办公室、车库、水泥地面、租金损失应列入赔偿范围。省高院于2011年10月21日作出（2011）黑行再字第12号行政判决书，判决：一、撤销大庆中院（2010）庆行终字第48号行政判决；二、维持萨尔图区法院（2009）萨行初字第16号行政判决第一项；三、撤销萨尔图区法院（2009）萨行初字第16号行政判决第二项、第三项；四、限大庆市房产管理局于判决生效之日起一个月内重新作出具体行政行为。原一、二审案件受理费100元由大庆市房产管理局负担，案件评估费57000元由大庆市国土资源收购储备中心负担。

2011年12月23日，大庆市房产管理局作出庆房拆裁字（2011）第62号房屋拆迁裁决，裁决如下：（一）被申请人如选择货币补偿，结果如下：被申请人大庆兴璞华侨建筑安装工程有限公司货币补偿总金额3302991元。其中（1）具有合法产权手续房屋建筑面积为490平方米、混合结构，评估价格3213420元。（2）装饰装修评估价格83989元。（3）搬家费5582元。补偿依据：1. 大庆市庆基房地产估价咨询有限公司作出的庆庆基评报字（2007）第100号评估报告。2. 大庆市房地产评估专家委员会房屋拆迁评估鉴定报告2008第4号。（二）被申请人如选择产权调换，结果如下……兴璞公司对该裁决不服，起诉至大庆市萨尔图区人民法院，请求撤销庆房拆裁字（2011）第62号房屋拆迁裁决，判令市国土收储中心赔偿各项财产损失577万元、土地出让金28万元、2007年6月之后的商服租金每年12万元、员工失业补偿费20万元及全部经济损失的利息。2013年10月9日，大庆市萨尔图区人民法院作出（2012）萨行初字第3号行政判决书，判决：一、撤销大庆市房产管理局于2011年12月23日作出的庆房拆裁字（2011）第62号拆迁裁决书；

二、大庆市房产管理局于本判决生效之日起二个月内重新作出具体行政行为；三、驳回兴璞公司其他诉讼请求。案件受理费50元，由大庆房产管理局负担。兴璞公司对该判决结果不服，上诉至大庆市中级人民法院，大庆市中级人民法院于2014年1月16日作出（2014）庆行终字第1号行政判决书，判决驳回上诉，维持原判。

2014年4月10日，大庆市房产管理局作出庆房拆裁字［2014］第1号房屋拆迁裁决书。裁决补偿金额、依据与（2011）第62号房屋拆迁裁决相同。兴璞公司不服，向龙凤区人民法院提起诉讼。龙凤区人民法院于2015年12月30日作出（2014）龙行初字第118号行政判决书，判决：一、撤销大庆市房产管理局庆房拆裁字［2014］第1号房屋拆迁裁决书；二、大庆市房产管理局于本判决生效之日起的一个月内重新作出具体行政行为；三、驳回兴璞公司的其他诉讼请求。案件受理费50元，由大庆市房产管理局负担。兴璞公司不服，上诉至大庆市中级人民法院，大庆市中级人民法院于2016年10月31日作出（2016）黑06行终146号行政判决书，判决驳回上诉，维持原判。兴璞公司不服，向黑龙江省高级人民法院申请再审，请求撤销一、二审行政判决及房拆裁字［2014］第1号房屋拆迁裁决书，要求大庆市房产管理局依据哈尔滨明天资产评估有限责任公司出具的司法鉴定结果重新作出行政行为并予以赔偿。黑龙江省高级人民法院于2017年4月20日作出（2017）黑行申121号行政裁定书，裁定驳回兴璞公司的再审申请。

2017年7月25日，大庆市房产管理局再次作出庆房拆裁字［2017］第6号房屋拆迁裁决书，该裁决与被撤销的庆房拆裁字［2014］第1号房屋拆迁裁决书一致。兴璞公司不服，向龙凤区人民法院提起本案诉讼。2019年1月，按照大庆市机构改革要求，大庆市房产管理局和大庆市城乡建设局合并为大庆市住房和城乡建设局。

二审期间，原审第三人市国土收储中心向本院申请重新鉴定，对坐落于大庆市萨尔图区东风新村纬二路的商服B#（面积490平方米）及室内装修、车库48.5平方米、办公室48.5平方米、水泥地面500平方米进行司法评估，司法鉴定评估费62734元。2020年5月22日，大庆景泽房地产评估有限公司出具景泽（2020）房估司鉴字2号司法鉴定意见书，鉴定基准日为2007年11月8日，鉴定结论为商服楼评估价值3906770元、车库评估价值92296元、办公室评估价值49422元、水泥地面40000元、装饰装修93765元，合计4182253元。

另查明，2011 年 1 月 4 日，上诉人兴璞公司收到拆迁补偿款本金 3213704 元、装修补偿款 87463 元、搬家费 5582 元，共计 3306749 元。

本院认为，根据诉辩双方的主要理由，并结合案件事实，本案争议的焦点为：一、关于被上诉人作出的庆房拆裁字［2017］第 6 号拆迁裁决书是否合法的问题。二、关于哈尔滨明天资产评估有限责任公司出具的哈明评鉴字（2009）第 3 号司法鉴定是否能作为补偿依据问题。三、关于兴璞公司房屋及相关损失补偿主体及补偿标准的认定问题。

一、关于被上诉人作出的庆房拆裁字［2017］第 6 号拆迁裁决书是否合法的问题。

根据《中华人民共和国行政诉讼法》第七十一条之规定，人民法院判决被告重新作出行政行为的，被告不得以同一的事实和理由作出与原行政行为基本相同的行政行为。本案中，被上诉人于 2017 年 7 月 25 日重新作出的庆房拆裁字［2017］第 6 号房屋拆迁裁决书，与已被法院判决予以撤销的庆房拆裁字［2014］第 1 号房屋拆迁裁决书的事实和理由、法律依据、货币补偿金额均相同。而且，黑龙江省高级人民法院于 2017 年 4 月 20 日作出的（2017）黑行申 121 号行政裁定书，已经明确认定大庆市庆基房地产估价咨询有限公司出具的评估报告不能作为被上诉人作出拆迁裁决的依据，被上诉人仍依据庆基公司出具的评估报告作出行政裁决违法，依法应予撤销。

二、关于哈尔滨明天资产评估有限责任公司出具的哈明评鉴字（2009）第 3 号司法鉴定是否能作为补偿依据问题。

首先，根据《城市房屋拆迁管理条例》第二十四条规定，“货币补偿的金额，根据被拆迁房屋的区位、用途、建筑面积等因素，以房地产市场评估价格确定。具体办法由省、自治区、直辖市人民政府制定”。根据《黑龙江省城市房屋拆迁管理条例》第十五条规定，货币补偿金额，由省建设行政主管部门审定的房地产价格评估机构以房地产市场评估价格确定。根据建设部《城市房屋拆迁估价指导意见》第四条规定，拆迁估价由具有房地产价格评估资格的估价机构承担，估价报告必须由专职注册房地产估价师签字。《黑龙江省城市房屋拆迁补偿估价管理办法》第八条规定，“房屋拆迁补偿的估价时点为房屋拆迁管理部门颁发的房屋拆迁许可证上载明的拆迁期限的起始之日”。本案中，哈尔滨明天资产评估有限责任公司不具备房地产价格评估资质，不是省建设行政主管部门审定的房地产评估机构，其鉴定人员亦不是专职注册房地产估价师，其评估时点不是房屋拆迁许可证载明的拆迁期限的起始之日，均不符合上述法律、法规的相关规定。

其次，虽然黑龙江省高级人民法院作出的（2011）黑行再字第12号行政判决书对原一、二审判决进行了改判，但该再审判决并未对哈明评鉴字（2009）3号司法鉴定予以采信，而是改判“限大庆市房产管理局于判决生效之日起一个月内重新作出具体行政行为”，因此，对于上诉人主张黑龙江省高级人民法院作出的（2011）黑行再字第12号行政判决书能够作为法院采信哈明评鉴字（2009）3号司法鉴定书的依据，本院不予支持。

最后，哈明评鉴字（2009）3号司法鉴定经过萨尔图区人民法院、龙凤区人民法院、大庆市中级人民法院、黑龙江省高级人民法院多次诉讼，均未予以采信。上诉人对于大庆市中级人民法院（2016）黑06行终146号行政判决不服，向黑龙江省高级人民法院申请再审中亦提出请求大庆市房产管理局依据该司法鉴定结果重新作出行政行为并予以赔偿的再审请求，但黑龙江省高级人民法院作出的（2017）黑行申121号行政裁定书，对于兴璞公司的再审申请予以驳回。

综上，哈尔滨明天资产评估有限责任公司出具的哈明评鉴字（2009）第3号司法鉴定不能作为拆迁补偿的依据，对于上诉人主张按照哈明评鉴字（2009）第3号司法鉴定予以补偿的诉讼请求原审法院未予支持，并无不当。

三、关于上诉人兴璞公司房屋及相关损失补偿主体、补偿标准的认定问题。

首先，根据《中华人民共和国行政诉讼法》第七十七条第一款之规定，行政处罚明显不当，或者其他行政行为涉及对款额的确定、认定确有错误的，人民法院可以判决变更。本案中，被上诉人自2008年5月15日至今作出的五个行政裁决中，除自行撤销（2008）第316号拆迁裁决外，其余三个行政裁决均被法院判决撤销并责令重作，现兴璞公司的房屋拆迁补偿问题，不应再通过责令被上诉人重新作出行政裁决的方式予以解决。根据《城市房屋拆迁管理条例》第十九条之规定，市国土收储中心作为拆迁人，依法应当对兴璞公司被拆除的房屋进行补偿。

其次，本案中，因大庆市庆基房地产估价咨询有限公司出具的评估报告以及哈尔滨明天资产评估有限责任公司出具的哈明评鉴字（2009）3号司法鉴定，均不能作为拆迁裁决的依据，市国土收储中心作为拆迁人在一、二审期间均向法院申请重新鉴定，且被上诉人大庆市住建局亦表示同意重新鉴定，二审中大庆景泽房地产评估有限公司出具的景泽（2020）房估司鉴字2号司法鉴定意见书，符合建设部《城市房屋拆迁估价指导意见》《黑龙江省城市房屋拆迁管理条例》《黑龙江省城市房屋拆迁补偿估价管理办法》以及《最高人民法院关于行政诉讼证据若干问题的规定》第三十二条的相关规定，故本案应依据大庆景泽房地产评估有限公司出具的景泽（2020）房估司鉴字2号司法鉴定意见书的评估价值4182253元对市国土收储中心应向上诉人兴璞公司支付补偿款的具体金额进行补偿。

最后，因上诉人兴璞公司已于2011年1月4日通过萨区法院强制执行领取了3306749元补偿款，包括拆迁补偿款本金3213704元、装修补偿款87463元、搬家费5582元，该笔款项应从市国土收储中心应付补偿款的金额中予以扣除，故市国土收储中心还应给付兴璞公司补偿款869202元［4182253元－3306749元－6302元（装修补偿款差价，即93765元－87463元）＝869202元］以及自2008年5月15日被上诉人作出（2008）第316号拆迁裁决之日起至2011年1月4日上诉人收到3306749元补偿款之日止该笔款项的损失、自2011年1月5日起至市国土收储中心实际给付869202元之日止的损失，应由市国土收储中心向上诉人兴璞公司支付。综上，原审第三人市国土收储中心应向上诉人兴璞公司支付补偿款的具体金额为869202元以及利息，利息的计算方式为：3306749元的利息自2008年5月15日起至2011年1月4日止，按照中国人民银行同期同类贷款利率计算；869202元的利息自2011年1月5日起至2019年8月19日止，按照中国人民银行同期同类贷款利率计算；自2019年8月20日起至实际给付之日止，按照全国银行间同业拆借中心公布的贷款市场报价利率计算。

综上，被上诉人作出的庆房拆裁字［2017］第6号拆迁裁决违法，应予撤销。原审判决适用法律错误，本院予以纠正。本案经本院审判委员会讨论决定，依照《中华人民共和国行政诉讼法》第七十七条第一款、第八十九条第一款第（二）项之规定，判决如下：

一、维持大庆市龙凤区人民法院（2017）黑0603行初97号行政判决第一项、第三项，即“一、撤销被告大庆市房产管理局于2017年7月25日作出庆房拆裁字［2017］第6号房屋拆迁裁决书；三、驳回原告大庆兴璞华侨建筑安装工程有限公司的其他诉讼请求”；

二、撤销大庆市龙凤区人民法院（2017）黑0603行初97号行政判决第二项，即“二、大庆市房产管理局于本判决生效之日起的一个月内重新作出具体行政行为”；

三、大庆市国土资源收购储备中心还应给付大庆兴璞华侨建筑安装工程有限公司补偿款869202元；

四、大庆市国土资源收购储备中心给付大庆兴璞华侨建筑安装工程有限公司利息（3306749元的利息自2008年5月15日起至2011年1月4日止，按照中国人民银行同期同类贷款利率计算；869202元的利息自2011年1月5日起至2019年8月19日止，按照中国人民银行同期同类贷款利率计算，自2019年8月20日起至实际给付之日止，按照全国银行间同业拆借中心公布的贷款市场报价利率计算）；

五、鉴定费62734元，由大庆市国土资源收购储备中心承担；

六、上述款项大庆市国土资源收购储备中心于本判决发生法律效力后30日内给付。

一、二审案件受理费100元，由大庆市住房和城乡建设局负担。

本判决为终审判决。

审 判 长　程雪飞

审 判 员　刘宏博

审 判 员　王　刚

二〇二〇年六月三十日

法官助理　曹利伟

书 记 员　桂博文

（作者单位：黑龙江省大庆市中级人民法院）

北京龙发建筑装饰工程有限公司诉北京市朝阳区生态环境局行政处罚案

承办人：郑瑞涛

【裁判要旨】

城市区域内超标排放污水的违法行为对区域生态环境造成破坏，由于此类行为具有即时性和隐蔽性特点，对于环境保护行政主管部门对于城市区域内超标排放污水行为作出的行政处罚决定进行合法性审查时，应结合违法行为发生区域和特点、执法程序的正当性、法律规范的立法目的、违法行为性质和情节等因素予以综合判断，综合衡量此类行政执法行为所具有的即时性、专业性和公益性的特点。

【案情介绍】

2018 年 11 月 19 日下午 14 时 10 分至 15 时 20 分，原朝阳区环保局工作人员前往北京市朝阳区东风乡将台洼甲 4 号一层进行现场检查及采样检测，对采样现场拍摄了照片及视频，同时制作了《现场检查（勘验）笔录》。11 月 20 日，监测站出具了《检测报告》，检测要素为废水，化学需氧量的检测结果为 750mg/L，氨氮的检测结果为 0. 278mg/L。原朝阳区环保局经审批对龙发装饰公司涉嫌排放水污染物超过北京市水污染物排放标准案件，初步判断符合《环境行政处罚办法》第二十二条规定的立案条件，决定予以立案。同日，原朝阳区环保局向龙发装饰公司作出并直接送达了《听证告知书》。原朝阳区环保局委托代理人予以签收，并注明“不陈述、不申辩、不听证”。原朝阳区环保局向龙发装饰公司作出并送达了《责改决定书》。2019 年 1 月 18 日，原朝阳区环保局作出朝环保罚字〔2019〕012 号《行政处罚决定书》，依据《检测报告》结果显示，龙发装饰公司废水总排放口排放的污水检测结果为化学需氧量750mg/L，龙发装饰公司废水总排放口排放的污水中化学需氧量的排放浓度超过了北京市水污染物排放标准。龙发装饰公司排放水污染物超过北京市水污染物排放标准的行为，违反了《中华人民共和国水污染防治法》第十条的规定，依据《中华人民共和国行政处罚法》第二十三条和《中华人民共和国水污染防治法》第八十三条第（二）项的规定，决定处七十万元罚款。

龙发装饰公司不服上述行政处罚决定，于2019年2月11日向朝阳区政府申请行政复议。2月15日，朝阳区政府向龙发装饰公司作出并邮寄送达了《行政复议申请受理通知书》，决定予以受理。同日，朝阳区政府向原朝阳区环保局作出并直接送达了《行政复议答复通知书》。2月21日，原朝阳区环保局向朝阳区政府提交了《行政复议答复书》及相应证据、依据。3月15日，朝阳区政府向龙发装饰公司作出并邮寄送达了《阅卷告知书》。3月29日，龙发装饰公司以邮寄方式向朝阳区政府提交了《阅卷意见回复书》。4月11日，朝阳区政府作出被诉《复议决定书》，认为原朝阳区环保局作出的行政处罚认定事实清楚、程序合法、适用法律正确，根据《中华人民共和国行政复议法》第二十八条第一款第（一）项的规定，决定维持原朝阳区环保局于2019年1月18日向龙发装饰公司作出的《处罚决定书》。龙发装饰公司不服，诉至本院要求撤销原朝阳区环保局作出的《处罚决定书》及朝阳区政府作出的《复议决定书》。

【裁判文书】

北京市朝阳区人民法院
行政判决书

（2019）京0105行初334号

原告：北京龙发建筑装饰工程有限公司。

被告：北京市朝阳区生态环境局。

被告：北京市朝阳区人民政府。

原告北京龙发建筑装饰工程有限公司（以下简称龙发装饰公司）不服被告北京市朝阳区生态环境局（因机构改革调整，原北京市朝阳区环境保护局的相关职能由北京市朝阳区生态环境局承继，以下简称朝阳区环境局）环保行政处罚及被告北京市朝阳区人民政府（以下简称朝阳区政府）行政复议决定，于2019年4月25日向本院提起行政诉讼。本院于2019年4月25日立案后，于2019年4月29日分别向朝阳区环境局及朝阳区政府送达了起诉状副本及应诉通知书。本院依法组成合议庭，于2019年7月23日公开开庭审理了本案。龙发装饰公司之委托代理人，朝阳区环境局之出庭应诉行政机关负责人及委托代理人，朝阳区政府之委托代理人到庭参加了诉讼。本案现已审理终结。

原北京市朝阳区环境保护局（以下简称原朝阳区环保局）于2019年1月18日对龙发装饰公司作出朝环保罚字〔2019〕012号《行政处罚决定书》（以下简称《处罚决定书》），主要内容为：2018年11月19日，原朝阳区环保局执法人员对龙发装饰公司进行了检查并委托北京市朝阳区环境保护监测站（以下简称监测站）对龙发装饰公司废水总排放口排放的污水进行了采样检测，依据2018年11月20日出具的朝环字［WA］第201811013号《检测报告》（以下简称《检测报告》）结果显示，龙发装饰公司废水总排放口排放的污水检测结果为化学需氧量750mg/L。经执法人员调查核实，龙发装饰公司废水总排放口排放的污水是通过管道排入将台洼村内排水沟，执行北京市《水污染物综合排放标准》（DB11/307－2013）规定的排入地表水体的水污染物B排放限值：化学需氧量30mg/L，因此龙发装饰公司废水总排放口排放的污水中化学需氧量的排放浓度超过了北京市水污染物排放标准。龙发装饰公司排放水污染物超过北京市水污染物排放标准的行为，违反了《中华人民共和国水污染防治法》（以下简称《水污染防治法》）第十条的规定，依据《中华人民共和国行政处罚法》（以下简称《行政处罚法》）第二十三条和《水污染防治法》第八十三条第（二）项的规定，已责令龙发装饰公司立即改正违法行为，处七十万元罚款。

龙发装饰公司不服于2019年2月11日向朝阳区政府申请行政复议，朝阳区政府于2019年4月11日作出朝政复字〔2019〕121号《行政复议决定书》（以下简称《复议决定书》），认为原朝阳区环保局作出的行政处罚认定事实清楚、程序合法、适用法律正确，根据《中华人民共和国行政复议法》

（以下简称《行政复议法》）第二十八条第一款第（一）项的规定，决定维持原朝阳区环保局于2019年1月18日向龙发装饰公司作出的《处罚决定书》。

龙发装饰公司诉称：原朝阳区环保局作出的行政处罚决定缺乏事实依据，龙发装饰公司的食堂规模很小，按照多年的排水习惯及惯例进行生活污水排放，排水问题属于历史遗留问题。原朝阳区环保局提取的水样不是来自龙发装饰公司的排水口，在现场勘查时没有龙发装饰公司人员参加的情况下，单独制作现场检查笔录，事后又未经龙发装饰公司的授权让当时不在场员工在检查笔录上补签姓名，也未按照法律法规的规定给予龙发装饰公司整改时间，原朝阳区环保局收集证据及作出行政处罚的程序违法。龙发装饰公司主观上无过错，排放生活用水的行为从未造成严重后果，原朝阳区环保局作出七十万元罚款的行政处罚决定明显过重，显失公正。朝阳区政府未对相关事实进行合法性和适当性审查，未尊重客观事实及现实情况，亦属违法，其行政复议决定应予以撤销。综上，原朝阳区环保局和朝阳区政府的行政行为均缺乏事实依据和法律依据，现龙发装饰公司诉请法院判决撤销原朝阳区环保局作出的《处罚决定书》及朝阳区政府作出的《复议决定书》。

在指定期限内，龙发装饰公司向本院提交了如下证明被诉行政行为违法的证据：

1.《处罚决定书》，用以证明龙发装饰公司被处罚的事实；

2.《复议决定书》，用以证明朝阳区政府维持行政处罚决定的事实；

3. 朝环责改字〔2018〕03001号《责令改正违法行为决定书》（以下简称《责改决定书》），用以证明在龙发装饰公司已整改的情况下，原朝阳区环保局没有进行核验便作出罚款处罚，其公示的内容与行为前后不一；

4. 2018年11月19日的现场录音视频，用以证明龙发装饰公司不存在过错，原朝阳区环保局的现场勘验程序违法，罚款处罚过重，明显不公正；

5. 朝阳区环保局提供的录像视频，用以证明视频拍摄的时间在龙发装饰公司整改之后，系事后补拍；

6. 拍摄于2019年1月至3月将台洼村排水沟的5段视频及24张照片，用以证明检测的排水沟是历史遗留的公共排水沟，政府公共排水设施不健全，龙发装饰公司不存在任何过错；

7. 缴纳水费的发票及收据共12张，用以证明龙发装饰公司已缴纳的水费中包括排污费，主观上无任何过错；

8. 拍摄于2019年3月1日至4月1日将台洼村排水沟改造的14段视频，用以证明将台洼村村民一直在使用涉案的排水沟；

9. 拍摄于2018年11月27日至12月4日的10张照片，用以证明龙发装饰公司对管道进行改造的情况。

朝阳区环境局辩称：原朝阳区环保局具有监督管理朝阳区行政区域内的水污染防治工作的职责，并具有依法对行政区域内的水污染违法行为进行行政处罚的职权。原朝阳区环保局作出的被诉《处罚决定书》认定事实清楚，适用法律正确，程序合法正当，请求法院在查明事实的基础上，依法驳回龙发装饰公司的诉讼请求。

在法定期限内，朝阳区环境局向本院提交了作出被诉环保行政处罚行为的如下证据和规范性文件依据：

（一）认定事实的证据

1. 2018年11月19日的《现场检查（勘验）笔录》、现场照片及2段录像视频，用于证明原环保局的执法人员于2018年11月19日对龙发装饰公司的住所进行现场检查，发现龙发装饰公司设立的食堂所产生的污水通过管道直接排入将台洼村内排水沟，委托监测站检测人员在龙发装饰公司污水管道排放口处提取水样，对取样现场进行拍照、录像；

2. 《检测报告》，用于证明检测结果显示龙发装饰公司排放污水的化学需氧量远超出北京市《水污染物综合排放标准》规定的排入地表水体的水污染物B排放限值；

3. 2018年11月20日的《调查询问笔录》，用于证明原朝阳区环保局工作人员对龙发装饰公司排放污水情况进行调查询问，龙发装饰公司表示认可监测站出具的《检测报告》；

4. 龙发装饰公司提交的《营业执照（副本)》复印件、《授权委托书》、严世红和王洪波的身份证复印件、《用水量说明》，用以证明龙发装饰公司的委托代理人配合调查并提交了《用水量说明》。

（二）履行程序的证据

1. 《立案审批表》，用以证明原朝阳区环保局于2018年11月20日对龙发装饰公司排放污水超标的违法行为予以立案调查；

2. 朝环保听告字〔2018〕03082号《行政处罚听证告知书》（以下简称《听证告知书》)、《责改决定书》及《送达回证》两份，用以证明原朝阳区环保局向龙发装饰公司告知了相应权利，龙发装饰公司表示不陈述、不申辩、不听证；

3.《案件处理呈批表》《行政处罚案件集体讨论记录》，用以证明经集体讨论决定对龙发装饰公司的违法行为处以七十万元罚款；

4.《行政处罚决定书》及《送达回证》，用以证明原朝阳区环保局作出行政处罚决定并向龙发装饰公司予以送达。

（三）规范性文件依据

1.《中华人民共和国行政处罚法（2017 年修正）》（以下简称《行政处罚法》）第二十三条、第三十一条、第三十二条、第三十七条、第三十八条；

2. 以中华人民共和国主席令第 70 号公布，自 2018 年 1 月 1 日施行的《水污染防治法》第九条第一款、第十条、第三十条、第八十三条；

3. 以环境保护部令第 8 号公布，自 2010 年 3 月 1 日起施行的《环境行政处罚办法（2010 年修订）》（以下简称《环境行政处罚办法》）第十四条、第二十二条、第三十四条、第五十五条；

4. GB3838－2002《中华人民共和国地表水环境质量标准》（以下简称《地表水环境质量标准》）；

5. DB11/307－2013《水污染物综合排放标准》；

6. 京环发〔2018〕16 号《北京市环境保护局行政处罚自由裁量基准（2018 版）》（以下简称《环保处罚裁量基准（2018 版）》）。

朝阳区环境局以上述规范性依据说明原朝阳区环保局具有进行行政处罚的法定职责，其作出的被诉《处罚决定书》适用法律、法规正确。

朝阳区政府辩称，朝阳区政府作出《复议决定书》的行政行为证据确凿，适用法律法规正确，符合法定程序。请求一审法院在查明事实的基础上，依法驳回龙发装饰公司的诉讼请求。

朝阳区政府和朝阳区环境局关于被诉行政处罚行为合法性的证据一致，并由朝阳区环境局在庭审中一并进行举证。

在法定期限内，朝阳区政府向本院提交了如下证明行政复议决定程序合法的证据：

1.《行政复议申请》及相关申请材料、《行政复议接待室接待笔录》，用以证明朝阳区政府于 2019 年 2 月 11 日收到龙发装饰公司提交的《行政复议申请》及相关材料；

2.《行政复议申请受理通知书》《送达回证》、邮件跟踪查询单，证明朝阳区政府于2019年2月15日决定受理龙发装饰公司的行政复议申请；

3.《行政复议答复通知书》《送达回证》，用以证明朝阳区政府于2019年2月15日通知原朝阳区环保局进行行政复议答复；

4.《行政复议答复书》，用以证明原朝阳区环保局于2019年2月21日向朝阳区政府提交《行政复议答复书》及证据、依据；

5.《阅卷告知书》《送达回证》、邮件跟踪查询单，用以证明朝阳区政府于2019年3月15日向龙发装饰公司作出《阅卷告知书》并予以送达；

6.《阅卷意见回复书》、邮寄凭证、邮件跟踪查询单，用以证明朝阳区政府于2019年4月1日收到龙发装饰公司提交的阅卷意见；

7.《行政复议决定书》《送达回证》两份、邮件跟踪查询单，用以证明朝阳区政府于2019年4月11日作出被诉《复议决定书》并向龙发装饰公司和原朝阳区环保局予以送达。

经庭审质证：朝阳区环境局和朝阳区政府对龙发装饰公司提交的证据1－5的真实性予以认可，对证据3－5的证明目的不予认可，认为证据3的责令改正行为与罚款的行政处罚行为并不矛盾，证据4的录音内容可以反映出对于采样过程向龙发装饰公司的委托代理人进行出示并经认可，证据5系采样当天现场拍摄视频，不存在事后补拍的问题；证据6－9的关联性不予认可，龙发装饰公司的改正行为与原朝阳区环保局作出罚款处罚行为无关。

龙发装饰公司对朝阳区环境局提交的认定事实部分证据的质证意见为：对证据1不予认可，认为《现场检查（勘验）笔录》不是在采样现场所签，照片及录像视频不能反映出采样水的具体位置，其中关于排水管视频的时间为2019年2月18日，在龙发装饰公司已完成整改之后；对证据2不予认可，认为不能证明系对龙发装饰公司排放的污水所进行的检测；对证据3不予认可，认为龙发装饰公司的委托代理人是在诱导下所签，并不了解具体内容；对证据4没有异议。对朝阳区环境局提交的履行程序部分证据的综合质证意见为：对于认定事实部分不予认可，故对履行程序的证据也不予认可，在取水采样、委托检测、诱导签字等方面均存在程序违法之处。

龙发装饰公司和朝阳区环境局对朝阳区政府提交的证明行政复议程序合法的证据均无异议。

本院对上述证据认证如下：龙发装饰公司提交的证据1、2系被诉行政处罚行为及行政复议决定的书面载体，龙发装饰公司不予认可而提起诉讼，对此合法性的认定系本案审查事项，故本院不再另行作为证据单独予以认证；证据3系原朝阳区环保局在行政程序中所作，本院对证据的真实性及合法性予以认证，但责改行为的作出及履行情况不具有证明被诉行政处罚行为的违法性的证明力，本院对龙发装饰公司此项证据的证明目的不予认可；证据4系原朝阳区环保局提交的认定事实的证据之一，龙发装饰公司所述日期问题系电子数据载入电子介质中的时间，而非视频的拍摄日期，龙发装饰公司以此为由主张反驳该证据的证据效力的意见，本院不予采信；证据6–9系龙发装饰公司证明其进行积极整改及不存在主观过错的证据，对于日期在被诉行政处罚决定作出之后的证据与本案不具有直接关联性，而环保行政监管部门作出责令改正行为和行政处罚行为并不存在先后次序的关系，故责令改正决定的作出及履行情况不当然具有证明行政处罚行为违法的证明力，本院对此不予采信，关于此项事实对于行政处罚自由裁量权的影响，本院在合法性审查中另行予以论述。

朝阳区环境局提交的证据均是原朝阳区环保局在履行行政程序过程中依法制作和收集，与本案被诉环保行政处罚行为之间具有关联性，证据符合法定形式要求，证据来源清晰、调取手段合法、形式上具有真实性，能够证明原朝阳区环保局作出行政处罚决定认定事实和履行程序的相关情况，均予以采纳。

朝阳区政府提交的履行行政复议程序的证据具备关联性、真实性、合法性，能够证明履行行政复议程序及作出行政复议决定的情况，本院予以采纳。

经审理查明：2018年11月19日下午14时10分至15时20分，原朝阳区环保局工作人员前往龙发装饰公司一层进行现场检查及采样检测，对采样现场拍摄了照片及视频，同时制作了《现场检查（勘验）笔录》。原朝阳区环保局对龙发装饰公司制作的《现场检查（勘验）笔录》中记载现场检查情况为："2018年11月19日14时10分，我局执法人员对该单位进行了检查。该单位设立食堂一处，产生的污水通过管道排入将台洼村内排水沟，北京市朝阳区环境保护局监测站检测人员在废水总排放口处提取了水样，我局执法人员对现场情况进行了拍照"，龙发装饰公司的委托代理人王洪波在笔录上签字并注明"以上笔录已阅无误，情况属实"。在原朝阳区环保局提交的照片和视频中可以反映出其工作人员及检测人员从排水管中采取瞬时水样的情况，排水管中所排放污水直接排放到村内排水沟中，执法人员穿着有执法制服。王洪波同时在现场照片中签名并注明“照片与现场情况一致”。龙发装饰公司于2018年11月19日向原朝阳区环保局提交的《授权委托书》中载明：委托王洪波为合法委托代理人，授权其代表龙发装饰公司配合处理涉嫌环保违法相关工作，其行为由龙发装饰公司承担，委托权限为：接受调查取证、陈述事实、签收法律文书，行使陈述申辩权和听证权等法律赋予的有关权利；委托时限为自2018年11月20日至案件办理终结；《授权委托书》中受托人处有王洪波的签名，委托人处加盖有龙发装饰公司的公章。

2018年11月20日，监测站出具了《检测报告》，检测要素为废水，受测单位为龙发装饰公司，委托单位为原朝阳区环保局，检测日期为2018年11月19日，监测性质为监督监测；化学需氧量的检测结果为750mg/L，主要仪器为玻璃仪器滴定管，检测方法依据为“水质 化学需氧量的测定 重铬酸盐法 HJ828－2017”；氨氮的检测结果为0.278mg/L，主要仪器为723N分光光度计，检测方法依据为“水质 氨氮的测定 纳氏试剂分光光度法 HJ535－2009”。同日，原朝阳区环保局工作人员对龙发装饰公司的委托代理人王洪波进行调查询问并制作了《调查询问笔录》，王洪波在调查时陈述了公司职工食堂安有2台烹调灶，加工食品过程产生的油烟通过1台油烟净化器处理后排放；排放的污水主要是生活污水，污水经沉淀等初级处理后排放，通过管道排入将台洼村内排水沟；对于2018年11月19日执法人员对龙发装饰公司进行检查并委托监测站进行采样检测的事情知晓，现场检查、检测时其也在现场，执法人员在现场所拍的照片属实，与现场情况一致；看到了《检测报告》的检测结果，即龙发装饰公司废水总排放口排放的污水中化学需氧量的排放浓度超过了北京市水污染物排放标准，将积极改正等内容。

2018年11月20日，原朝阳区环保局经审批对龙发装饰公司涉嫌排放水污染物超过北京市水污染物排放标准案件，初步判断符合《环境行政处罚办法》第二十二条规定的立案条件，决定予以立案。同日，原朝阳区环保局向龙发装饰公司作出并直接送达了《听证告知书》，告知龙发装饰公司排放水污染物超过北京市水污染物排放标准的行为，涉嫌违反《水污染防治法》第十条的规定，依据《水污染防治法》第八十三条第（二）项的规定，依法进行行政处罚，拟处十万元以上一百万元以下的罚款，龙发装饰公司有权进行陈述、申辩和要求听证。王洪波予以签收，并注明“不陈述、不申辩、不听证”。原朝阳区环保局向龙发装饰公司作出并送达了《责改决定书》，龙发装饰公司排放水污染物超过北京市水污染物排放标准的行为违反了《水污染防治法》第十条的规定，依据《行政处罚法》第二十三条和《水污染防治法》第八十三条第（二）项的规定，责令龙发装饰公司立即改正上述违法行为。2019 年 1 月 18 日，原朝阳区环保局对案件进行集体讨论，决定同意对龙发装饰公司处七十万元罚款的行政处罚。当日，原朝阳区环保局对龙发装饰公司作出被诉《处罚决定书》，并同时送达了《处罚决定书》及《行政处罚缴款书》。

龙发装饰公司不服上述行政处罚决定，于 2019 年 2 月 11 日向朝阳区政府申请行政复议，并提交《行政复议申请》及相关申请材料。2019 年 2 月 11 日，朝阳区政府收取了龙发装饰公司提交的《行政复议申请》及申请材料，并制作了《行政复议接待室接待笔录》。2019 年 2 月 15 日，朝阳区政府向龙发装饰公司作出并邮寄送达了朝政复受字〔2019〕第 51 号《行政复议申请受理通知书》，决定予以受理，并告知龙发装饰公司可以在复议程序中查阅被申请人提出的书面答复、作出行政行为的证据、依据和其他材料。同日，朝阳区政府向原朝阳区环保局作出并直接送达了朝政复受字〔2019〕第 51 号《行政复议答复通知书》，通知原朝阳区环保局在收到行政复议申请书副本之日起十日内，提出书面答复，并提交作出行政行为的证据、依据和其他材料。2019 年 2 月 21 日，原朝阳区环保局向朝阳区政府提交了《行政复议答复书》及相应证据、依据。2019 年 3 月 15 日，朝阳区政府向龙发装饰公司作出并邮寄送达了《阅卷告知书》，告知将原朝阳区环保局提交的行政复议答复材料交龙发装饰公司查阅，如有意见，请自收到材料之日起五日内提交书面意见。2019 年 3 月 29 日，龙发装饰公司以邮寄方式向朝阳区政府提交了《阅卷意见回复书》。2019 年 4 月 11 日，朝阳区政府作出被诉《复议决定书》，并分别向龙发装饰公司和原朝阳区环保局予以送达。龙发装饰公司仍不服，遂提起本次诉讼。

另查，截至本次法庭辩论终结前，龙发装饰公司尚未实际缴纳罚款。

本院认为：依据《中华人民共和国行政诉讼法（2017 年修正）》（以下简称《行政诉讼法》）第二十六条第二款的规定，经复议的案件，复议机关决定维持原行政行为的，作出原行政行为的行政机关和复议机关是共同被告。《最高人民法院关于适用〈中华人民共和国行政诉讼法〉的解释》第一百三十五条第一款之规定：“复议机关决定维持原行政行为的，人民法院应当在审查原行政行为合法性的同时，一并审查复议决定的合法性。”本案中，朝阳区政府作出行政复议决定维持了原朝阳区环保局作出的《处罚决定书》，故本案被诉行政行为分别为原朝阳区环保局作出的环保行政处罚行为及朝阳区政府作出的行政复议行为。龙发装饰公司对朝阳区政府履行行政复议程序的合法性并无异议，其对行政复议决定的质疑来源于对于原朝阳区环保局作出环保行政处罚行为合法性的不认可，故本案审查的重点在于原朝阳区环保局作出的环保行政处罚行为的合法性。

一、关于原朝阳区环保局作出的环保行政处罚行为合法性的审查

依据《行政诉讼法》第六条的规定，人民法院审理行政案件，对行政行为是否合法进行审查。本案被诉原行政行为系原朝阳区环保局作出的环保行政处罚行为，本院从行政处罚决定作出的法定职权、认定事实、执法程序、法律适用及裁量权运用是否得当等方面进行了全面性司法审查。

《行政处罚法》第二十条规定，行政处罚由违法行为发生地的县级以上地方人民政府具有行政处罚权的行政机关管辖。《水污染防治法》第九条第一款规定：“县级以上人民政府环境保护主管部门对水污染防治实施统一监督管理”，《环保行政处罚办法》第十四条第一款规定：“县级以上环境保护主管部门在法定职权范围内实施环境行政处罚。”本案中，违法行为发生地位于本市朝阳区，因此原朝阳区环保局作为被诉行政处罚行为作出时本行政区域内环境保护主管部门，具有监督管理本行政区域内的水污染防治工作的法定职责，并具有对本行政区域内的水污染违法行为作出被诉行政处罚决定的法定职权。根据机构变更和职责调整情况，朝阳区环境局作为原朝阳区环保局的职责承继机关，在本案中具有相应的行政应诉职责。

根据庭审调查并结合当事人的诉辩意见，本案的争议焦点有三：一是龙发装饰公司是否存在排放水污染物超过北京市水污染物排放标准的违法行为，原朝阳区环保局以此作出被诉行政处罚决定是否属认定清楚、证据确凿充分；二是原朝阳区环保局作出被诉行政处罚决定的行政执法中是否履行了法定程序，其行政处罚行为是否存在程序违法之处；三是原朝阳区环保局对龙发装饰公司作出七十万元罚款的处罚决定，数额是否过高，处罚幅度是否适当。本院针对上述案件争议焦点及合法性审查标准，将审查情况及具体理由分述如下：

（一）关于原朝阳区环保局作出被诉《处罚决定书》认定事实是否清楚，

证据是否确凿充分的问题

本案被诉《处罚决定书》中所认定的违法事实为龙发装饰公司废水总排放口排放的污水中化学需氧量的排放浓度超过了北京市水污染物排放标准，对此，原朝阳区环保局进行调查取证和采样检测后对上述违法事实作出认定。根据《行政诉讼法》第三十四条第一款规定，被告对作出的行政行为负有举证责任，应当提供作出该行政行为的证据和所依据的规范性文件。《最高人民法院关于行政诉讼证据若干问题的规定》第五十四条规定："法庭应当对经过庭审质证的证据和无需质证的证据进行逐一审查和对全部证据综合审查，遵循法官职业道德，运用逻辑推理和生活经验，进行全面、客观和公正地分析判断，确定证据材料与案件事实之间的证明关系，排除不具有关联性的证据材料，准确认定案件事实。"因此，人民法院对于行政机关认定事实的判断，既要注重对单个证据证明力的判断，更要综合分析和审查行政机关在法定期限内提交的全部证据材料，运用逻辑推理和生活经验，以对案件事实作出客观、公正的认定。

分析本案的调查和举证情况：第一，关于被取样检测的水样提取位置及来源问题。《环保行政处罚办法》第三十四条的规定："需要取样的，应当制作取样记录或者将取样过程记入现场检查（勘查）笔录，可以采取拍照、录像或者其他方式记录取样情况。"因此，现场检查笔录是反映取样事实和过程的关键证据，本案中，原朝阳区环保局对取样过程制作了《现场检查（勘验）笔录》，其中明确记载了取样系龙发装饰公司所产生的污水，取样位置在龙发装饰公司排放污水的总排放口处，龙发装饰公司的委托代理人对上述现场情况予以签字确认，首先，《现场检查（勘验）笔录》可以证明原朝阳区环保局取样污水系龙发装饰公司所排放的污水。其次，原朝阳区环保局执法人员对现场取样过程拍摄了视频和照片，并对照片制作了书面说明，虽然取样视频中反映出的整体取样过程并不完整，但现场照片中可明确反映出取样位置系污水排放口，龙发装饰公司的委托代理人对此亦予以确认并在照片制作说明中予以签字，视频和照片可以整体反映出取样的位置和废水来源。再次，原朝阳区环保局执法人员对龙发装饰公司委托代理人制作的《调查询问笔录》中再次对现场检查和检测的情况进行询问，龙发装饰公司的委托代理人再次明确答复称现场检查和检测时其在取样现场，对此事实再次予以确认。最后，即使从龙发装饰公司提交的现场录音中也可以反映龙发装饰公司的相关人员在取样现场，对于取样位置和取样污水的来源最终未提出异议。因此，如果孤立看原朝阳区环保局提交的取样现场视频，似乎不能确认原朝阳区环保局的取样位置和污水来源，但综合分析原朝阳区环保局提交的认定事实的相关证据，已经明确反映出被检测污水来源于龙发装饰公司所排放的污水，取样位置在龙发装饰公司排放污水的总排水口，龙发装饰公司关于取样采集的污水并非来源于其公司、取样位置在公共排水沟处的诉讼理由不能成立。

第二，关于取样检测的时间及标准问题。《环保行政处罚办法》第三十七条规定："环境保护主管部门在对排污单位进行监督检查时，可以现场即时采样，监测结果可以作为判定污染物是否超标的证据。"本案中，原朝阳区环保局于现场检查时进行即时采样，在对现场采样情况经当事人确认后开展采样监测工作，瞬时水样系从水中不连续地随机采取的样品，此种取样方式符合法规的要求，也符合水污染行政执法的客观实际，因此，原朝阳区环保局的执法人员的取样检测符合相关规定。

第三，关于取样检测结果的认定问题。废水监测具有技术性和专业性的特征，检测站系具有检测资格的监测单位，其所出具的《检测报告》中载明了检测机构、检测项目、检测方法、检测仪器、检测分析结果等事项，符合《环保行政处罚办法》第三十五条的规定要求。原朝阳区环保局将《检测报告》的内容向龙发装饰公司明确予以告知，龙发装饰公司的委托代理人在《调查询问笔录》中明确陈述看到《检测报告》内容及知晓报告结果，对检测结果和违法事实予以确认，故上述《检测报告》可以作为认定违法事实的依据。根据《检测报告》的检测结果，所检测废水中化学需氧量为750mg/L，而化学需氧量是以化学方法测量水样中需要被氧化的还原性物质的量，是反映水中受还原性物质污染的程度。龙发装饰公司所排放的废水通过排水管道直接排入村内排水沟中，其排放的污水中化学需氧量的排放浓度超过标准的行为显属违法行为。龙发装饰公司关于环保行政执法过程中必须委托其他第三人进行采样废水的监测既没有法律法规的强制性规定，也不符合行政执法的实际要求，其对《检测报告》所提出的异议不能成立，本院不予采信。

最后，关于总用水量的认定问题。由于龙发装饰公司用水方式具有特殊性，其并非直接采取市政统一供水方式，因此总用水量的确认需结合必要调查及基本情况予以判定，而总用水量的核实问题仅系与裁量基准确定相关。

原朝阳区环保局根据龙发装饰公司提交的《用水量说明》并结合龙发装饰公司的实际情况，以此作为裁量基准的事实，其认定合理并有相应证据佐证，本院对此不持异议。

另外，龙发装饰公司以不知情、被诱导签字等为由对其委托代理人在行政程序中的法律行为予以否认，但在行政程序中龙发装饰公司向原朝阳区环保局提交的《授权委托书》中对于委托事项及期限予以明确载明，龙发装饰公司作为长期经营的企业对出具《授权委托书》的法律意义和委托代理人行为的法律后果应具有最基本的认知，王洪波作为完全民事行为能力人及龙发装饰公司的委托代理人全程参与了原朝阳区环保局的行政执法程序，多次接受调查谈话并签收法律文书，在没有任何法定事由和证据的情况下，仅以不知情、被诱导等为由便径行否定委托代理人的法律行为显然不能成立，否则将会使得法律规定的委托代理制度置于空设的状态而失去了实际意义，也会导致实践中行政执法工作难以积极有效地开展，故对此项意见本院难以采信。

综合以上几点分析，原朝阳区环保局对涉案违法事实通过现场取样、取样检测、询问核实、调取材料等方式进行全面调查，经过调查取证并结合案件事实综合分析后认定龙发装饰公司存在违法行为，本院对这一认定结论不持异议。原朝阳区环保局作出被诉《处罚决定书》所认定的违法事实系认定清楚，主要证据确凿充分，本院对此予以确认。

（二）关于原朝阳区环保局作出被诉《处罚决定书》是否履行法定程序，是否存在违反法定程序的问题

《行政处罚法》对行政机关作出行政处罚过程中应遵循的基本程序作出了明确规定，《环境行政处罚办法》第三章一般程序中，对于环保行政主管部门进行行政处罚执法中的立案、调查取证、审查、告知和听证、处理决定等具体程序作出具体规定。本案中，原朝阳区环保局实施行政处罚过程中，履行了现场检查、立案、询问调查程序，调取收集了相应证据；在作出行政处罚决定前，向龙发装饰公司告知了拟处罚的事实及依据，告知其具有陈述、申辩及听证的权利，保障了行政相对人所具有的陈述权、申辩权、听证权等程序性权利，在案件调查和证据分析的基础上，经集体讨论在法定期限内作出行政处罚决定，并将被诉《处罚决定书》向龙发装饰公司予以送达，故原朝阳区环保局在行政处罚中履行了立案、现场检查、调查取证、处罚告知、决定、送达等程序，其作出行政处罚决定的程序符合法律规定，本院对此不

持异议。

关于龙发装饰公司对原朝阳区环保局履行行政程序所提出的异议，龙发装饰公司认为执法人员在检查过程中未出示执法证件，对此在视频录像中显示出执法人员穿着执法制服，其提交录音中也反映出就执法事项进行沟通，在《现场检查（勘验）笔录》中也告知执法人员身份及执法证编号，龙发装饰公司的委托代理人对此予以确认，故此项理由不能成立；龙发装饰公司认为原朝阳区环保局在进行现场检查前未先行要求整改，对此环境保护主管部门对于发现的涉嫌违法行为经初步审查符合条件后即应予以立案，不存在先通知整改再进行现场检查的程序规定；龙发装饰公司认为未保障其要求重新采样检测的权利，对此原朝阳区环保局的执法人员在行政执法过程中已明确将《检测报告》内容及结果向龙发装饰公司进行出示和告知，龙发装饰公司的委托代理人明确知晓且未提出异议，在之后也明确表示不提出陈述、申辩及听证，故龙发装饰公司关于未保障其程序性权利的理由不能成立；龙发装饰公司对于取样采水、委托代理人签字等方面提出的问题，实质亦是对认定事实所提出的质疑，对此本院不再重复予以论述。

（三）关于原朝阳区环保局作出被诉《处罚决定书》适用法律、法规是否正确，处罚七十万元罚款是否属明显不当的问题

依据《水污染防治法》第八十三条第（二）项的规定，超过水污染物排放标准或者超过重点水污染排放总量控制指标排放水污染物的，由县级以上人民政府环境保护主管部门责令改正或者责令限制生产、停产整治，并处十万元以上一百万元以下的罚款；情节严重的，报经有批准权的人民政府批准，责令停业、关闭。《地表水环境质量标准》中规定，依据地表水水域环境功能和保护目标，按照功能高低依次划分为五类：Ⅰ类主要适用于源头水，国家自然保护区；Ⅱ类主要适用于集中式生活饮用水地表水源地一级保护区、珍稀水生生物栖息地、鱼虾类产卵场、仔稚幼鱼的索饵场等；Ⅲ类主要适用于集中式生活饮用水地表水源地二级保护区、鱼虾类越冬场、洄游通道、水产养殖区等渔业水域及游泳区；Ⅳ类主要适用于一般工业用水区及人体非直接接触的娱乐用水区；Ⅴ类主要适用于农业用水区及一般景观要求水域。对应地表水上述五类水域功能，将地表水环境质量标准基本项目标准值分为五类，不同功能类别分别执行相应类别的标准值。水域功能类别高的标准值严于水域功能类别低的标准值，同一水域兼有多类使用功能的，执行最高功能类别对应的

标准值。实现水域功能与达功能类别标准为同一含义。省、自治区、直辖市人民政府可以对本标准中未作规定的项目，制定地方补充标准。《水污染物综合排放标准》（DB11/307－2013）规定，依据地表水水域环境功能和保护目标，排入北京市Ⅳ、Ⅴ类水体及汇水范围的污水执行B排放限值，化学需氧量B排放限值为30mg/L。本案中，根据《检测报告》显示龙发装饰公司废水总排放口排放的污水检测结果为化学需氧量750mg/L，明显超过了《水污染物综合排放标准》（DB11/307－2013）规定的化学需氧量B排放限值，原朝阳区环保局针对龙发装饰公司的违法行为作出罚款的行政处罚决定于法有据。

关于原朝阳区环保局作出七十万元罚款的处罚数额是否过高，处罚幅度是否适当问题，首先，原北京市环境保护局发布的《环保处罚裁量基准（2018版）》是为规范实施行政处罚裁量机制，实现裁量基准统一，根据本市环境行政执法工作实际所制定，此裁量基准不违反上位法规定且具有指导本市环保行政执法实践的作用，在本市行政区域内具有适用性。同时，此裁量基准在制定过程中，根据建设项目的环评类别、污染物的性质和排放情况、违法行为对环境的影响等违法情节，对行为人违反水污染物管理制度等环境违法行为，依据相关环保法规设定的行政处罚种类和幅度，分别制定了行政处罚自由裁量基准。其中对于排放超标的问题，《环保处罚裁量基准（2018版）》中规定对于污水排放量≤15000吨/年且超标倍数>2的情形，行政处罚自由裁量基准为55－70万元，本案中，龙发装饰公司废水总排放口排放的污水中化学需氧量超过B排放限值的25倍，原朝阳区环保局作出七十万元罚款的行政处罚不违反此裁量基准的规定。其次，依据《水污染防治法》第八十三条第（二）项的规定，对于超过水污染物排放标准或者超过重点水污染排放总量控制指标排放水污染物的违法行为，环境保护主管部门可以责令改正或者责令限制生产、停产整治，同时作出并处罚款的行政处罚。因此，违法行为人的改正行为是针对《责改决定书》应履行的法定义务，并非环境保护主管部门进行从轻或者减轻行政处罚的法定情形。最后，排放超标废水所造成的环境污染程度及影响问题应综合予以衡量，龙发装饰公司的污水排放到污水沟中，直接影响到地表水的安全，且所在区域属于群众居住相对集中的区域，所排放的污水存在严重超过标准的情形，故原朝阳区环保局作出的行政处罚并不属于显失公正的情形。

根据过罚相当原则的要求，实施行政处罚的主体在对违法行为人适用行政处罚时，所科罚种和处罚幅度应与违法行为人的过错程度相适应，与违法情节的轻重程度相适应，与违法行为所产生的社会危害性相适应。综合考量上述法律规定及立法精神，结合上述对违法行为性质和情节的论述，本案中，原朝阳区环保局依据《水污染防治法》第八十三条第（二）项的规定对龙发装饰公司作出罚款七十万元的行政处罚，不违背过罚相当的基本原则，罚款数额不存在显失公正的问题，本院对此予以确认。

在“绿水青山就是金山银山”的环境保护理念已成为社会共识的当下，在节约资源和保护环境已成为我国基本国策的今天，每一名公民和每一个企业都应成为环境保护的绿色发展理念的维护者和践行者。作为一个合法经营的法人企业，在注重企业发展和效益提升的同时，也应具备更强的环保意识，承担起更多的企业社会责任，历史排水习惯、主观认知不足等原因都不能成为实施环境违法行为的正当理由。只有政府、社会、企业、公民都能牢固树立起环保意识，承担各自的环保责任，才能实现人与自然的和谐相处。

综合上述合法性审查情况，原朝阳区环保局作出的被诉处罚决定认定事实清楚，履行了法定程序，适用法律、法规正确，处罚幅度并无明显不当，本院对此予以支持。

二、关于朝阳区政府作出的行政复议决定合法性的审查

《行政复议法》第十三条第一款的规定，对地方各级人民政府的具体行政行为不服的，向上一级地方人民政府申请行政复议。本案中，朝阳区政府作为原朝阳区环保局的上一级地方人民政府，具有接受龙发装饰公司的行政复议申请并开展行政复议工作的法定职责。本案中，朝阳区政府在接到龙发装饰的行政复议申请，经审查后予以受理，并向原朝阳区环保局履行了送达程序，在原朝阳区环保局提交书面答复意见和证据、依据后，朝阳区政府通知龙发装饰公司进行阅卷，听取其相应的意见，朝阳区政府经审查在法定期限内作出决定，并履行了送达程序，故朝阳区政府履行行政复议的程序合法，本院予以支持。

根据《行政复议法》第二十八条第一款第（一）项的规定，行政行为认定事实清楚，证据确凿，适用依据正确，程序合法，内容适当的，行政复议机关作出维持的行政复议决定。本案中，朝阳区政府经书面审查及履行法定程序后，认为原朝阳区环保局作出的行政处罚决定认定事实清楚，有相应证据予以佐证，程序合法，适用法律正确，遂作出维持原朝阳区环保局作出的

《处罚决定书》的决定，其作出的行政复议决定事实清楚、证据确凿、程序合法、结论正确，本院亦予以支持。

综上，龙发装饰公司要求撤销原朝阳区环保局作出的《处罚决定书》及朝阳区政府作出的《复议决定书》理由不能成立，对其诉讼请求本院不予支持。依据《中华人民共和国行政诉讼法（2017年修正)》第六十九条、第七十九条之规定，判决如下：

驳回原告北京龙发建筑装饰工程有限公司的全部诉讼请求。

案件受理费50元，由原告北京龙发建筑装饰工程有限公司负担（已交纳)。

如不服本判决，可于判决书送达之日起十五日内，向本院递交上诉状，并按对方当事人的人数提出副本，同时交纳上诉案件受理费人民币50元，上诉于北京市第三中级人民法院。

审 判 长 郑瑞涛
人民陪审员 黄绍波
人民陪审员 张洪萍
二〇一九年八月十六日
书 记 员 杨星星

（作者单位：北京市朝阳区人民法院)

赵某诉苏州市人事考试院考试违纪行政处理案*

承办人：刘　军

【推荐理由】

诚信考试是对所有考生的基本要求。考生有作弊嫌疑时，监考人员如何处理是监考过程中的一大难题。若监考人员放任“不管”将构成失职；若监考人员强行检查，不仅难以取得作弊的证据，而且可能与考生产生冲突，造成考场秩序的混乱，极端情况下考生可能还会产生过激行为，例如中北大学考生考场作弊跳楼事件。因此监考人员常怠于监督，甚至不敢监督。本裁定书说理透彻、逻辑严谨，从考生的法定义务、个人利益与公共利益的衡平、权利义务的对立统一性等方面，深入论述确立考生配合检查义务规则的合法性和必要性。该规则的确立旗帜鲜明地支持监考人员依法行使监考权，对于维护良好的考试秩序，让实际作弊的考生承担相应的法律责任，保证考试结果的公平与公正，促进监考老师敢于监督，培育风清气正的社会风尚具有积极的意义。该案审理思路和裁判标准对于类案的审理与裁判具有较高的指导价值，得到社会各界尤其是教育主管部门、考试工作机构的一致认可。该案被中国法学会案例法学研究会、最高人民法院司法案例研究院、《法律适用》《中国法律评论》《南方周末》联合评选为第十五届（2019）年度中国十大影响性诉讼案例。

【裁判要旨】

考生应当严格遵守考场纪律，自觉维护考试工作场所秩序，服从考试工

* 本案例入选2019年度中国十大影响性诉讼。

作人员管理。考生有作弊嫌疑时，监考人员有检查的权力和职责，考生有绝对的配合检查义务。监考人员采取合理的检查措施，考生不配合检查，与考试工作人员发生冲突，影响其他考生考试，不仅属于故意扰乱考场秩序，亦属于拒绝、妨碍考试工作人员履行管理职责，依法应当承担相应的责任。

【案情介绍】

2015 年 9 月 13 日，赵某参加苏州市考试院组织的全国安全工程师执业资格考试。考试过程中，监考人员发现赵某涉嫌使用小抄并进行检查。检查过程中，赵某以手摁试卷、拖拽等方式抗拒检查，致双方均有轻微抓伤。监考人员收走赵某的试卷，而赵某则起身拦住监考人员欲要回试卷，未果后回到座位坐下请求返回试卷，后再次起身讨要试卷。在巡考前来处理期间，赵某左手不时伸向下方，并有左手伸向窗口的动作。巡考到达考场后，将赵某带离考场检查。其间，邻近部分考生因考试受到干扰回头观察事态。考务人员在考场外对赵某检查后并未发现涉嫌的小抄。2015 年 10 月 28 日，苏州市考试院以赵某不服从考试工作人员管理，拒绝、妨碍考试工作人员履行管理职责，扰乱考试工作场所秩序，违反考试纪律为由，按照当时有效的人社部令第 12 号《专业技术人员资格考试违纪违规行为处理规定》第八条第（一）项、第（二）项，对赵某作出 1 号《处理决定书》，决定当次全部科目考试成绩作无效处理。赵某不服，向苏州市政府申请复议，苏州市政府作出行政复议决定，以苏州市考试院未告知赵某作出 1 号《处理决定书》的理由、依据以及陈述申辩权为由，撤销 1 号《处理决定书》，并责令苏州市考试院重新作出处理。苏州市考试院于 2016 年 6 月 6 日作出《违纪违规处理事项告知书》并送达赵某，告知赵某拟作出处理决定的理由、依据及陈述申辩权。苏州市考试院在听取赵某陈述申辩后作出被诉的 2 号《处理决定书》。赵某不服，提起本案诉讼，请求撤销 2 号《处理决定书》。一审法院判决驳回赵某诉讼请求。赵某不服提起上诉，二审法院判决驳回上诉，维持原判。赵某仍然不服，申请再审。

【裁判文书】

江苏省高级人民法院
行政裁定书

（2018）苏行申921号

再审申请人（一审原告、二审上诉人）：赵某。

被申请人（一审被告、二审被上诉人）：苏州市人事考试院。

赵某因诉苏州市人事考试院（以下简称苏州市考试院）考试违纪行政处理一案，不服江苏省苏州市中级人民法院（2017）苏05行终269号行政判决，向本院申请再审。本院依法组成合议庭对本案进行了审查，现已审查终结。

苏州市姑苏区人民法院（以下简称姑苏区法院）（2016）苏0508行初433号行政判决认定，2015年9月13日下午，赵某参加苏州市考试院组织的全国安全工程师执业资格考试《安全生产事故案例分析》科目考试。考试过程中，监考人员江某发现赵某涉嫌使用小抄藏匿于试卷下方，将此情况告知同场监考人员陈某，陈某对赵某进行检查过程中，赵某以手摁试卷、拖拽等方式抗拒检查，致双方均有轻微抓伤。陈某收走赵某的试卷，而赵某则起身拦住陈某欲要回试卷，未果后回到座位坐下请求返回试卷，后再次起身讨要试卷。陈某将试卷还给赵某并由江某通知巡考前来处理。在巡考前来处理期间，赵某左手不时伸向下方，并有左手伸向窗口的动作（赵某坐在考场最后一排、左边第一个座位、左手边是教室的窗户）。巡考到达考场后，将赵某带离考场检查。其间，邻近部分考生因考试受到干扰回头观察事态。考务人员在考场外对赵某检查后并未发现涉嫌的小抄，报警后在苏州市公安局虎丘分局横塘派出所亦未发现。2015年10月28日，苏州市考试院以赵某无视考场规则，不服从考试工作人员管理，拒绝、妨碍考试工作人员履行管理职责，扰乱考试工作场所秩序，违反考试纪律为由，按照当时有效的人社部令第12号《专业技术人员资格考试违纪违规行为处理规定》（以下简称原12号《处理规定》）第八条第（一）项、第（二）项，对赵某作出《江苏省专业技术人员资格考试考生违纪违规处理决定书》（以下简称1号《处理决定书》），决定当次全部科目考试成绩作无效处理。赵某不服，向苏州市人民政府（以下简称苏州市政府）申请复议，苏州市政府作出行政复议决定，以苏州市考试院作出1号《处理决定书》前，未告知赵某作出处理决定书的理由、依据以及陈述申辩权为由，撤销1号《处理决定书》，并责令苏州市考试院重新作出处理。苏州市考试院于2016年6月6日作出《违纪违规处理事项告知书》并送达赵某，告知赵某拟作出处理决定的理由、依据及陈述申辩权。苏州市考试院在听取赵某陈述申辩后，于2016年7月20日作出被诉的《江苏省专业技术人员资格考试考生违纪违规处理决定书》（以下简称2号《处理决定书》）。赵某不服，提起本案诉讼，请求撤销2号《处理决定书》。

姑苏区法院（2016）苏0508行初433号行政判决认为，根据原12号《处理规定》第三条第五款、第五条第三款的规定，苏州市考试院负责苏州地区专业技术人员资格考试考务工作，具有对应试人员的违纪违规行为进行认定与处理的职责。关于2号《处理决定书》对赵某违纪违规行为的认定是否正确，苏州市考试院提供的考场监控录像，监考人员陈某、江某出具的《考试过程说明》、巡考徐某出具的情况说明，以及对部分同考场应试人员的询问笔录相互印证，被诉2号《处理决定书》认定赵某存在违纪违规行为正确。赵某在行政处理程序以及案件审理中的辩解无相应证据支撑。本案系涉嫌考试作弊引起的拒绝、妨碍考试工作人员履行管理职责，扰乱考场秩序案件，考务人员为调查作弊情况将赵某带离考场进行后续检查，未按照原12号《处理规定》第十四条的规定当场记录违纪违规情况并要求赵某签字，具有合理性。苏州市考试院提供的证据均系作出被诉2号《处理决定书》前所收集的证据，属于有效证据。

关于2号《处理决定书》程序是否合法，适用法律法规是否正确。原12号《处理规定》第八条第（一）项、第（二）项规定，应试人员故意扰乱考点、考场等考试工作场所秩序，拒绝、妨碍考试工作人员履行管理职责，责令离开考场；影响考试正常进行的，视情节轻重，按照本规定第六条作当次该科目考试成绩无效处理，或者按照第七条作当次全部科目考试成绩无效处理。本案中，苏州市考试院根据赵某扰乱考场秩序，拒绝、妨碍考务人员履行管理职责的具体情节作出当次全部科目考试成绩无效处理，适用法律法规正确，罚责相当。苏州市考试院在作出2号《处理决定书》前告知赵某拟作出处理决定的内容及陈述申辩权，程序合法。姑苏区法院依照《中华人民共和国行政诉讼法》第六十九条的规定，判决驳回赵某的诉讼请求。

赵某不服提起上诉，江苏省苏州市中级人民法院作出（2017）苏05行终269号行政判决，以2号《处理决定书》认定事实清楚、证据确凿、适用法律正确、处理程序合法，姑苏区法院判决驳回赵某诉讼请求正确为由，驳回上诉，维持原判。

赵某申请再审称：1. 赵某在考试过程中未作弊，监考人员在考试过程中未发现作弊的证据，将试卷交还后，不应当将其带离考场并继续查找作弊的证据，且事实上亦未查找到作弊的证据。2. 苏州市考试院在未能认定赵某作弊的情况下，转而以拒绝、妨碍考试工作人员履行管理职责，严重扰乱考场秩序为由对赵某作出被诉的2号《处理决定书》，不仅无事实根据，且目的不具有正当性。3. 监考人员阻止赵某继续答题并收走试卷，赵某为了继续考试，起身要求考务人员返还试卷符合情理。4. 苏州市考试院作出2号《处理决定书》，行政程序不符合原12号《处理规定》第十四条第一款等规定。5. 苏州市考试院作出的1号《处理决定书》被复议机关撤销后，重新调查取证，且制作的询问笔录未送达赵某，直到案件审理期间，赵某才知晓询问笔录的内容，行政程序违法。6. 监考人员不具备监考的资格。7. 从监考人员怀疑赵某作弊进而阻止赵某考试，到返还试卷持续时间仅一分钟，其中一名考生两次回头看了几秒钟、其他几位考生短暂回头看之后，均继续答题，考试并未因此中断，苏州市考试院取消本次全部科目考试成绩违法。8. 原审判决认定事实不清，适用法律错误。请求本院提起再审，撤销原审判决并依法改判，支持赵某的诉讼请求。

本院经复查认定，原审判决认定事实清楚，依法予以确认。

本院另查明，赵某在监考人员检查过程中，双手合十，并通过言语表达其未作弊，并请求监考人员不再处理，允许其继续考试。赵某与监考人员陈某争抢试卷过程中，双方均有轻微抓伤。经苏州市公安局虎丘分局横塘派出所主持调解，陈某与赵某签订《治安案件现场调解协议书》，互不追究轻微抓伤的责任。上述事实有考场监控录像、对同考场考生的询问笔录、涉案《治安案件现场调解协议书》予以证明。

本院认为，安全工程师执业资格属于准入类职业资格，取得该资格不仅要具备相应的条件和技能，而且必须通过安全工程师执业资格统一考试。考生应当严格遵守考场纪律，自觉维护考试工作场所秩序，服从考试工作人员管理。考生有作弊嫌疑时，监考人员有检查的权力和职责，考生有绝对的配合检查义务。不配合检查，与考试工作人员发生冲突，影响其他考生考试，不仅属于故意扰乱考场秩序，亦属于拒绝、妨碍考试工作人员履行管理职责，依法应当承担相应的责任。

一、考生涉嫌作弊，监考人员有权检查，考生有配合检查的义务

认定作弊行为需要证据予以证明，即便客观上已经作弊，在作弊的证据尚未取得之前，只能认定属于有作弊嫌疑。因此，有作弊嫌疑存在两种情况：一是有作弊嫌疑但未作弊，二是有作弊嫌疑事实上已作弊。为了让已作弊的考生得到应有的惩罚，应当赋予监考人员相应的检查权。实践中，有的考生作弊被发现后，往往抓住监考人员无权采取搜身等途径进行检查的心理，拒绝交出甚至藏匿、转移作弊的证据，更有甚者将作弊用的小抄吞咽，导致监考人员无法取证，难以追究作弊考生的责任。如果不赋予监考人员检查的权力、不确立考生配合检查的义务，监考人员面对有作弊嫌疑的考生束手无策，不仅有损考试的权威，且难以保障考试结果的公正，对其他考生而言明显属于不公平。考生具有配合检查义务，主要理由如下：

首先，配合检查是考生的法定义务。原12号《处理规定》第八条规定，应试人员应当自觉维护考试工作场所秩序，服从考试工作人员管理。同时该条明确规定了拒绝、妨碍考试工作人员履行管理职责所应承担的责任。对有作弊嫌疑的考生进行检查是监考人员管理职责的一个重要组成部分，考生应当服从管理。配合检查是服从管理的应有之意，否则构成拒绝、妨碍考试工作人员履行管理职责。

其次，个人利益与公共利益的衡平需要考生配合检查。监考人员对有作弊嫌疑的考生进行检查时，如果考生不配合检查，与监考人员发生争执，难免扰乱考场秩序，进而影响其他考生正常考试，此时影响的是公共利益。如果监考人员判断错误（实际上未作弊），监考人员的检查对考生的影响的确难以避免，但这种影响是短暂的、细微的。考生有作弊嫌疑时，应当容忍并接受因检查带来的不利影响，服从监考人员的管理。同时，配合检查亦是自证清白的过程，考生积极主动配合检查，监考人员排除考生作弊后，考生完全可以在短时间内继续考试。两利相权取其重，两害相权取其轻。配合检查义务的确立不仅有利于维护考场秩序，保障其他考生正常考试，同时亦能将

检查对考生的不利影响降低到最小。

最后，权利义务的对立统一性要求考生配合检查。配合检查义务的确立基于考生享有行政程序参与权。但权利义务的对立统一性，决定了考生在行使行政程序参与权的同时，应当履行相应的程序性义务。《江苏省行政程序规定》第二十五条规定了行政相对人在行政程序中，依法享有申请权、知情权、参与权、陈述权、申辩权等权利，同时规定行政相对人参与行政程序，应当履行服从行政管理、维护公共利益、提供真实信息等义务。有作弊嫌疑的考生配合检查，是考生履行服从行政管理义务的应有之意。

二、赵某涉嫌作弊，构成拒绝、妨碍考试工作人员履行管理职责，同时扰乱考场秩序

苏州市考试院提供的考场监控录像，监考人员陈某、江某出具的《考试过程说明》证明，赵某在考试过程中有作弊的嫌疑，监考人员对赵某进行检查正确。监考人员开始检查时，赵某以手摁、拖拽试卷等方式拒绝、妨碍检查，在与监考人员争抢试卷过程中致双方均有轻微抓伤；监考人员收走试卷，赵某起身阻拦欲要回试卷，未果后回至座位坐下后请求返还试卷，后再次起身讨要试卷；赵某在此过程中双手合十，请求监考人员不再处理。赵某的上述言行，足以证明其未履行配合检查义务，构成拒绝、妨碍考试工作人员履行管理职责，同时导致邻近部分考生转头观察事态，影响部分考生正常考试，扰乱了考场秩序。

三、2 号《处理决定书》合法、合理

根据原 12 号《处理规定》第八条第（一）项、第（二）项的规定，应试人员故意扰乱考场等考试工作场所秩序；拒绝、妨碍考试工作人员履行管理职责，考试工作人员有权责令其离开考场；影响考试正常进行的，视情节轻重，作当次该科目考试成绩无效处理，或者作当次全部科目考试成绩无效处理。本案中，赵某在考场中的言行，构成拒绝、妨碍考试工作人员履行管理职责，同时扰乱了考场秩序。赵某在拒绝、妨碍考试工作人员履行管理职责的过程中，不仅导致邻近部分考生转头观察事态，还导致其与监考人员均有轻微抓伤，情节严重。苏州市考试院查明事实后作出 2 号《处理决定书》，决定将赵某当次全部科目考试成绩作无效处理，不仅具有合法性且具有合理性。

四、行政处理程序上存在瑕疵，不足以否定2号《处理决定书》的合法性

苏州市考试院作出1号《处理决定书》前，未告知赵某作出处理决定的理由、依据，未听取赵某陈述申辩，行政程序不符合原12号《处理规定》第十六条的规定，复议机关以此为由撤销1号《处理决定书》，并责令苏州市考试院重新作出处理。苏州市考试院提供的《违纪违规处理事项告知书》证明，其已告知赵某作出处理决定的理由、依据，并听取赵某陈述申辩。1号《处理决定书》被复议机关撤销后，苏州市考试院对同考场部分考生进行调查并制作询问笔录，该证据形成于2号《处理决定书》作出之前，并不违反"先取证、后裁决"的基本规则。苏州市考试院提供的关于监考人员培训的《情况说明》、组织监巡考人员培训的新闻报道等证据证明，本考场两名监考人员经培训后具备监考的资格。

考生无论是拒绝、妨碍考试工作人员履行管理职责，还是扰乱考场秩序，考试工作人员均有权责令其离开考场，且考场监控录像显示，监考人员检查过程中，赵某左手不时伸向下方，并有左手伸向窗口的动作，巡考将赵某带离考场进一步检查符合原12号《处理规定》第八条的规定。但监考人员未按照原12号《处理规定》第十四条的规定，当场制作违纪违规情况记录并要求赵某签字不当，该行政程序上的瑕疵不足以否定2号《处理决定书》的合法性。苏州市考试院应当在以后的考务工作中加以改进。

需要说明的是，涉案纠纷因有作弊嫌疑引发。孔子曰："人而无信，不知其可也。"诚信考试是对所有考生的基本要求。对有作弊嫌疑的考生进行检查，是监考人员的权力，亦是其职责，否则构成失职。值得深思的是，对有作弊嫌疑的考生如何检查，检查的"度"如何把握，既能让有作弊嫌疑且事实上已作弊的考生得到应有的惩罚，确保考试结果的公平与公正，又能减少对有作弊嫌疑但未作弊考生的干扰，保障考生的合法权益，是所有考试工作机构需要进一步研究的课题。但就本案而言，在监考人员开始检查时，如果赵某主动让监考人员检查试卷底下以及桌面是否有小抄，如果赵某不采取以手摁试卷、拖拽等方式拒绝、妨碍检查，如果赵某主动配合检查而监考人员未发现作弊的证据，那么赵某完全可以在极短的时间内继续考试，同时亦避免了本案纠纷。

综上，被诉的2号《处理决定书》认定事实清楚，适用法律正确。原审

法院判决驳回赵某的诉讼请求正确。赵某的再审申请不符合《中华人民共和国行政诉讼法》第九十一条规定的情形。依照《最高人民法院关于适用〈中华人民共和国行政诉讼法〉的解释》第一百一十六条第二款的规定，裁定如下：

驳回赵某的再审申请。

审判长 刘 军
审判员 张世霞
审判员 杨 述
二〇一九年七月二十三日
书记员 吁 璇

（作者单位：江苏省高级人民法院）

池州市同晖房地产开发有限公司、安庆市同晖投资管理有限公司诉安庆市大观区花亭路街道办事处、安庆市大观区人民政府行政协议案

承办人：蒋春晖

【裁判要旨】

1. 政府虽以监证方在协议上签字盖章，但却为自己设定了权利义务，应是合同一方当事人。

2. 行政机关为了实现行政管理或者公共服务目标，与公民、法人或者其他组织协商订立的具有行政法上权利义务内容的协议，属于行政协议，协议中有无行政机关行使行政优益权的内容，并不影响协议性质的认定。

3. 当协议约定的目的无法实现的情况下，原告请求解除行政协议的，人民法院可以判决解除该协议。协议解除后，已经履行的，根据履行情况和协议性质，原告有权要求赔偿损失。原告有过错的，应按其过错程度承担相应的责任。

【案情介绍】

2007 年 8 月 31 日，大观区政府批复同意光泰集团所属企业资产转让。2012 年 9 月 21 日，大观区政府向安庆市城乡规划局去函，请求调整光泰集团所属外贸商标厂等五家企业土地规划用途为“六不准项目”限制外的商服用地。同年 9 月 26 日，安庆市城乡规划局作出函复，原则赞同对光泰集团所属五家企业房产进行整体公开拍卖，但鉴于该五家企业土地位处安庆石化老装置卫生防护距离范围之内，根据环保部门有关要求，并结合周边现状情况，该地块不得建设或安排居住、医疗卫生、文化教育、科研、行政办公和工业

项目六类项目；对于大观区政府提出的调整该土地规划用途为商服用地的要求，应通过编制相应的环境影响评价报告研究论证后报批确定。同年9月24日，安庆市国土资源局作复函同意案涉划拨土地使用权按原用途随房产一并公开处置。10月9日，池州同晖房产公司通过公开竞拍，竞得光泰集团资产，拍卖成交价3200万元，佣金160万元，合计3360万元。此拍卖款项用于光泰集团企业改制。在此期间，池州同晖房产公司作为甲方（投资方）、大观区花亭路街道办作为乙方（招商方）、安徽富春拍卖有限公司作为丙方（投资引进方）、大观区项目领导小组作为丁方（监证方），四方就甲方在大观区域内投资建设“城市商业综合体”老城改造项目签订涉案《投资项目协议书》。

2012年11月，池州同晖房产公司在安庆注册成立了安庆同晖投资公司，作为独立企业法人实施涉案项目建设，并为涉案项目命名为“安庆同晖城市综合体”。该项目除拍得光泰集团资产占地面积外，尚需征用周边土地，周边单位及个人业主拆迁还房的洽谈等工作由大观区政府成立的项目领导小组负责。目前，周边土地征用等工作已基本完成。

拍得光泰集团资产后，因所拍得的工业用地转化为商业用地手续未完成，安庆同晖投资公司积极向有关部门及领导报告并申请办理土地变性及缴纳土地出让金等，但一直未果。2014年12月5日，安庆市城乡规划局函复称，同晖综合项目拟选地块位于石化老装置卫生防护距离范围内；在《安庆市城市总体规划（2010—2030年）》中，该地块规划为石化防护绿地。2015年1月12日，安庆市土地收购储备中心函告大观区政府涉案地块暂不予收储，至此，安庆同晖投资公司无法取得商业用地的土地使用权。

【裁判文书】

安徽省高级人民法院
行政判决书

（2019）皖行终1483号

上诉人（一审原告）：池州市同晖房地产开发有限公司。

法定代表人：戴某，该公司总经理。

上诉人（一审原告）：安庆市同晖投资管理有限公司。

法定代表人：戴某，该公司执行董事。

上诉人（一审被告）：安庆市大观区花亭路街道办事处。

上诉人（一审被告）：安庆市大观区人民政府。

池州市同晖房地产开发有限公司（简称池州同晖房产公司）、安庆市同晖投资管理有限公司（简称安庆同晖投资公司）诉安庆市大观区花亭路街道办事处（简称大观区花亭路街道办）、安庆市大观区人民政府（简称大观区政府）行政协议一案，安徽省铜陵市中级人民法院于2019年10月21日作出（2019）皖07行初8号行政判决。双方当事人均不服，向本院提起上诉。本院依法组成合议庭，对本案进行了审理，现已审理终结。

池州同晖房产公司、安庆同晖投资公司向一审法院起诉称，2007年8月，安庆市光泰集团有限公司（简称光泰集团）向大观区政府请示，申请将下属五家企业资产拍卖转让。同年8月31日，大观区政府向光泰集团下达观政〔2007〕77号《关于同意转让外贸商标有限公司五家企业资产的批复》，同意上述公司对外进行资产转让。2012年9月21日，大观区政府向安庆市城乡规划局发出《关于请求调整光泰集团所属外贸商标厂等五家企业土地规划用途的函》，请求安庆市城乡规划局将上述土地调整为“六不准项目”限制外的商服用地，以提高改制企业土地资产价值。同年9月26日，安庆市城乡规划局作出《关于市光泰集团所属外贸商标厂等五家企业土地有关规划问题的函复》，原则上同意对上述土地房产进行整体公开拍卖，该地块不得建设或者安排居住、医疗卫生、文化教育、科研、行政办公和工业项目，对于大观区政府提出的调整该地块规划用途为商服用地要求，应通过编制相应的环境影响评价报告研究论证后报批确定。9月21日，大观区政府向安庆市国土资源局发出《关于请求调整光泰集团所属外贸商标厂等五家企业土地资产的函》，请求安庆市国土资源局同意对上述土地进行公开拍卖。9月24日，安庆市国土资源局复函载明处置成交后，由竞得人按照规划部门意见到该局申请补办土地出让手续。确认上述规划后，大观区政府对外进行招商引资，并承诺将上述土地对外进行公开拍卖并做城市商业综合体进行开发。

2012年9月，池州同晖房产公司因大观区政府招商引资，作为投资方（甲方）与作为招商方（乙方）的大观区花亭路街道办以及作为监证方（丁方）的大观区政府签订《投资项目协议书》。协议约定：丙方（安徽富春拍卖有限公司）介绍引进甲方，与乙方在丁方的监证下就甲方在大观区域内投资建设“城市商业综合体”老城改造项目达成协议。其中项目投资规模为：建筑总面积约为12万m^2（包括负一层、负二层），投资总额约8亿元人民币。投资效益约定解决就业1000人以上，增加年营业收入5亿元人民币以上，新增收营业税2000万元/年以上，固定资产投资新增8000万元税收。甲方责任为按规如期通过公开拍卖程序竞得原光泰集团地块并按约定支付成交款等，乙方责任约定了提供外来投资者享受优惠政策文件，牵头报区政府组建项目推进领导小组，及时报请政府批审有关项目的各种文件、代甲方办理各类证照。丁方责任为督促各方履行自己的职责，批准或协助办理甲方项目投资的相关手续，报请市政府或相关部门批准该项目的投资，批准该项目投资可享受的优惠政策，同意批准组建项目推进领导小组，采用“一事一议”的方式，加快大观区老城区改造项目的早日完成。合同还约定了项目地址及各方的其他权利义务。

为加快项目推进工作，大观区政府在项目所在地专门成立了安庆市同晖城市综合体项目推进领导小组办公室（简称项目领导小组）作为大观区政府的临时机构，协助其公司项目报建、负责对地块周边单位及个人业主进行拆迁还房的洽谈等工作。

2012年8月31日，光泰集团同安徽富春拍卖有限公司签订拍卖委托书，委托安徽富春拍卖有限公司对上述地块进行拍卖，并发出拍卖公告，定于2012年10月9日公开拍卖，池州同晖房产公司按照《投资项目协议书》的约定参与竞拍后竞得上述地块，并于安徽富春拍卖有限公司签订了成交确认书。同年11月，池州同晖房产公司在安庆注册成立了安庆同晖投资公司，作为独立企业法人实施本项目建设，项目命名为“安庆同晖城市综合体”。该项目位于安庆市集贤南路与黄土坑西路西南交口，占地面积23036.625m^2。竞拍取得上述地块后，池州同晖房产公司积极缴纳上地出让金及办理土地移交手续并协助政府进行拆迁安置工作，同时向安庆市大观区发展和改革委员会申请立项等手续。2013年1月18日、1月20日，池州同晖房产公司向安庆市大观区环境保护局发出《关于安庆市同晖城市综合体环保意见的申请报告》及《关于安庆市同晖投资管理有限公司的环境监察申请报告》，请求该局办理环境监测手续和地块环境监察事宜。同年2月28日，安庆市大观区环境保护局作出《关于安庆市同晖城市综合体建设项目环保初审意见函》，载明该项目不得新建居民区、学校、医院等环境敏感建筑物；该项目的周边无明显的环境敏感点，项目实施不会对周围环境产生不利影响的意见。

虽然上述土地已被池州同晖房产公司竞得，但因土地依旧登记在原土地所有人名下、土地证未变更，土地性质由工业用地转化为商业用地的手续一直未能办理，导致其无法取得土地使用权证书，无法继续开发建设。池州同晖房产公司遂向大观区政府、国土和规划部门提出申请要求变更土地性质并办理土地证，直至2015年1月12日，安庆市土地收购储备中心向大观区政府发函告知该地块暂不予收储，至此，其无法取得按《投资项目协议书》所表明的该地块的使用权。

2015年2月12日，安庆市土地管理委员会办公室召开安庆市土地管理委员会2015年第二次主任会议，并形成会议纪要，指示该宗项目土地由安庆市土地收储中心根据审计结果与池州同晖房产公司签订土地收购协议，安庆市城乡规划局调整该宗土地的规划用途和容积率，安庆市国土部门组织公开出让。

综上，涉案《投资项目协议书》是大观区花亭路街道办、大观区政府为履行招商引资职责而与其签订的。该协议是双方真实意思表示，内容不违反法律规定。在协议签订及履行过程中，因大观区花亭路街道办、大观区政府违反招商承诺和合同约定的义务，其无法办理土地变性手续取得国有土地使用权，导致合同从事实和法律上根本无法继续履行，大观区花亭路街道办、大观区政府存在根本违约行为。安庆市审计局虽对前期投入进行了审计，但该审计报告并未完全包含其投入成本，部分未计入项目依法应当计入；另因大观区花亭路街道办、大观区政府自身原因导致其无法实现商业投资价值和利润，大观区花亭路街道办、大观区政府不仅需要向其退还已投资款项还需承担其可得利润等损失。请求：一、判令解除大观区花亭路街道办、大观区政府与池州同晖房产公司签订的《投资项目协议书》；二、判令大观区花亭路街道办、大观区政府返还其关于安庆同晖城市综合体项目投资成本费用共计45599873.2元人民币，及利息19677165.4元人民币（根据《安庆市人民政府办公室关于有偿收回闲置土地的指导意见》规定，按照同期商业银行贷款基准利率1.3倍暂计算至2019年2月18日，此后计算至实际返还之日止）；三、判令大观区花亭路街道办、大观区政府共同承担因违约导致的其可得利益损失5千万元人民币；四、本案诉讼费用由大观区花亭路街道办、大观区政府负担。

一审法院经审理查明，2007 年 8 月 31 日，大观区政府作出观政〔2007〕77 号《关于同意转让外贸商标有限公司等五家企业资产的批复》，同意光泰集团所属企业资产转让，明确了资产转让后保持土地性质不变，转让后所得全部资金用于公司产权制度改革，妥善安置企业职工。为了提高改制企业土地资产价值，2012 年 9 月 21 日，大观区政府向安庆市城乡规划局去函，请求调整光泰集团所属外贸商标厂等五家企业土地规划用途，申请调整为“六不准项目”限制外的商服用地。同年 9 月 26 日，安庆市城乡规划局作出庆规[2012] 275 号《关于市光泰集团所属外贸商标厂等五家企业土地有关规划问题的函复》，主要内容为：一、为支持企业改制，维护社会稳定，原则赞同对光泰集团所属外贸商标厂、预制构件有限公司、永兴招待所、新厦物资供应站、进口小汽车修理有限公司五家企业房产进行整体公开拍卖。二、鉴于该五家企业土地位处安庆石化老装置卫生防护距离范围之内，根据环保部门有关要求，并结合周边现状情况，该地块不得建设或安排以下六类项目：即居住、医疗卫生、文化教育、科研、行政办公和工业项目。对于该区政府提出的调整该土地规划用途为商服用地的要求，应通过编制相应的环境影响评价报告研究论证后报批确定。2012 年 9 月 21 日，大观区政府向安庆市国土资源局去函，请求公开处置光泰集团所属外贸商标厂等五家企业土地资产，申请采取“地随房走”的方式，对五家破产企业的划拨土地公开拍卖。2012 年 9 月 24 日，安庆市国土资源局作出庆国土资函［2012］212 号《关于外贸商标厂等三宗划拨土地使用权处置的复函》，原则同意案涉划拨土地使用权按原用途随房产一并公开处置。资产处置前，征询市城乡规划部门意见，确定各地块的规划用途。处置成交后，由竞得人按照规划部门意见到该局申请补办土地出让手续，并依法补交土地出让金。土地面积以重新测量的面积为准。2011 年 11 月 15 日，光泰集团提交给安徽富春拍卖有限公司宜房字 017101 号、017408 号房屋所有权证、庆国用（2003）字第 2255 号、2264 号、2256 号国有土地使用证，其中 2255 号国有土地使用证载明面积为 14507.12 平方米，用途为工业；2264 号国有土地使用证载明面积为 5098.72 平方米，用途为工业；2256 号国有土地使用证载明面积为 1183.75 平方米，用途为商业。光泰集团在提交给安徽富春拍卖有限公司的上述证件中注明“此件仅供富春拍卖公司招商引资参考用，不准作为其他任何用途”。随后安徽富春拍卖有限公司组织公开拍卖，并将上述资产的真实情况告知了各竞拍人。2012 年 10 月 9 日，池州同晖房产公司通过公开竞拍，竞得光泰集团资产，拍卖成交价 3200 万元，佣金 160 万元，合计 3360 万元。此拍卖款项用于光泰集团企业改制。

大观区政府、大观区花亭路街道办因招商引资，在申请办理相关手续期间与池州同晖房产公司签订了《投资项目协议书》。池州同晖房产公司作为甲方（投资方）、大观区花亭路街道办作为乙方（招商方）、安徽富春拍卖有限公司作为丙方（投资引进方）、大观区项目领导小组作为丁方（监证方），四方共同签订该《投资项目协议书》。协议约定：经丙方介绍引进甲方，与乙方在丁方的监证下就甲方在大观区域内投资建设“城市商业综合体”老城改造项目达成如下条件：一、项目详情。包括项目地址及面积、投资规模、效益 3 点。项目地址和面积明确是光泰集团所拍卖的资产所在地和所拍卖的土地面积及大观市政工程处用地。二、甲方的责任。包括按规如期通过公开拍卖程序竞得原光泰集团地块并按约定支付成交价款等 8 点。三、乙方的责任。包括提供外来投资者享受优惠政策的文件等 6 点。四、丙方的责任。包括及时根据规定制定拍卖规则并组织拍卖活动等 5 点。五、丁方的责任。包括监督各方履行自己的职责等 5 点。

2012 年 10 月 24 日，大观区委、区政府成立项目领导小组，推进涉案城市综合体项目开发建设。

2012 年 11 月，池州同晖房产公司在安庆注册成立了安庆同晖投资公司，作为独立企业法人实施涉案项目建设，并为涉案项目命名为“安庆同晖城市综合体”。

安庆同晖城市综合体项目占地面积 $23036.625m^2$，其中拍得光泰集团资产占地面积 $20789.59m^2$（$14507.12m^2 + 5098.72m^2 + 1183.75m^2$），尚需征用周边土地若干平方米，项目领导小组主要是协助涉案项目推进，报建、负责对涉案项目地块周边单位及个人业主进行拆迁还房的洽谈等工作，目前，周边土地征用等工作已基本完成。

原告拍得光泰集团资产后，因所拍得的工业用地转化为商业用地手续未完成，原告积极向有关部门及领导报告并申请办理土地变性及缴纳土地出让金等，但一直未果。2014 年 9 月 9 日，安庆市国土资源局召开土地利用业务会审会，同意原告按原用途办理土地使用权变更登记。因土地性质未改变，原告一直未办理。同年12月5日，安庆市城乡规划局作出庆规［2014］622号《关于同晖综合体项目拟选地块规划意见的函复》，载明经该局确认，同晖综合项目拟选地块位于石化老装置卫生防护距离范围内；在《安庆市城市总体规划（2010—2030年）》中，该地块规划为石化防护绿地。2015年1月12日，安庆市土地收购储备中心函告大观区政府涉案地块暂不予收储，至此，原告无法取得商业用地的土地使用权。同年3月31日，安庆市土地管理委员会作出《2015年第二次主任会议纪要》。该纪要明确由安庆市审计部门对原告的前期投入费用进行审计，安庆市土地收储中心根据审计结果与原告签订土地收购协议，暂不支付土地收购补偿款。安庆市城乡规划局调整涉案土地的规划用途和容积率，安庆市国土部门组织公开出让。若原告未竞得涉案地块，安庆市财政部门在收取竞得人土地出让金后，安庆市土地收储中心支付原告土地补偿款。安庆市审计局依据会议纪要精神，2015年6月18日至2015年8月24日，对原告前期投入费用进行了审计，截至2015年9月成本费用41624900元，利息8727823.46元。目前为止，相关部门就涉案土地未组织公开出让，也未与原告达成收购协议，原告也不能在涉案的土地上进行商业综合体的开发建设。

一审法院另查明，《安庆市城市总体规划（2010—2030年）》于2012年2月7日获安徽省人民政府批复同意。

一审法院认为，本案的争议焦点为：一、大观区政府是否是本案适格被告；二、《投资项目协议书》效力如何认定；三、基于《投资项目协议书》，被告是否应当返还原告支出的相关费用及预期可得利益。

关于焦点一。《最高人民法院关于适用〈中华人民共和国行政诉讼法〉的解释》第二十条第一款规定："行政机关组建并赋予行政管理职能但不具有独立承担法律责任能力的机构，以自己的名义作出行政行为，当事人不服提起诉讼的，应当以组建该机构的行政机关为被告。"本案中，大观区项目领导小组由大观区政府组建，并作为丁方参与《投资项目协议书》的签订，该协议约定丁方的责任中有批准该项目投资可享受的优惠政策等，包含了政府管理职能，且涉案项目在实际拆迁过程中丁方负责周边户的拆迁洽谈等工作。因大观区项目领导小组是不具有独立承担法律责任能力的机构，依据法律规定，大观区政府是本案适格被告。

关于焦点二。行政机关因招商引资，与投资方签订投资项目协议，其本身就是行政行为。本案中，大观区政府因招商引资参与《投资项目协议书》的签订本身就是一个行政行为，该协议的内容应视为大观区政府对招商引资作出的行政允诺行为。该协议本身不违反法律法规，应视为有效。池州同晖房产公司与大观区花亭路街道办等各方签订《投资项目协议书》，前提是投资建设“城市商业综合体”并在协议中明确了该项目建设地址是光泰集团所拍卖的企业地块，原告按协议约定拍得光泰集团企业地块，由于该涉案地块在《安庆市城市总体规划（2010—2030 年）》的规划中为石化防护绿地，且原告拍得的地块性质是工业用地，不能通过城市规划许可，无法变更为商业用地，行政允诺无法实现。因此，签订该协议（合同）的目的无法实现。依据《中华人民共和国合同法》第九十四条第（四）项之规定，原告与被告签订的《投资项目协议书》应当予以解除。

关于焦点三。鉴于《投资项目协议书》需解除，依据《中华人民共和国合同法》第九十七条规定，合同解除后，根据履行情况和合同的性质，当事人可以要求采取其他补救措施，并有权要求赔偿损失。本案中，原告按照协议约定拍得光泰集团资产，拍卖成交价款 3200 万元。因光泰集团是大观区政府下属企业，企业改制是经过大观区政府批准的，企业改制有资金困难，政府帮助解决是其职责。现查明，原告支付给光泰集团的 3200 万元用于企业改制，解决了企业困难。原告基于对大观区政府的信任，认为可以在光泰集团原地址建城市商业综合体才参加竞拍的，现无法开发建设，且土地使用权未变更在原告名下，土地价值仍然存在，政府仍然具有掌控权。因此，原告支付的竞拍款应当由被告赔偿（返还）。

原告拍得光泰集团资产后，在未取得土地使用权（商业）的情况下，项目领导小组就光泰集团土地以外所需的项目用地与周边户洽谈征迁事宜，并向周边户支付了拆迁款。项目周边户的拆迁及项目其他相关费用等均由原告支付。现项目无法开发建设，因此，原告支付项目周边户的拆迁及项目其他相关的费用应当由被告赔偿（返还）。

关于损失数额的确定问题。安庆市审计局依据安庆市土地管理委员会《2015 年第二次主任会议纪要》的精神，对原告支付的项目前期费用进行了审计，该审计是经大观区政府请求，由原告提供资料，审计组采取现场踏勘、测算、走访了解等必要的审计方式进行的，审计结果为：截至 2015 年 9 月，安庆同晖城市综合体项目费用成本为 41624900 元，利息为 8727823.46 元。

因该项目前期费用是由第三方审计部门公正作出的，该院予以采信。项目2015年后即确定无法进行开发建设，所以相关费用，应以审计部门确定的项目费用成本数额为准，即：41624900元。

关于损失赔偿如何确定问题。审计部门认定截至2015年9月项目前期费用成本为41624900元，利息为8727823.46元。原告作为专业的房地产开发公司，对城市商业综合体须依法依规履行哪些相关手续才能开发建设是明知的。本案中，城市商业综合体开发使用的土地必须是商业用地，原告在明知的情况下，参与竞拍工业用地，用于开发建设商业综合体，原告不能仅基于对被告的信任就推卸自己的责任，其在项目投资中没有尽到应尽的审慎注意义务，应承担相应的责任。因此，该院对被告支付原告的利息损失2015年9月前以审计部门审定的利息8727823.46元为参考，酌定按8727823.46元的60%予以给付；2015年10月1日后以本金41624900元为基数，按中国人民银行同期贷款利率的60%计算利息支付至判决生效之日止。

关于被告是否应当支付原告可得利益损失问题。原告主张因被告违约而导致其可得利益损失5000万元。原告依据的是2013年项目投资分析报告，该报告投资总额为4亿多元，而本案查明原告目前只投资了4000多万元。再者，投资有风险，即使原告4个多亿都投资了，商业综合体已建成了，也不能保证一定盈利，也有可能亏损。因此，原告主张被告支付其可得利益损失没有事实和法律依据，该院不予支持。

综上，依据《中华人民共和国合同法》第九十四条第（四）项、第九十七条之规定，判决：一、解除池州同晖房产公司作为甲方（投资方）、大观区花亭路街道办作为乙方（招商方）、安徽富春拍卖有限公司作为丙方（投资引进方）、大观区项目领导小组作为丁方（监证方）签订的《投资项目协议书》；二、大观区花亭路街道办、大观区政府于判决生效后十日内共同赔偿（返还）池州同晖房产公司、安庆同晖投资公司投资本金41624900元；三、大观区花亭路街道办、大观区政府于判决生效后十日内共同支付池州同晖房产公司、安庆同晖投资公司2015年9月前利息损失5236694.076元；2015年10月1日后利息损失以本金41624900元为基数，按中国人民银行同期贷款利率的60%计算至判决生效之日止；四、案涉土地及房产由大观区政府处置；五、驳回池州同晖房产公司、安庆同晖投资公司其他诉讼请求。

如果未按该判决指定的期间履行给付金钱义务，应当依照《中华人民共和国民事诉讼法》第二百五十三条之规定，加倍支付迟延履行期间的债务利息。案件受理费618185元，池州同晖房产公司、安庆同晖投资公司负担310000元，大观区花亭路街道办、大观区政府负担308185元。

池州同晖房产公司、安庆同晖投资公司上诉称，1. 其作为“安庆同晖城市综合体”项目的投资及建设方，在项目投资中已尽到应尽的审慎注意义务，一审法院认定其未尽到审慎注意义务，要求其承担利息损失的40%责任明显错误。涉案协议约定了该项目是做商业综合体开发，在涉案地块仍为工业用地的情况下，政府要求其投资建设的开发项目为商业开发，意味着政府是承诺可以将该地块进行变性的，该变更土地性质已明确写在合同内容之中。且土地变性事宜在政府的法定职责范围之内，故其相信政府能够做到土地变性。根据招商之前政府向其发出的安庆市城乡规划局的意见、政府本身的承诺，以及招商协议中进行商业综合体开发的约定，其均尽到了审慎义务。2. 一审法院违背当事人意思自治原则，擅自将大观区政府、大观区花亭路街道办认可的按照同期银行贷款利率的1.3倍标准支付利息变更为按同期银行贷款利率支付，依法应予纠正。3. 安庆市审计局审宜农报〔2015〕49号《审计报告》漏列了相关费用。其向安庆市审计局出具《关于（审计报告）的意见反馈》明确表示项目领导小组评估费、项目管理人员工资、项目方案设计费、业务招待费、差旅费及办公费用等上述费用均未计算或审计认定错误，但安庆市审计局一直未予正面回应。根据其公司财务统计，审计报告未算在内的2012年11月14日至2019年2月20日前期费用为3974973.2元，该部分费用是确实发生的，一审法院未对上述费用进行核实认定，仅依据审计结果认定明显错误。4. 依据《项目投资协议书》，大观区政府、大观区花亭路街道办应共同承担因违约而导致其可得利益损失1500万元。请求：1. 撤销一审判决第五项；2. 改判一审判决第二项为：大观区政府、大观区花亭路街道办赔偿（返还）其关于安庆同晖城市综合体项目投资成本费用共计45599873.2元；3. 改判一审判决第三项为：大观区政府、大观区花亭路街道办根据《安庆市人民政府办公室关于有偿收回闲置土地的指导意见》的规定支付其利息损失，以45599873.2元为本金按照同期商业银行贷款基准利率1.3倍计算直至款清息止；4. 判决大观区政府、大观区花亭路街道办共同承担其预期可得利益损失1500万元。

大观区政府、大观区花亭路街道办上诉称，1. 一审判决认为其是本案适格被告，无事实和法律依据。根据合同相对性原则，大观区政府不是协议的签约主体。项目领导小组作为临时协调机构，由安庆同晖投资公司和政府共同派员组成，其主要职能是监督和证明作用，无行政管理职能，大观区政府也未委托该临时机构行使行政管理职能；大观区花亭路街道办在协议中也仅对投资方的投资建设给予协助和代办义务，无行政管理职能。2. 一审判决认为池州同晖房产公司投资是基于对其的信任，属事实认定错误。安庆市招商局出具的《招商引资项目说明书》说明了池州同晖房产公司先有投资意向，后经市招商组联系到其处的过程。3. 一审判决认为涉案投资项目协议属行政协议，不符合法律规定。4. 一审判决认为其应返还池州同晖房产公司因拍卖而支付给企业的费用，无事实和法律依据。5. 池州同晖房产公司、安庆同晖投资公司应自行承担投资风险。综上，一审判决认定事实不清，适用法律错误。请求撤销原判，发回重审或改判其不承担责任。

池州同晖房产公司、安庆同晖投资公司一审中向法庭提交了以下证据：1. 营业执照，证明企业基本信息及原告主体适格。2. 大观区政府观政〔2007〕77号《关于同意转让外贸商标有限公司等五家企业资产的批复》，证明2007年8月，光泰集团向大观区政府请示，申请将下属五家企业资产拍卖转让。同年8月31日，大观区政府同意上述公司对外进行资产转让。3. 大观区政府观政函［2012］73号《关于请求调整光泰集团所属外贸商标厂等五家企业土地规划用途的函》、安庆市城乡规划局庆规［2012］275号《关于市光泰集团所属外贸商标厂等五家企业土地有关规划问题的函复》，证明2012年9月21日，大观区政府向安庆市城乡规划局去函请求将上述土地调整为“六不准项目”限制外的商服用地，以提高改制企业土地资产价值。同年9月26日，安庆市城乡规划局回复原则上同意对上述土地房产进行整体公开拍卖，该地块不得建设或者安排居住、医疗卫生、文化教育、科研、行政办公和工业项目，对于大观区政府提出的调整该地块规划用途为商服用地要求，应通过编制相应的环境影响评价报告研究论证后报批确定。4. 大观区政府观政函［2012］72号《关于请求公开处置光泰集团所属外贸商标厂等五家企业土地资产的函》、安庆市国土资源局庆国土资函［2012］212号《关于外贸商标厂等三宗划拨土地使用权处置的复函》，证明2012年9月21日，大观区政府向安庆市国土资源局去函请求对上述土地进行公开拍卖。同年9月24日，安庆市国土资源局复函载明处置成交后，由竞得人按照规划部门意见到该局申请补办土地出让手续。5.《投资项目协议书》，证明大观区政府对外进行招商引资，并承诺将上述土地对外进行公开拍卖并做城市商业综合体进行开发。2012年9月，池州同晖房产公司因大观区政府招商引资，作为投资方（甲方）与大观区花亭路街道办作为招商方（乙方）以及大观区政府作为监证方（丁方）签订《投资项目协议书》，协议约定：建筑总面积约为12万m^2（包括负一层、负二层），投资总额约8亿元人民币，并约定了项目地址及面积、投资效益以及协议四方的责任等。6.《委托拍卖合同》《拍卖公告》《安徽富春拍卖有限公司现场成交确认书》，证明安徽富春拍卖有限公司2012年8月31日与光泰集团签订拍卖委托书，并发出拍卖公告，定于2012年10月9日公开拍卖，池州同晖房产公司按照《投资项目协议书》的约定参与竞拍后竞得上述地块，并与安徽富春拍卖公司签订了成交确认书。7.《关于安庆市“同晖城市综合体”项目立项的申请书》、安庆市大观区发展和改革委员会观发改〔2013〕21号《关于同意安庆市同晖投资管理有限公司建设同晖城市综合体项目开展前期工作的函》、《国有土地上房屋移交补偿安置协议》、拆迁安置补偿的收据、《关于安庆市同晖城市综合体环保意见的申请报告》及《关于安庆市同晖投资管理有限公司的环境监察申请报告》、安庆市大观区环境保护局观环建函〔2013〕14号《关于安庆市同晖城市综合体建设项目环保初审意见函》，证明其积极缴纳土地出让金及办理土地移交手续，协助政府进行拆迁安置工作，并办理立项申请、环境监测和监察事宜。安庆市大观区环境保护局函复载明涉案项目不得新建居民区、学校、医院等环境敏感建筑物；该项目的周边无明显的环境敏感点，项目实施不会对周围环境产生不利影响的意见。8.《市光泰集团所属商标厂等四家企业地块整体移交协议书》《市光泰集团所属预制公司地块移交协议书》、庆国用（2003）第2255号国有土地使用证、庆国用（2003）第2256号国有土地使用证、庆国用（2003）第2264号国有土地使用证，证明其在项目领导小组及安徽富春拍卖有限公司的监证下将光泰集团下属五家企业的地块分两批完好地移交给安庆同晖投资公司，其取得该项目用地完全是合理合法的，但至今没有办理土地过户的相关手续，也没有办理土地变性的相关手续。9.安庆同晖投资公司分别向大观区政府及安庆市大观区土地管理委员会、安庆市人民政府及相关领导提交的《关于安庆市同晖投资管理有限公司城市综合体建设、规划用地的申请报告》《报告》《请求加快办理土地证的报告》、项目领导小组2014年6月17日出具的《同晖城市综合体项目推进情况汇报》《土地使用权人变更申请》、2014 年 9 月 9 日安庆市国土资源局第五号《土地利用业务会审会备忘》，证明经项目领导小组确认，截至 2014 年 6 月 17 日，《投资项目协议书》约定的地块仍未过户到安庆同晖投资公司名下，且该块用地性质仍属于工业用地，变更为商业用地等相关手续未完成，导致其无法取得土地使用权证书，无法继续开发建设。其一直在积极磋商，努力促成土地权利人的变更，安庆市国土资源局召开土地利用业务会审会要求为其按原用途办理土地使用权变更登记。10. 安庆市城乡规划局庆规〔2014〕622 号《关于同晖综合体项目拟选地块规划意见的函复》、安庆市土地收购储备中心庆土收储函〔2015〕4 号《关于对同晖综合体项目地块收储意见的函》，证明经安庆市城乡规划局确认，同晖综合体项目拟选地块位于石化老装置卫生防护距离范围内，该范围不得新建居民区、学校、医院、行政办公、科研教育等环境敏感建筑物，且在《安庆市城市总体规划（2010—2030 年）》中，该地块规划为石化防护绿地。2015 年 1 月 12 日，安庆市土地收购储备中心向大观区政府发函告知该地块暂不予收储，至此，其无法取得该地块的使用权。11. 安庆市土地管理委员会《2015 年第二次主任会议纪要》，证明 2015 年 2 月 12 日，安庆市委书记主持召开安庆市土地管理委员会 2015 年第二次主任会议，并形成会议纪要。会议纪要明确该宗项目土地由安庆市土地收储中心根据审计结果与其签订土地收购协议，安庆市城乡规划局调整该宗土地的规划用途和容积率，安庆市国土部门组织公开出让。该会议纪要是政府内部决议，且未履行。12. 安庆市审计局审宜农报〔2015〕49 号审计报告、安庆同晖投资公司《关于〈审计报告〉的反馈意见》、大观区政府观政函〔2016〕60 号《关于请求明确同晖城市综合体项目实施可行性的函》，证明经审计表确认，截至 2015 年 9 月安庆同晖城市综合体项目收储成本费用核定为 41624900 元，并根据《安庆市人民政府办公室关于有偿收回闲置土地指导意见》按同期商业银行贷款基准利率 1.3 倍认定利息至 2015 年 9 月金额为 8093500 元，安庆同晖投资公司对于审计核定的人员工资、业务招待、差旅及办公费用为“0”不予认可；大观区政府对审计报告予以确认且请求安庆市城乡规划局按照 2015 年 3 月 31 日安庆市土地管理委员会《2015 年第二次主任会议纪要》的精神审议调整该项目地块控规，如果控规无法调整，建议按照审定金额收回该公司地块。13. 其为同晖项目 2013—2017 年所花费的水电费出具的统计表、安庆同晖项目前期费用清单表格，证明其于2013—2017年所花费的水电费用共计17904.16元，2012年11月14日至2018年11月26日安庆同晖项目共花费的前期费用为4557704元。14.《安庆同晖城市综合体项目投资分析报告》，证明该项目税后可达利润为30377.56万元，现因大观区政府、大观区花亭路街道办自身原因导致其无法实现商业投资价值和利润，大观区政府、大观区花亭路街道办不仅需要向其退还已投资款项，还需承担其可得利润等损失。15.安庆市招商局出具的《招商引资项目说明书》，证明2012年3月，池州同晖房产公司法定代表人戴某受安庆市招商局杭州招商组引荐投资安庆市大观区的城市综合体，同时受到大观区政府的邀请，作为第六届黄梅戏艺术节重点签约项目。

大观区政府、大观区花亭路街道办一审中向法庭提交了以下证据：1.观政［2007］77号《关于同意转让外贸商标有限公司等五家企业资产的批复》，证明大观区政府对光泰集团资产处置的批复中，明确了以下内容：原则同意五家企业资产转让；依法并按规定的程序采取拍卖或协议的方式进行；资产转让后要保持土地使用性质不变，涉及国有划拨土地使用权转让，必须按规定办理审批手续；转让所得全部资金用于公司产权制度改革。2.宜房字017101号、017408号房屋所有权证、庆国用2003字第2255号、2264号、2256号国有土地使用证，证明光泰集团为企业改制，根据大观区政府同意其资产公开转让、将转让所得用于企业改制的批复，将标注有“此件仅供富春拍卖公司招商引资参考用，不准作为其他任何用途，2011年11月15日”字样的房屋所有权证和国有土地使用证均交给安徽富春拍卖有限公司，以市场运作模式对外公开招商转让。3.观政函［2012］73号《关于请求调整光泰集团所属外贸商标厂等五家企业土地规划用途的函》、安庆市城乡规划局庆规［2012］275号《关于市光泰集团所属外贸商标厂等五家企业土地有关规划问题的函复》、观政函［2012］72号《关于请求公开处置光泰集团所属外贸商标厂等五家企业土地资产的函》、安庆市国土资源局庆国土资函［2012］212号《关于外贸商标厂等三宗土地使用权处置的函》，证明大观区政府积极发函请示土地和规划主管部门，对企业资产转让采取整体公开拍卖，对涉及的国有划拨土地采取“地随房走”的方式，请求将外贸商标厂和预制构件有限公司的土地规划用途调整为“六不准项目”限制外的商服用地。两份请示函分别得到安庆市城乡规划局和安庆市国土资源局的回函批准。安庆市城乡规划局函复原则赞同进行整体拍卖；土地位处安庆石化老装置卫生防护范围之内，不得建设或安排以下六类项目。对于调整土地用途为商服用地，应通过编制相应环境影响评价报告研究论证后报批确定。维持现状，不增加原有建筑容量，如确需调整，报市政府批准。安庆市国土资源局函复原则同意上述三宗划拨土地使用权按原用途随房产一并公开处置，资产处置前请征询市城乡规划部门意见，确定各地块的规划用途，处置成交后，由竞得人按规划部门意见到该局申请补办土地出让手续，并依法补缴土地出让金。土地面积以重新测量的面积为准。说明大观区政府在原有批复“保持土地使用性质不变”的基础上，积极寻求提高土地利用价值的方法，与有关部门积极沟通协调但该行为并不对任何人形成承诺。4. 观办〔2012〕59 号《关于成立同晖城市综合体项目推进协调领导小组的通知》，证明大观区委、区政府对拍卖公司引进的投资意向高度重视，成立专门小组给予协助、支持。5.《投资项目协议书》，证明协议各方主体分别为：甲方（投资方）池州同晖房产公司、乙方（招商方）大观区花亭路街道办、丙方（投资引进方）安徽富春拍卖有限公司、丁方（监证方）大观区项目领导小组，协议没有约定履行期限、各方权利和义务、违约责任，没有约定协议履行的先决条件、行政机关对项目的行政管理权，以及对池州同晖房产公司不能完成投资的责任追究等条款，该协议只能是对各方没有约束力的意向性协议或投资框架协议。6.《关于安庆市同晖投资管理有限公司城市综合体建设、规划用地的申请报告》，证明安庆同晖投资公司于 2013 年 4 月 30 日结清竞得的三宗土地成交款时，尚未缴纳划拨转出让应补交的土地出让金。在安庆市城乡规划局、安庆市国土资源局、安庆市大观区环境保护局的前置性审批同意后，该地块商服性质的土地证也已在办理中，说明项目在各方的协调配合下，正顺利、有序推进。7.《请求加快办理土地证的报告》《土地使用权人变更申请》、安庆市国土资源局《土地利用业务会审会备忘》，证明安庆同晖投资公司向市政府有关领导反映土地证及土地出让金事宜，安庆市国土资源局 2014 年 9 月 9 日土地利用业务会审会同意按安庆市土地委员会 2014 年第十次主任会议意见，按原用途办理土地使用权变更登记。8. 安庆市城乡规划局庆规〔2014〕622 号《关于同晖综合体项目拟选地块规划意见的函复》，证明该地块不得新建居民区、学校、医院、行政办公、科研教育等环境敏感建筑物外，安庆市人民政府在《安庆市总体规划（2010—2030 年）》中将该地块规划为石化防护绿地。9. 安庆市土地管理委员会《2015 年第二次主任会议纪要》，证明因安庆市人民政府对土地规划的调整，安庆市人民政府对转让土地不能按原用途使用的处理情况。《2015年第二次主任会议纪要》明确由审计部门对池州同晖房产公司、安庆同晖投资公司的前期投入费用进行审计，安庆市土地收购储备中心根据审计结果签订收购协议，暂不支付补偿款。市财政部门收取竞得人出让金后，安庆市土地收购储备中心支付补偿款。

上述证据均已随案移送本院。本院经审理查明的事实与一审判决认定的事实一致，本院予以确认。

本院认为，根据一审判决及双方当事人的诉辩情况，本案二审争议焦点主要有四：一、大观区政府是否为本案的适格被告；二、涉案投资项目协议书是否为行政协议；三、涉案投资项目协议书是否应予解除；四、池州同晖房产公司、安庆同晖投资公司要求返还财产及赔偿预期可得利益损失的请求应否支持。

关于焦点一。本案中，虽然涉案《投资项目协议书》系由池州同晖房产公司作为甲方（投资方）与作为乙方（招商方）的大观区花亭路街道办签订的，大观区项目领导小组作为丁方（监证方）在协议上签字，但是大观区项目领导小组并不仅仅是为了监督和证明，从协议的内容来看，大观区项目领导小组还负有批准或协助办理甲方项目投资的相关手续、批准该项目投资可享受的优惠政策、同意批准组建项目推进领导小组，采用“一事一议”的方式，加快大观区老城区改造的早日完成等义务，因此，大观区项目领导小组是涉案协议的当事人。因大观区项目领导小组系不具有独立承担法律责任能力的临时机构，根据《最高人民法院关于适用〈中华人民共和国行政诉讼法〉的解释》第二十条第一款的规定，涉案协议权利义务应由其设立机关大观区政府承担。

关于焦点二。涉案《投资项目协议书》是行政协议。根据《最高人民法院关于审理行政协议案件若干问题的规定》第一条规定，行政机关为了实现行政管理或者公共服务目标，与公民、法人或者其他组织协商订立的具有行政法上权利义务内容的协议，属于行政诉讼法第十二条第一款第（十一）项规定的行政协议。首先，涉案协议的一方当事人大观区花亭路街道办是行政机关。大观区花亭路街道办作为大观区政府的派出机关，行使着大观区政府赋予的职权，并能独立承担相应的法律后果，具备行政协议订立一方必须是行政主体的形式特征。其次，大观区花亭路街道办、大观区政府在协议中处分的主要是行政职权。涉案协议约定大观区花亭路街道办、大观区政府的责任如批准该项目投资可享受的优惠政策、批准或协助办理甲方项目投资的相关手续、同意批准组建项目推进领导小组，采用“一事一议”的方式，加快大观区老城区改造的早日完成等，均属法律授予的行政管理职权。再次，协议的目的是为了公共利益。涉案《投资项目协议书》约定，项目投资总额约8亿元，解决就业约1000人以上，新增税收中营业税为2000万元/年以上，固定资产投资新增8000万元税收。协议的如约履行，将相应提高当地经济生产总量，提高政府财税收入，部分解决就业问题，这些显然是为了促进社会公共利益，而非大观区花亭路街道办和大观区政府自身的法人利益。最后，协议的主要内容约定的是行政法上的权利义务。协议约定池州同晖房产公司要按规如期通过公开拍卖程序竞得原光泰集团地块并按约定支付成交价款，按时与安庆市国土资源局签订土地出让合同，并交纳土地出让金和相关费用；在大观区花亭路街道办、大观区政府的配合下，妥善处置好与大观市政用地，以及沿集贤路原光泰集团已处置门面房的回收或安置工作，并根据约定补偿支付需要支付的费用；大观区花亭路街道办、大观区政府协助池州同晖房产公司自行报批拆迁手续、池州同晖房产公司及时支付相关城市建设需交纳的规费及税费；大观区花亭路街道办则相应负担及时报请政府批审有关项目的各种文件、代办各类证照、协助投资者争取享受优惠的新政策等义务；大观区政府批准或协助办理项目投资的相关手续、报请市政府或相关部门批准该项目的投资、批准该项目投资可享受的优惠政策等。上述约定涉及地方政府不同职能部门的行政职权，具有明显的行政法上的权利义务特征。

关于焦点三。《最高人民法院关于审理行政协议案件若干问题的规定》第十七条规定，原告请求解除行政协议，人民法院认为符合约定或者法定解除情形且不损害国家利益、社会公共利益和他人合法权益的，可以判决解除该协议。第二十七条第二款规定，人民法院审理行政协议案件，可以参照适用民事法律规范关于民事合同的相关规定。《中华人民共和国合同法》第九十四条规定：“有下列情形之一的，当事人可以解除合同：（一）因不可抗力致使不能实现合同目的；（二）在履行期限届满之前，当事人一方明确表示或者以自己的行为表明不履行主要债务；（三）当事人一方迟延履行主要债务，经催告后在合理期限内仍未履行；（四）当事人一方迟延履行债务或者有其他违约行为致使不能实现合同目的；（五）法律规定的其他情形。”本案中，池州同晖房产公司为投资建设“城市商业综合体”项目与大观区花亭路街道办、大观区项目领导小组签订涉案《投资项目协议书》，并按协议约定竞得了原光泰集团地块，但该地块除小部分为商业用地外，主要为划拨工业用地。对于工业用地，原则上只能用于工业生产经营，如要进行商业开发，则需依法办理土地用途变更登记。安庆市国土资源局土地利用业务会审会只同意池州同晖房产公司按原用途办理土地使用权变更登记，嗣后安庆市城乡规划局又函复称该地块在《安庆市城市总体规划（2010—2030年）》被规划为石化防护绿地，安庆市土地收购储备中心据此函复称暂不收储该地块。至此，涉案地块无法办理土地用途变更登记。在涉案地块无法由工业用地变更为商业用地的情况下，池州同晖房产公司签订涉案投资项目协议的目的也就无法实现。故池州同晖房产公司要求解除协议，一审法院予以支持，并无不当。

关于焦点四。参照《中华人民共和国合同法》第九十七条规定，合同解除后，尚未履行的，终止履行；已经履行的，根据履行情况和合同性质，当事人可以要求恢复原状、采取其他补救措施，并有权要求赔偿损失。本案中，池州同晖房产公司、安庆同晖投资公司为了履行协议，已竞得了原光泰集团拍卖的地块，支付了土地价款及拍卖佣金，同时按协议约定支付了周边拆迁户的安置过渡费用、房屋补偿款等。虽然上述费用并未直接支付给大观区花亭路街道办和大观区政府，但均属履行涉案协议所实际支出的费用，且上述费用已作为同晖商业综合体地块前期投入费用进行审计，大观区花亭路街道办、大观区政府对此也未提出异议，故上述费用应由大观区花亭路街道办、大观区政府返还或赔偿。池州同晖房产公司基于拍卖、征迁等在支付上述费用后取得的房产、土地，则应交由大观区花亭路街道办、大观区政府处理。大观区花亭路街道办、大观区政府主张拍卖款系支付给企业的费用，不应由其返还，理由不能成立，本院不予支持。安庆市审计局依据安庆市土地管理委员会发布的《2015年第二次主任会议纪要》的精神，根据池州同晖房产公司、安庆同晖投资公司提供的资料，采取现场踏勘、测算、走访了解等审计方式，对安庆同晖城市综合体项目的前期费用进行了审计，认定截至2015年9月项目费用成本为41624900元，利息为8727823.46元。对于安庆市审计局的资质、审计程序、审计方法等，双方当事人均未提出异议，本院予以确认。对池州同晖房产公司、安庆同晖投资公司主张的项目管理人员工资、项目方案设计费等费用，审计报告或列入建设单位管理费或按费用支付进度进行了认定，亦无明显不当。池州同晖房产公司、安庆同晖投资公司二审中主张可得利益损失1500万元。对此，可得利益损失一般是当事人所期望在合同全面履行以后可以实现和取得的财产权利。本案中，涉案投资项目协议书约定项目投资总额为8亿元，而池州同晖房产公司、安庆同晖投资公司仅投入了4000万余元，约占总投资额的5%；且整个项目只进行了前期的土地使用权竞买、周边房屋的拆迁整理工作等，尚未进行实际的施工建设，除土地用途无法变更外，整个投资项目协议书能否完全履行仍具有很大的不确定性，故池州同晖房产公司、安庆同晖投资公司的该项请求无事实和法律依据，本院不予支持。

本案中，涉案投资项目协议书因规划问题无法变更土地用途，导致无法完全履行。根据《中华人民共和国城乡规划法》的规定，大观区政府及其派出机关大观区花亭路街道办并不具有编制、修改所在城市总体规划的权力，大观区政府去函安庆市城乡规划局请求调整涉案地块规划用途为商服用地，安庆市城乡规划局函复称“应通过编制相应的环境影响评价报告研究论证后报批确定”。在此基础上，池州同晖房产公司与大观区花亭路街道办、大观区政府签订了涉案投资项目协议书，协议中对如何办理土地用途变更登记、责任主体等均未作任何约定。池州同晖房产公司认为大观区花亭路街道办、大观区项目领导小组与其签订涉案协议，就负有确保涉案土地能够变更为商业用地的义务，无法律依据。池州同晖房产公司作为一个专门从事房地产开发的公司，应当知晓城市商业综合体开发使用的土地必须是商服用地，而其在明知涉案土地为工业用地的情况下仍签订涉案协议，本身也存在一定的过失。一审法院酌定按40%、60%的比例确定利息损失的分担，并无不当。鉴于涉案投资项目协议书对违约责任未进行约定，一审法院按照中国人民银行同期贷款利率计算利息，符合司法实践通常做法。池州同晖房产公司、安庆同晖投资公司主张按《安庆市人民政府办公室关于有偿收回闲置土地的指导意见》的规定，按同期商业银行贷款基准利率1.3倍计算利息损失，因该指导意见仅适用于安庆市城区闲置土地有偿收回的补偿，故其该项理由不能成立。

综上，一审判决认定事实清楚，适用法律、法规正确，本院予以维持。池州同晖房产公司、安庆同晖投资公司、大观区政府、大观区花亭路街道办的上诉理由均不能成立，本院依法不予支持。依照《中华人民共和国行政诉讼法》第八十九条第一款第（一）项之规定，判决如下：

驳回上诉，维持原判。

二审案件受理费488205元，由池州市同晖房地产开发有限公司、安庆市同晖投资管理有限公司负担187675元，安庆市大观区人民政府、安庆市大观区花亭路街道办事处负担300530元。

本判决为终审判决。

审 判 长　王玉圣
审 判 员　宋　鑫
审 判 员　蒋春晖
二〇二〇年三月十日
法官助理　石　音
书 记 员　陈维为

（作者单位：安徽省高级人民法院）

陈某诉株洲市渌口区人民政府撤销房屋征收补偿协议决定案

承办人：周婷婷

【裁判要旨】

1. 在已有生效刑事判决认定相关行政机关工作人员擅自决定为被征收人提高补偿标准、通过签订征收补偿协议超额支付补偿款、导致公共财产损失时，依法应认定该征收补偿协议损害了公共利益。

2. 在国有土地上房屋征收中，县政府先委托镇政府签订征收补偿协议，后又以签订协议主体不适格为由主张协议无效，有违诚信原则，亦不利于诚信政府、法治政府的建设。对县政府“该协议无效”的主张，不予支持。

【案情介绍】

2014 年 7 月 21 日，湖南省株洲县人民政府（后更名为株洲市渌口区人民政府，以下分别简称为株洲县政府、渌口区政府）发布《关于王家洲棚户区改造项目房屋征收决定的通告》，决定对株洲县渌口镇桔园居委会范围内房屋进行征收。陈某的案涉房屋位于征收范围内，房产证登记面积 387.68 平方米。2015 年 9 月 17 日，湖南省株洲县渌口镇人民政府（以下简称渌口镇政府）与陈某订立了《房屋征收补充协议》（以下简称《补充协议》），约定补偿陈某 378206 元。同日，渌口镇政府与陈某订立了第一份《房屋征收遗漏补充协议》（以下简称《遗漏补充协议》），约定补偿陈某 1362575 元。同日，渌口镇政府又与陈某订立了第二份《遗漏补充协议》，约定补偿陈某 362575.5 元。2015 年 9 月 18 日，渌口镇政府（甲方）与陈某（乙方）订立《国有土地上房屋征收补偿安置协议书》（以下简称《补偿安置协议书》）。该协议载明：甲方应付乙方房屋征收补偿安置款 1522717 元，奖励费 535502 元，合计 2058219 元。陈某根据《补充协议》、第一份《遗漏补充协议》及《补偿安置协议书》共计获得补偿款 3779000 元。第二份《遗漏补充协议》约定的 362575.5 元并未支付。2017 年 5 月 3 日，株洲县政府主要以“渌口镇政府作为订立行政协议的主体不适格、涉案协议损害了公共利益”为由，向渌口镇政府、陈某作出《关于撤销株洲县渌口镇人民政府与陈某签订的〈房屋征收补充协议〉决定书》（以下简称《撤销决定书》）。该决定载明：1. 撤销渌口镇政府与陈某签订的两份《遗漏补充协议》和一份《补充协议》；2. 责令株洲县住房和城乡规划建设局或受其委托组织依法重新与陈某签订房屋征收补偿相关协议，渌口镇政府应在其职权范围内全力协作。2017 年 6 月 12 日，株洲县房产管理局向陈某作出《关于拟责令陈某退还超范围征收补偿款的告知书》，责令陈某限期退还超范围征收补偿款 1740781 元。陈某不服，遂起诉请求撤销株洲县政府作出的前述《撤销决定书》。2019 年 8 月 22 日，湖南省株洲市中级人民法院作出的刑事裁定书认定：在王家洲储备地项目征拆过程中，渌口镇政府工作人员收受贿赂，擅自决定为陈某提高补偿标准，导致公共财产损失 80 万元。

【裁判文书】

湖南省高级人民法院
行政判决书

（2018）湘行终 310 号

上诉人（原审原告）：陈某。

被上诉人（原审被告）：株洲市渌口区人民政府。

上诉人陈某与被上诉人株洲市渌口区人民政府（原湖南省株洲县人民政府，以下分别简称渌口区政府、株洲县政府）撤销房屋征收补偿协议决定一案，株洲市中级人民法院于 2018 年 2 月 11 日作出（2017）湘 02 行初 519 号行政判决。陈某不服，向本院提出上诉。本院依法组成合议庭对本案进行了审理，于 2018 年 5 月 29 日裁定中止本案审理，并于 2019 年 8 月 27 日恢复本案诉讼。本案现已审理终结。

原审判决认定：2014 年 7 月 21 日，株洲县政府发布《关于王家洲棚户区改造项目房屋征收决定的通告》（株县政告［2014］13 号，以下简称《征收通告》），决定对株洲县渌口镇桔园居委会范围内房屋进行征收。陈某房屋坐落于渌口镇王家洲村西家坡组，土地使用证号株县国用（2007）第 486 号，房产证上记录面积 387.68 平方米，位于征收范围内。2014 年 6 月 10 日，株洲县征地工作协调管理办公室对陈某房屋的室内装修等级进行了评定，评定装修补偿价格为每平方米 320 元，补偿面积为 387.68 平方米，补偿金额共计 124058 元。2014 年 8 月 14 日，湖南新时代房地产评估咨询有限公司受株洲县征地工作协调管理办公室委托，对陈某被征收房屋和该房屋所占用范围内的土地使用权价值（房地合一的价值）作出评估认定，其中砖混结构建筑面积 315.92 平方米，评估单价 3380 元每平方米，评估价值 1067810 元；砖木结构建筑面积 71.76 平方米，评估单价 3045 元每平方米，评估价值 218509 元，共计 1286319 元。2014 年 8 月 17 日，湖南新时代房地产评估咨询有限公司对陈某的附属设施进行了评估，评估价值为 86168 元。2015 年 9 月 17 日，渌口镇人民政府（以下简称渌口镇政府）与陈某签订了《房屋征收补充协议》（以下简称《补充协议》），内容为：根据双方协商一次性补偿 378206 元整。同日，渌口镇政府与陈某签订了第一份《房屋征收遗漏补充协议》（以下简称《遗漏补充协议》），内容为：经协商一致，补偿 1362575 元（7 人一次性生产、生活补助费 140000 元、无违章建筑奖励资金 30000 元、现场处置经费 220000 元、386.76 平方米隔潮层补偿 19338 元、租房补助 15 个月 31500 元、设施青苗一次性包干补偿 130000 元、遗漏征收 165 平方米补偿 502425 元、多年土地未分配问题补偿 28000 元、遗漏水泥路 300 米补偿 180000 元、遗漏护坡 270 平方米补偿 81312 元）。同日，渌口镇政府与陈某签订了第二份《遗漏补充协议》，内容为：经协商一致，补偿 362575.5 元（7 人一次性生产、生活补助费 140000 元、无违章建筑奖励资金 30000 元、现场处置经费 20000 元、386.76 平方米隔潮层补偿 19338 元、租房补助 15 个月 31500 元、设施青苗一次性包干补偿 30000 元、遗漏征收 27.5 平方米补偿 83737.5 元、土地未分配问题补偿 8000 元）。2015 年 9 月 18 日，渌口镇政府（甲方）与陈某（乙方）签订《国有土地上房屋征收补偿安置协议书》（以下简称《补偿安置协议书》）。内容为：甲方应付乙方房屋征收补偿安置款 1522717 元（被征收房屋补偿金额 1286319 元、房屋装饰装修补偿费 124058 元、临时安置补助费 19295 元、搬迁补助费 6877 元、附属设施等搬迁、补助费 86168 元）；奖励费

535502元，合计2058219元。陈某根据《补充协议》、第一份《遗漏补充协议》及《补偿安置协议书》共计获得补偿款3779000元，第二份《遗漏补充协议》约定的362575.5元并未支付。2016年7月15日，株洲县渌湘城市建设投资有限公司（甲方）与渌口镇政府（乙方）签订王家洲储备地征地拆迁承包协议书，株洲县征地工作协调管理办公室作为鉴证方。内容为：为确保实现王家洲储备地建设项目及时供地、按时开工建设的目标，甲方委托乙方负责项目所需用地的征地工作。乙方负责上述用地范围内土地上房屋拆迁工作，完成房屋拆迁、设施补偿等工作，按时交地给甲方使用，负责拆迁户的安置等。甲方将上述用地的国有土地房屋征收、集体房屋拆迁、设施补偿等补偿资金及工作经费，以总包干的方式承包给乙方。承包费用包括房屋补偿费用、工作经费等，总费用为5200万元（拆迁费用为4808.6311万元，解决历史遗留问题391.3689万元），承包费用由乙方包干使用，包干项目内超支甲方不再增补差额，结余归乙方调剂使用于该项目其他工作。至今，株洲县渌口镇人民政府已将涉案项目24户全部征收，共计支付补偿安置款54335574元。2017年5月3日，株洲县政府向渌口镇政府、陈某作出《关于撤销株洲县渌口镇人民政府与陈某签订的〈房屋征收补充协议〉决定书》（以下简称《撤销决定书》），决定：1. 撤销渌口镇政府于2015年9月17日与陈某签订的两份《遗漏补充协议》和一份《补充协议》；2. 责令株洲县住房和城乡规划建设局或受其委托组织依法重新与陈某签订房屋征收补偿相关协议，渌口镇政府应在其职权范围内全力协作。2017年6月12日，株洲县房产管理局向陈某作出《关于拟责令陈某退还超范围征收补偿款的告知书》，决定：责令陈某限期退还超范围征收补偿款1740781元。陈某不服，于2017年11月15日提起本案诉讼，请求：撤销株洲县政府作出的《撤销决定书》。

原审判决认为：本案系国有土地上房屋征收补偿协议案。争议焦点是株洲县政府作出的《撤销决定书》是否合法。（一）渌口镇政府与陈某签订的两份《遗漏补充协议》和一份《补充协议》是否合法有效。行政协议兼具行政与合同的双重特征，对行政协议效力的判断应同时适用行政、民事法律规范的规定。《中华人民共和国行政诉讼法》第七十五条规定：行政行为有实施主体不具有行政主体资格或者没有依据等重大且明显违法情形，原告申请确认行政行为无效的，人民法院判决确认无效。《中华人民共和国合同法》第五十二条规定："有下列情形之一的，合同无效：（一）一方以欺诈、胁迫的手段订立合同，损害国家利益；（二）恶意串通，损害国家、集体或者第三人利益；（三）以合法形式掩盖非法目的；（四）损害社会公共利益；（五）违反法律、行政法规的强制性规定。”《国有土地上房屋征收与补偿条例》第十七条规定：“作出房屋征收决定的市、县级人民政府对被征收人给予的补偿包括：（一）被征收房屋价值的补偿；（二）因征收房屋造成的搬迁、临时安置的补偿；（三）因征收房屋造成的停产停业损失的补偿。市、县级人民政府应当制定补助和奖励办法，对被征收人给予补助和奖励。”渌口镇政府与陈某于2015年9月18日签订的《补偿安置协议书》设定了被征收房屋补偿费、房屋装饰装修补偿费、临时安置补助费、搬迁补助费、附属设施等搬迁、补助费、奖励费共计六个补偿和一个奖励项目，已经包括了《国有土地上房屋征收与补偿条例》列明的所有补偿和奖励项目，补偿金额系根据评估机构的评估意见、现场调查、《国有土地上房屋征收与补偿条例》等，按照就高不就低的原则计算得出，补偿、奖励项目和金额没有遗漏，原告陈某根据《补偿协议书》已获得了全部、充分、足额的补偿和奖励。渌口镇政府与陈某于2015年9月17日签订的《补充协议》没有设定补偿项目，只设定一次性补偿378206元，可以视为渌口镇政府给予陈某的征收补助，符合《国有土地上房屋征收与补偿条例》第十七条有关补助的规定。渌口镇政府与陈某于2015年9月17日签订的二份《遗漏补充协议》设定的补偿项目：7人一次性生产、生活补助费，设施、青苗一次性包干补偿及多年土地未分配问题补偿等项目均系集体土地上房屋征收才有的补偿项目；无违章建筑奖励资金，现场处置经费补偿等项目不符合《国有土地上房屋征收与补偿条例》补偿项目的有关规定；租房补助补偿项目已经在《补偿安置协议书》和《补偿协议》里足额计算；遗漏征收、隔潮层、遗漏水泥路、遗漏护坡补偿等项目与房屋征收部门对原告陈某房屋主体和附属设施的实际结构和面积的现场调查情况明显不符，《补偿安置协议书》已经对陈某房屋主体和附属设施的所有面积进行了调查、评估并进行了足额补偿，陈某亦对调查和评估情况并未提出过异议。故二份《遗漏补充协议》设定的补偿项目不符合客观事实，缺乏法律、法规、政策依据，属于重复、不当、违法补偿，且损害了国家利益、社会公共利益，违反了行政法规的强制性规定，属于违法补偿。（二）株洲县政府是否有权撤销渌口镇政府与陈某签订的《遗漏补充协议》和《补充协议》。《中华人民共和国地方各级人民代表大会和地方各级人民政府组织法》第五十九条规定：县级以上的地方各级人民政府行使下列职权：（三）改变或者撤销所属各工作部门的不适当的命令、指示和下级人民政府的不适当的决定、命令。《湖南省行政执法条例》第十一条规定:“行政执法必须以法律、法规、规章为依据,并遵守下列规定:(一)符合法定期限;(二)依照法定程序;(三)证据确凿,事实清楚;(四)正确适用法律、法规、规章;(五)处理公正、适当。”第三十二条规定,“违反本条例第十一条规定的,由本级人民政府或者上级人民政府主管部门责令改正,执法明显不当的,决定变更或者撤销。”根据上述规定,株洲县政府作为上级领导机关,有权撤销渌口镇政府作出的明显不当或者违反法律、法规规定的行政行为或者行政协议。综上,株洲县政府作出的《撤销决定书》部分无效,故对涉案《撤销决定书》中第一点关于“撤销株洲渌口镇人民政府于2015年9月17日与陈某签订的一份《补充协议》”的部分予以撤销,认定涉案《撤销决定书》第一点中关于“撤销渌口镇政府于2015年9月17日与陈某签订的二份《遗漏补充协议》”的部分符合法律、法规规定,合法有效。对陈某提出的关于“撤销株洲县政府作出的《撤销决定书》”的诉讼请求,部分予以支持。根据《中华人民共和国行政诉讼法》第七十条之规定,判决:一、撤销株洲县政府作出的《撤销决定书》中第一点关于“撤销渌口镇政府于2015年9月17日与陈某签订的一份《补充协议》”的部分。二、驳回陈某其他诉讼请求。

陈某不服原审判决,向本院提起上诉称:(一)渌口镇政府是受株洲县政府委托的合法的征收补偿协议签订主体。在2015年7月15日,渌口镇政府作为乙方与株洲县渌湘城市建设投资有限公司作为甲方,株洲县征地工作协调管理办公室作为鉴证方签订的《王家洲储备地征地拆迁承包协议书》(以下简称《承包协议书》)中,有时任株洲县常务副县长的签名和株洲县政府法制办的盖章,足以证明株洲县政府对渌口镇政府进行了委托。(二)渌口镇政府的代理行为并未超过代理权限范围,且不存在损害公共利益的情况。其一,《承包协议书》中委托渌口镇政府以5200万元大包干完成所涉项目全部24栋房屋的拆迁工作,渌口镇政府最终以54335574元(因其他原因超支了2335574元,但包干项目范围内并未超支)的补偿总额完成了全部拆迁、安置任务;其二,陈某作为被拆迁人和渌口镇政府对于征收补偿事项只是商定最终赔偿金额,并没有固定具体的补偿项目,所有的补偿项目都是由政府制定。(三)渌口镇政府于2015年9月17日和陈某签订的补偿金额为362575.5元的《遗漏补充协议》与双方于同日签订的补偿金额为1362575元的《遗漏补充协议》内容重复,金额为362575.5元的协议双方均未实际履行,且协议双方均同意不按该协议履行,故该份遗漏补充协议无需撤销。

（四）渌口镇政府与2015年9月17日与陈某签订的补偿金额为1362575元的《遗漏补充协议》无论在实体抑或是程式要件上均合法有效，株洲县政府作出对该份遗漏补充协议予以撤销的决定明显不当。（五）行政协议的效力确认权及撤销权应归属于人民法院，株洲县政府以“行政执法监督”为由径行行使撤销权缺乏法律依据。综上，原审判决片面强调行政协议的行政性，而完全忽略了行政协议的合意性特征，存在证据不足、适用法律错误、判处失当等严重错误。请求撤销原审判决第（二）项、第（三）项判决内容；撤销株洲县政府作出的《撤销决定书》第（一）项、第（二）项全部内容。

渌口区政府答辩称：（一）渌口镇政府作为签订行政协议的主体不适格。房屋征收与补偿工作的职权是法定的，渌口镇政府非涉案房屋征收人，无权以其名义与上诉人订立补充协议，故其与陈某设立的房屋补偿之补充协议，因主体不适格应归于无效。《承包协议书》不具备株洲县政府授权或委托渌口镇政府实施征收及补偿行政管理事务的任何法定形式、程序及实质要件。（二）陈某与渌口镇政府签订的涉案协议损害了公共利益。案涉协议的设立项目、金额为重复补偿，补偿内容明显缺乏依据，且损害了社会公共利益，破坏了房屋征收补偿的公共管理秩序。综上，渌口镇政府与陈某订立的补充协议，其订立主体不适格，协议内容缺乏事实和法律（政策）依据，且损害社会公共利益。株洲县政府依据《湖南省行政执法条例》第三十二条的规定，对案涉违法的补充协议决定予以撤销，符合法律的规定。《撤销决定》事实认定清楚，证据确实充分，法律适用正确，程序合法。请求驳回上诉，维持原判。

本院二审查明，陈某就涉诉房屋已获补偿3779000元。该事实有本院调查询问笔录、涉诉《补充协议》《补偿安置协议》和两份《遗漏补充协议》等证据予以佐证。本院对原审判决认定的其他事实予以确认。

本院另查明：（一）2016年，渌口镇政府作为乙方、株洲县渌湘城市建设投资有限公司作为甲方、株洲县征地工作协调管理办公室作为鉴证方签订的《承包协议书》载明：渌口镇政府负责做好案涉土地上房屋拆迁工作，完成房屋征拆、设施补偿等工作。在上述《承包协议书》中，株洲县人民政府法制办公室对该协议进行了审阅并盖章，时任株洲县常务副县长对该协议上手写呈报意见“拟同意此包干协议”进行了圈阅。（二）株洲市中级人民法院于2019年8月22日作出的（2019）湘02刑终230号刑事裁定，认定如下事实：在王家洲储备地项目征拆过程中，陈某明擅自决定为拆迁户陈某提高补偿标准，导致公共财产损失80万元。上述事实，有《承包协议书》、刑事判决书、本院二审调查询问笔录等证据予以佐证。

本院认为：本案争议焦点是株洲县政府作出的涉诉《撤销决定书》是否合法。株洲县政府作出的涉诉《撤销决定书》，以“无效”为由，撤销了渌口镇政府与陈某签订的两份《遗漏补充协议》和一份《补充协议》。要判断涉诉行政行为的合法性，首先要审查被撤销的三份协议的合法性。

行政协议兼具行政与合同的双重特征，对行政协议效力的判断应同时适用行政、民事法律规范的规定。《中华人民共和国行政诉讼法》第七十五条规定：“行政行为有实施主体不具有行政主体资格或者没有依据等重大且明显违法情形，原告申请确认行政行为无效的，人民法院判决确认无效。”《中华人民共和国合同法》第五十二条规定：“有下列情形之一的，合同无效：（一）一方以欺诈、胁迫的手段订立合同，损害国家利益；（二）恶意串通，损害国家、集体或者第三人利益；（三）以合法形式掩盖非法目的；（四）损害社会公共利益；（五）违反法律、行政法规的强制性规定。”《国有土地上房屋征收与补偿条例》第十七条规定：“作出房屋征收决定的市、县级人民政府对被征收人给予的补偿包括：（一）被征收房屋价值的补偿；（二）因征收房屋造成的搬迁、临时安置的补偿；（三）因征收房屋造成的停产停业损失的补偿。市、县级人民政府应当制定补助和奖励办法，对被征收人给予补助和奖励。”

本案中，涉诉三份协议均由渌口镇政府与陈某所签。其一，关于协议签订主体。株洲县政府主张渌口镇政府作为签订行政协议的主体不适格。主要理由：1. 房屋征收与补偿工作的职权是法定的，渌口镇政府非涉案房屋征收人，无权以其名义与陈某订立补充协议，故其与陈某签订的房屋征收补偿之补充协议，因主体不适格应归于无效；2.《承包协议书》不具备株洲县政府授权或委托渌口镇政府实施征收及补偿行政管理事项的任何法定形式、程序及实质要件。陈某则主张，渌口镇政府是受株洲县政府委托的合法的征收补偿协议签订主体。主要理由：渌口镇政府作为乙方与株洲县渌湘城市建设投资有限公司作为甲方，株洲县征地工作协调管理办公室作为鉴证方签订的《承包协议书》中，有时任株洲县常务副县长的签名和株洲县政府法制办的盖章，足以证明株洲县政府对渌口镇政府进行了委托。本院认为，根据已查明的事实，2016 年，渌口镇政府作为乙方、株洲县渌湘城市建设投资有限公司作为甲方、株洲县征地工作协调管理办公室作为鉴证方签订的《承包协议书》载明：渌口镇政府负责做好案涉土地上房屋拆迁工作，完成房屋征拆、设施补偿等工作。株洲县人民政府法制办公室对该《承包协议书》进行了审阅并盖章，时任株洲县常务副县长对该《承包协议书》中手写呈报意见“拟同意此包干协议”进行了圈阅。可见，株洲县政府应明知并同意由渌口镇政府负责征收工作，应视为对渌口镇政府的委托，由此产生的法律责任应由株洲县政府承担。此外，针对涉诉房屋，渌口镇政府与陈某共签订了四份协议，株洲县政府以签订协议主体不适格为由，否定其中三份协议的效力，却认可其中一份协议的效力，依据不足。综上，株洲县政府本应依法征收，其委托渌口镇政府实施征收工作，属征收程序不规范，亦属未完全依法履职。现株洲县政府又以镇政府不具备法定签订征收补偿协议职权为由，主张协议无效并予撤销，有违诚信原则，亦不利于诚信政府、法治政府的建设。故，株洲县政府以签订协议主体不适格为由主张协议无效，依据不足，不予支持。其二，关于协议内容。渌口镇政府与陈某于2015年9月18日签订的《补偿安置协议书》设定了被征收房屋补偿费、房屋装饰装修补偿费、临时安置补助费、搬迁补助费、附属设施等搬迁及补助费、奖励费共计六个补偿和一个奖励项目，包括了《国有土地上房屋征收与补偿条例》列明的补偿和奖励项目，陈某根据《补偿安置协议书》已获得补偿和奖励。渌口镇政府与陈某于2015年9月17日签订的《补充协议》，没有设定补偿项目，只设定一次性补偿378206元，可以视为渌口镇政府给予陈某的征收补助，符合《国有土地上房屋征收与补偿条例》第十七条有关补助的规定。渌口镇政府与陈某于2015年9月17日签订的两份《遗漏补充协议》设定的补偿项目，包含青苗一次性包干补偿、多年土地未分配补偿等集体土地上房屋征收才有的补偿项目，包含违法建筑奖励资金等不存在的项目，亦包含了租房补助补偿等重复计算的项目。故两份《遗漏补充协议》设定的部分补偿项目不符合客观事实，缺乏法律、法规、政策依据，属于重复、不当、违法补偿，损害了社会公共利益。株洲县政府对该部分予以撤销，符合法律规定。陈某主张无论是否重复补偿，都是行政机关原因所致，当时双方只是谈了总数，具体项目是由行政机关单方设定，当时镇政府即便超额支付也是因上级政府限期拆除的无奈之举；并主张在支付补偿款并拆了房屋后，再收回补偿款，依据不足，亦不诚信。对此，本院认为，行政机关可依法纠错，如确属超额补偿，依法应予追回。但有关行政机关在以后的工作中，应避免类似情况的发生。

此外，原审判决主文为：一、撤销株洲县政府作出的《撤销决定书》中第一点关于“撤销渌口镇政府于2015年9月17日与陈某签订的一份《补充协议》”的部分；二、驳回陈某其他诉讼请求。这意味着原审判决肯定了《补充协议》的效力，亦肯定了株洲县政府涉诉《撤销决定书》关于“撤销渌口镇政府于2015年9月17日与陈某签订的两份《遗漏补充协议》”和“责令株洲县住房和城乡规划建设局或受其委托组织依法重新与陈某签订房屋征收补偿相关协议，渌口镇政府应在其职权范围内全力协作”的效力。对此，已有生效刑事判决认定陈某明擅自决定为拆迁户陈某提高补偿标准，导致公共财产损失80万元。这表明，陈某获得超额补偿款80万元。原审判决支持株洲县政府“撤销两份《遗漏补充协议》并重新签订补偿协议”的内容，符合法律规定。故对原审判决主文，可予维持。相关行政机关在重新签订房屋征收补偿相关协议时，应充分考虑案涉生效刑事判决认定的事实及本案征收补偿款经费包干等实际情况，依法签订相关补偿协议或要求陈某退还超额补偿款。

综上，陈某的上诉理由部分成立，对该部分理由依法予以支持。原审判决部分理由不当，但判决主文可予维持。依照《中华人民共和国行政诉讼法》第八十九条第一款（一）项的规定，判决如下：

驳回上诉，维持原判。

二审案件受理费50元，由株洲市渌口区人民政府承担。

本判决为终审判决。

审 判 长　周婷婷
审 判 员　余旭东
审 判 员　向黎丽
二〇一九年八月二十九日
法官助理　邹志斌
书 记 员　刘海涛

（作者单位：湖南省高级人民法院）

征稿启事

《行政执法与行政审判》是最高人民法院针对行政审判工作出版发行的唯一的综合指导性图书。丛书自出版以来，深受全国各地法院行政审判法官、行政执法人员和专家学者的普遍欢迎和好评。对各级法院行政审判工作具有权威的指导作用，对各级各部门行政机关依法行政和行政法、行政管理专业的专家学者具有较强的参考作用。

本丛书及时刊登行政法的最新司法解释、司法文件、司法政策及解读，具有典型和指导意义的审判案例及分析，行政执法和行政审判的调研信息及成果等内容，设有“大法官论坛”“理论探索”“案例分析”“实务争鸣”“调查研究”“司法文件”等栏目。现编委会竭诚向全国的行政执法和行政审判理论和实务工作者征稿。来稿要求：

一、稿件应属未公开发表的作品。请勿一稿两投。

二、优先发表在本书所涉领域有创见的、高水平的文章，来稿采用与否以理论和实务价值为标准。

三、稿件引文应当注明出处，注释体例参见本书“写作体例说明”。

四、稿件最好为附打印稿的 word 文件电子版。

五、稿件一经发表，文责自负，但编者保留对来稿进行技术性加工处理的权利。文章一经采用，由本编辑部统一付给稿酬。

六、来稿请按以下联系方式寄送：

地址：北京市东城区东交民巷 27 号

最高人民法院行政审判庭　章文英

邮编：100745

请在信封正面注明“《行政执法与行政审判》来稿”字样。

E－mail：zgfyxzt@ sohu. com

《行政执法与行政审判》编委会

写作体例说明

一、交付稿件要求

（一）总体要求

齐（不缺页、不缺件）、清（稿面清楚）、定（已定稿的稿件）。提供稿件电子版，并附打印清样，出版社视清样为最终定稿。

（二）具体要求

纸样用 A4 纸，单面打印。

电子版内容一定要与提供的清样内容相同。

二、编辑体例

正文编码顺序按：一、（一）1.（1）①第一，其一，等来编排。

三、技术规范

数字用法：

统计数字、时间、物理量等均用阿拉伯数字（如：100kg　45.8 万元　11 个月　4.9 万册　12.4 亿人）；法条号尊重原文，即原文是汉字的用汉字，原文是阿拉伯数字的用阿拉伯数字。

注释方法：

1. 一般原则

（1）注释采取页下注，注释号每页重新起算；

（2）引注作品的，注释应完整；

（3）作者为三人或三人以上的，首次引用时应显示全部作者，重复出现时可在第一作者之后加“等”字样。

2. 著作引文注释范例

一般格式：作者/书名/出版社/出版年代/页码

如：×××/×××编著/×××主编：《×××》，××出版社××年版，第××页。

3. 文章引文注释范例

一般格式：作者/文章题目/引自何种出版物/出版时间/页码

（1）著作中文章

××：《文章名》，载××主编：《书名》，××出版社××年版，第××页。

（2）期刊中的文章

××：《文章名》，载《期刊名》××年第×期。

（3）报纸上的文章

××：《文章名》，载《报纸名》××年××月××日，第×版。

图书在版编目（CIP）数据

行政执法与行政审判．总第82集／中华人民共和国最高人民法院行政审判庭编．—北京：中国法制出版社，2021.10

ISBN 978-7-5216-2220-1

Ⅰ.①行… Ⅱ.①中… Ⅲ.①行政执法－中国－丛刊②行政诉讼－审判－中国－丛刊 Ⅳ.①D922.11-55②D925.318.2-55

中国版本图书馆CIP数据核字（2021）第204205号

责任编辑　周琼妮（zqn-zqn@126.com）　　封面设计　杨鑫宇

行政执法与行政审判（总第82集）

XINGZHENG ZHIFA YU XINGZHENG SHENPAN（ZONG DI-82 JI）

编者/中华人民共和国最高人民法院行政审判庭

经销/新华书店

印刷/三河市紫恒印装有限公司

开本/710毫米×1000毫米　16开　　印张/16　字数/228千

版次/2021年10月第1版　　2021年10月第1次印刷

中国法制出版社出版

书号ISBN 978-7-5216-2220-1　　定价：68.00元

北京市西城区西便门西里甲16号西便门办公区

邮政编码：100053　　传真：010-63141852

网址：http://www.zgfzs.com　　**编辑部电话：010-63141807**

市场营销部电话：010-63141612　　**印务部电话：010-63141606**

（如有印装质量问题，请与本社印务部联系。）